MEDITAÇÃO
A ARTE DO ÊXTASE

Osho

MEDITAÇÃO
A ARTE DO ÊXTASE

Tradução
ANAND SAMASHTI (DELBA MONDUCCI)

Revisão técnica
PREM ABODHA (LUIZ EDUARDO MENDES BRASIL)

EDITORA CULTRIX
São Paulo

Título original: *Meditation: The Art of Ecstasy.*

1ª edição em português, 1979.

Texto criado a partir de excertos selecionados dos arquivos dos trabalhos originais do autor.

Agradecimentos a Yoga Pratap Bharati, M. M., D.Phil.M. (RIMU), Siddha, pelo significado dado às palavras em hindi e/ou sânscrito, em inglês.

O primeiro número à esquerda indica a edição, ou reedição, desta obra. A primeira dezena à direita indica o ano em que esta edição, ou reedição, foi publicada.

Edição	Ano
11-12-13-14-15-16-17-18	05-06-07-08-09-10-11-12

Direitos de tradução para a língua portuguesa
adquiridos com exclusividade pela
EDITORA PENSAMENTO-CULTRIX LTDA.
Rua Dr. Mário Vicente, 368 — 04270-000 — São Paulo, SP
Fone: 6166-9000 — Fax: 6166-9008
E-mail: pensamento@cultrix.com.br
http://www.pensamento-cultrix.com.br
que se reserva a propriedade literária desta tradução.

Impresso em nossas oficinas gráficas.

Sumário

PREFÁCIO

Treinamos uma criança no sentido de focalizar sua mente, concentrar-se, porque, sem concentração, ela não poderá lidar com a vida. A vida requer isso; a mente deve ser capaz de se concentrar. Mas no momento em que a mente se torna capaz de se concentrar, ela fica menos consciente. Consciência significa uma mente que é cônscia, mas não focada. Consciência é uma percepção de tudo o que está acontecendo.

A concentração é uma escolha. Ela exclui tudo, exceto o seu objeto de concentração: trata-se de um estreitamento. Se você está andando na rua, tem de estreitar sua consciência para andar. Normalmente você não pode ficar ciente de tudo o que está acontecendo, porque, se estiver ciente de tudo o que está acontecendo, ficará desfocado. Assim, a concentração é uma necessidade.

A concentração da mente é uma necessidade na vida – para sobreviver e existir. Eis por que toda cultura, a seu modo, tenta estreitar a mente da criança.

As crianças, como são, nunca estão focadas; a consciência delas é aberta de todos os lados. Tudo vai entrando, nada está sendo excluído. A criança está aberta a toda sensação, toda sensação é incluída em sua consciência.

E é tanta coisa que entra! Eis por que ela é tão oscilante, tão instável. A mente descondicionada de uma criança é um fluxo – um fluxo de sensações. Mas ela não será capaz de sobreviver com esse tipo de mente. Ela tem de aprender a estreitar a mente, a se concentrar.

No momento em que você estreita a mente, fica particularmente consciente de uma coisa e, simultaneamente, inconsciente de muitas outras coisas. Quanto maior for o estreitamento da mente, mais bem-sucedida ela será. Você se tornará um especialista, você será um perito. Mas todo o processo consistirá em saber cada vez mais sobre cada vez menos.

O estreitamento é uma necessidade existencial: ninguém é responsável por isso. Na medida em que a vida existe, ele é necessário, mas não é o bastante. É utilitário. Simplesmente sobreviver não é o bastante. Ser apenas utilitário não é o bastante.

Assim, quando se torna utilitário e a sua consciência é estreitada, você nega à sua mente muito daquilo de que ela é capaz. Você não está usando a mente toda, está usando uma parte muito pequena dela.

E o restante – a parte maior – ficará inconsciente.

Na verdade, não há nenhuma fronteira entre o consciente e o inconsciente. Não há duas mentes. "Mente consciente" significa aquela parte da mente que foi usada no processo de estreitamento. "Mente inconsciente" significa aquela parte que foi negligenciada, ignorada, fechada. Isso cria uma divisão, uma cisão. A maior parte da mente torna-se estranha a você. Você fica apartado do seu próprio eu *(self)*: você vira um estranho para a sua totalidade.

Uma pequena parte é identificada como seu eu, e o resto fica perdido. Mas a parte inconsciente, que fica de fora, está sempre presente como potencialidade não usada, possibilidades não concretizadas, aventuras não vividas. Essa mente inconsciente – essa mente potencial, essa mente não usada – estará sempre em luta com a mente consciente; eis por que há sempre um conflito interior.

Todo mundo está em conflito, devido a essa cisão entre o inconsciente e o consciente. Mas somente se o potencial, o inconsciente, tiver permissão de florescer, você poderá sentir a bem-aventurança da existência – caso contrário, não.

Se a maior parte das suas potencialidades permanece não realizada, sua vida será uma frustração. Eis por que quanto mais utilitária é uma pessoa, menos ela é realizada, menos ela é feliz. Quanto mais utilitária a abordagem, quanto mais a pessoa está no mundo dos negócios, menos ela está vivendo, menos êxtase ela conhece. A parte da mente que não pode se mostrar útil no mundo utilitário tem de ser rejeitada.

A parte utilitária da vida é necessária, mas a um grande custo: você perde a festividade da vida. A vida se torna uma festividade, uma celebração, se todas as suas potencialidades chegam a um florescimento. Então, a vida é uma solenidade. Eis por que eu sempre digo que a religião significa a transformação da vida numa celebração. A dimensão da religião é a dimensão do festivo, do não utilitário.

A mente utilitária não deve ser encarada como o todo. O remanescente, a parte maior, a mente inteira, não deve ser sacrificado por ela. A mente utilitária não deve ser o fim. Ela terá de permanecer presente, mas como um meio. A outra – o remanescente, a parte maior, o potencial – deve ser o fim. Eis o que eu quero dizer com "uma abordagem religiosa".

Com uma abordagem não religiosa, a mente negociante, o utilitário, torna-se o fim. Quando isso acontece, não há nenhuma possibilidade de o inconsciente realizar o potencial: o inconsciente será negado. Se o utilitário se torna o fim, isso significa que o subalterno está representando o papel do patrão.

A inteligência, o estreitamento da mente, é um meio para a sobrevivência, mas não para a vida. Sobrevivência não é vida.

A sobrevivência é uma necessidade – existir no mundo material é uma necessidade –, mas o fim sempre é chegar ao florescimento de um potencial, de tudo o que é significativo para você. Se você se realiza completamente, se não sobra nada em forma de semente dentro de você, se tudo se torna real, se você é um florescimento, então, e somente então, você pode sentir a bem-aventurança, o êxtase da vida.

A sua parte negada, a parte inconsciente, só pode se tornar ativa e criativa se você acrescentar uma nova dimensão à sua vida – a dimensão do festivo, a dimensão da brincadeira.

Assim, a meditação não é um trabalho, é uma alegria. Orar não é um negócio, é uma alegria. A meditação não é algo a ser feito para alcançar alguma meta – paz, bem-aventurança –, mas algo a ser desfrutado como um fim em si mesmo.

A dimensão festiva é a coisa mais importante a ser compreendida – e nós a perdemos totalmente. Com festivo, quero dizer a capacidade de desfrutar, momento a momento, tudo o que vem a você.

Nós ficamos tão condicionados e os hábitos se tornaram tão mecânicos que mesmo quando não há nenhum negócio a ser feito, nossa mente é negociante. Quando nenhum estreitamento é necessário, você permanece estreito. Mesmo quando está jogando cartas, você não está se divertindo. Joga pela vitória, e, então, o jogo vira um trabalho; então, o que vai acontecendo não é importante, somente o resultado.

Nos negócios, o resultado é importante. Na festividade, o ato em si é importante. Se consegue tornar qualquer ato significativo em si mesmo, então você se torna festivo e pode celebrá-lo.

Sempre que você está em celebração, os limites, os limites de estreitamento, são quebrados. Eles não são necessários, eles são eliminados. Você sai da sua camisa-de-força, da jaqueta de estreitamento da concentração. Agora você não está escolhendo; tudo o que vem você permite. E, no momento em que você permite que a existência total entre, você se torna uno com ela. Há uma comunhão.

Eu chamo essa comunhão – essa celebração, essa consciência sem escolha, essa atitude não negociante – de meditação.

A celebração está no momento, no ato – sem se importar com os resultados, em alcançar alguma coisa.

Não há nada a ser alcançado; assim, você pode desfrutar aquilo que acontece aqui e agora.

Você pode explicar isso deste modo: eu estou falando com você; se eu estiver interessado no resultado, então a fala se torna um negócio, ela se torna um trabalho. Mas, se eu falo com você sem nenhuma expectativa, sem nenhum desejo quanto ao resultado, então a fala se torna um divertimento. O próprio ato em si é o fim. O estreitamento não é necessário. Eu posso brincar com as palavras, eu posso brincar com os pensamentos. Eu posso brincar com a sua pergunta, eu posso brincar com a minha resposta; então, não se trata de algo sério, mas de algo leve e alegre.

E se você está me ouvindo sem pensar em conseguir alguma coisa disso, então pode ficar relaxado; você pode permitir que eu entre em comunhão com você, e sua consciência não se estreitará. Então, ela está aberta – divertindo-se, desfrutando.

Qualquer momento pode ser um momento de negócios, qualquer momento pode ser um momento meditativo: a diferença está na atitude. Se a atitude é de não ter escolha, se você está se divertindo com o momento, ele é meditativo.

Há necessidades sociais e há necessidades existenciais que têm de ser preenchidas. Eu não direi: "Não condicionem as crianças." Se vocês as deixarem totalmente descondicionadas, elas serão barbarescas. Não serão capazes de existir. A sobrevivência precisa de condicionamento, mas ela não é o fim; assim, você deve ser capaz de ligar o seu condicionamento e de desligá-lo. Exatamente como você faz com as roupas: você pode colocá-las, sair e fazer seus negócios; e, depois, chegar em casa e retirá-las. Então, você existe.

Se você não estiver identificado com as suas roupas, com os seus condicionamentos, se você não diz, por exemplo: "Eu sou minha mente", não é difícil – então, você pode mudar facilmente. Mas vocês ficam identificados com os seus condicionamentos. Vocês dizem: "Meu condicionamento sou eu" – e tudo o mais que não seja o seu condicionamento é negado. Você pensa: "Tudo o que não é o meu condicionamento não sou eu, o inconsciente não sou eu; eu sou o consciente, a mente focalizada." Essa identificação é perigosa. Isso não devia ser assim. Uma educação apropriada não é condicionada, ela é condicionada com a condição de que o condicionamento seja uma necessidade utilitária; você deve ser capaz de ligá-lo e desligá-lo.

Quando ele é necessário, você o liga e, quando não precisa mais dele, pode desligá-lo. Até que seja possível educar os seres humanos de modo que eles não fiquem identificados com os seus condicionamentos, eles não serão realmente seres humanos. Serão robôs – condicionados, estreitados.

Compreender isso é ficar ciente daquela parte da mente, da parte maior, à qual foi negada a luz. E ficar ciente disso é ficar ciente de que você não é a mente consciente. A mente consciente é apenas uma parte. "Eu" sou as duas, e a maior parte é não-condicionada. Mas ela está sempre aí, esperando.

Minha definição de meditação é que ela é simplesmente um esforço para saltar para dentro do inconsciente. Você não pode saltar calculadamente, porque todo cálculo é do consciente, e a mente consciente não permitirá isso. Ela tomará precauções: "Você ficará louco. Não faça isso."

A mente consciente está sempre com medo do inconsciente, porque, se o inconsciente emerge, tudo o que estiver sereno e claro no consciente será levado de roldão. Então, tudo ficará escuro, como numa floresta.

É semelhante a isto: você fez um jardim, um jardim com uma cerca. Muito pouca terra foi mexida, mas você plantou algumas flores, e tudo ficou bem – em ordem, limpo.

Acontece, porém, que a floresta está ali sempre perto. Ela é desregrada, incontrolável; e o jardim tem um medo constante dela. A qualquer momento, a floresta pode entrar, e então o jardim desaparecerá. Do mesmo modo, você cultivou uma parte de sua mente.

Você deixou tudo claro. Mas o inconsciente está sempre ao redor, e a mente consciente está sempre com medo dele. A mente consciente diz: "Não entre no inconsciente; não olhe para ele, não pense sobre ele."

O caminho do inconsciente é escuro e desconhecido. Para a razão, ele parecerá irracional; para a lógica, ele parecerá ilógico. Assim, se tiver de pensar para entrar em meditação, você jamais entrará – porque a parte pensante não lhe permitirá.

Isso se torna um dilema. Você não pode fazer nada sem pensar e, com o pensamento, você não pode entrar em meditação.

O que fazer? Ainda que você pense: "Não vou pensar", isso também é pensamento. É a parte pensante da mente que diz: "Não permitirei o pensamento."

Meditação não pode ser feita pelo pensamento: esse é o dilema – o maior dilema. Todo buscador tem de chegar a esse dilema; em algum lugar, em alguma hora, o dilema estará presente. Aqueles que sabem dizem: "Salte! Não pense!" Mas você não consegue fazer nada sem pensar. Eis por que artifícios desnecessários foram criados – digo "artifícios desnecessários" porque, se você saltar sem pensar, nenhum artifício será necessário. Mas você não pode saltar sem pensar; assim, um artifício é necessário.

Você pode pensar sobre o artifício, sua mente pensante pode ficar à vontade quanto ao artifício, mas não quanto à meditação.

A meditação será um salto para dentro do desconhecido. Você pode trabalhar com um artifício, e o artifício automaticamente o empurrará para dentro do desconhecido. O artifício é necessário somente devido ao treinamento da mente; de outro modo, ele não seria necessário.

Uma vez que tenha dado o salto, você dirá: "O artifício não era necessário, não era preciso." Mas esse é um conhecimento retrospectivo: você saberá, depois, que o artifício não era necessário. É isso o que diz Krishnamurti: "Nenhum artifício é necessário; nenhum método é necessário." Os mestres do zen dizem: "Nenhum esforço é necessário; acontece sem esforço." Mas isso é absurdo para quem não cruzou a barreira. E está se falando principalmente para aqueles que não cruzaram a barreira.

Um artifício é artificial. É simplesmente um truque para colocar a sua mente racional à vontade, de modo que você possa ser empurrado para dentro do desconhecido.

Eis por que eu uso métodos vigorosos. Quanto mais vigoroso o método, menos a sua mente calculista é necessária. Quanto mais vigoroso ele é, mais completo, porque a vitalidade não é apenas da mente – é do corpo, das emoções. É do seu ser inteiro.

Os dervixes sufis usam a dança como uma técnica, como um artifício. Se você entra na dança, não consegue permanecer intelectual, porque a dança é um fenômeno árduo: todo o seu ser é necessário nela. E, fatalmente, chega um momento em que a dança se tornará destituída de mente. Quanto mais vital, mais vigorosa, quanto mais você estiver nela, menos a razão estará presente. Assim, a dança foi planejada como uma técnica para instigar. A certa altura, você não estará mais dançando – a dança tomará conta, tomará conta de você. Você será arrastado para a fonte desconhecida.

Os mestres do zen usam o método do *koan*. *Koans* são quebra-cabeças absurdos pela própria natureza. Não podem ser resolvidos pela razão: você não consegue pensar a respeito deles. Aparentemente, é como se fosse possível pensar algo sobre eles – esse é o ardil. Parece que algo pode ser pensado sobre os *koans*; então, você começa a pensar. Sua mente racional fica à vontade: algo foi dado a ela para ser resolvido. Mas é algo que não pode ser resolvido – é de tal natureza que não pode ser resolvido, pois a própria natureza daquilo é absurda.

Há centenas de quebra-cabeças. O mestre dirá: "Pense sobre um som sem som." Verbalmente, parece que se pode pensar sobre isso. Se você tentar bastante, de algum modo, em algum lugar, um som sem som pode ser descoberto – pode ser possível! Então, num certo ponto – e esse ponto não pode ser predito: ele não é o mesmo para todos – a mente se esgota. Ela desaparece. Você está presente, mas a mente, com todos os seus condicionamentos, se foi. Você fica exatamente como uma criança: o condicionamento não está presente, você está simplesmente consciente – a concentração estreitadora desapareceu. Agora você sabe que o artifício não era necessário – mas esse é um conhecimento posterior, não poderia ser dito de antemão.

Nenhum método é causal: nenhum método é a causa da meditação. Eis por que muitos métodos são possíveis. Todo método é apenas um artifício, mas toda religião diz que seu método é o caminho e que nenhum outro método servirá. Todas pensam em termos de causalidade.

Ao aquecer a água, a água evapora. O calor é a causa: sem o calor, a água não evaporará. Isso é causal. O calor é uma necessidade que deve preceder a evaporação. Mas a meditação não é causal; assim, qualquer método é possível. Todo método é apenas um artifício: está apenas criando a situação para o acontecimento, não o está causando.

Por exemplo: além dos limites desta sala está o ilimitado, o céu aberto. Você nunca o viu antes. Eu posso falar com você sobre o céu, sobre o seu frescor, sobre o mar, sobre tudo o que está além desta sala, mas você não viu nada. Você não sabe nada sobre isso. Você ri; acha que estou inventando tudo. Você diz: "Isso tudo é fantástico. Você é um sonhador!" Eu não posso convencê-lo a ir lá fora, porque tudo o que eu digo a respeito não é significativo para você.

Então eu digo: "A casa está pegando fogo!" Isso é significativo para você – é algo que você compreende.

Agora eu não tenho de lhe dar nenhuma explicação. Eu simplesmente corro; você me segue. A casa não está pegando fogo, mas quando você estiver do lado de fora, não irá me perguntar por que menti. O significado está ali: o céu está ali. Agora, então, você vai me agradecer. Qualquer mentira serve. A mentira foi apenas um artifício. Foi apenas um artifício para levá-lo para fora. Ela não foi a causa da existência do lado de fora.

Toda religião é baseada num artifício-mentira. Todos os métodos são mentiras: eles apenas criam a situação, não são causais. Novos artifícios podem ser criados; novas religiões podem ser criadas. Os velhos artifícios ficam chochos, uma velha mentira fica chocha, e mais outras novas são necessárias. Tantas vezes já lhe foi dito que a casa estava pegando fogo, quando ela não estava, que a mentira se tornou inútil. Agora alguém tem de criar um novo artifício.

Se alguma coisa é a causa de outra coisa, ela nunca se torna inútil. Mas um artifício velho é sempre inútil: novos artifícios são necessários. Eis por que todo novo profeta terá de lutar com os velhos profetas. Ele está fazendo o mesmo trabalho que eles fizeram, mas terá de se opor a seus ensinamentos, porque terá de negar os velhos artifícios, que ficaram chochos e sem significado.

Todos os grandes – Buda, Cristo, Mahavira – criaram mentiras enormes por pura compaixão, só para empurrá-los para fora da casa. Se você puder ser empurrado para fora da mente por meio de qualquer artifício, isso é tudo o que é necessário. Sua mente é o aprisionamento, sua mente é fatal: ela é a escravidão.

Eu disse: esse dilema vai acontecer fatalmente – assim é a natureza da vida –, você terá de aprender a estreitar a mente. Esse estreitamento o ajudará quando você sair de casa, mas ele será fatal interiormente. Ele será útil na sua relação com os outros; e será suicida para você mesmo.

Você tem de existir com os outros e consigo mesmo. Qualquer vida que seja unilateral é deformada. Você deve existir entre os outros com uma mente condicionada, mas deve existir consigo mesmo com uma consciência totalmente descondicionada. A sociedade cria uma consciência estreita, mas a consciência, em si, significa expansão: ela é ilimitada. Ambas são necessárias, e ambas devem ser realizadas.

Eu chamo de sábia uma pessoa que pode realizar ambas as necessidades. Qualquer dos dois extremos é não-sábio; qualquer dos dois extremos é nocivo. Assim, viva no mundo com a mente, com o seu condicionamento, mas viva consigo mesmo sem a mente, sem treinamento. Use a sua mente como um meio, não faça dela um fim: saia para fora dela no momento em que tiver oportunidade. No momento em que você estiver sozinho, saia da mente, desligue-a. Então, celebre o momento; celebre a própria existência, o próprio ser.

Simplesmente ser é uma celebração enorme, se você souber como desligar o condicionamento. Esse "desligar" você terá de aprender pela Meditação Dinâmica. Ele não será causado, virá a você sem causa. A meditação criará a situação na qual você chegará ao desconhecido: em pouco tempo, você será empurrado para fora da sua personalidade habitual, mecânica, robotizada. Seja corajoso: pratique a Meditação Dinâmica vigorosamente, e tudo o mais se desdobrará. Não será o seu fazer, será um acontecimento.

Você não pode trazer o divino, mas pode atrapalhar a sua vinda. Você não pode trazer o sol para dentro da sua casa, mas pode fechar a porta. Negativamente, a mente pode fazer muito; positivamente, nada. Toda coisa positiva é um presente, toda coisa positiva é uma bênção: ela vem a você; enquanto toda coisa negativa é o seu próprio fazer.

A meditação e todos os artifícios da meditação podem fazer uma coisa: empurrá-lo para fora das suas barreiras negativas. Ela pode trazêlo para fora do aprisionamento que é a mente; e, quando você tiver saído, vai rir. Era tão fácil sair, estava bem ali. Só um passo era necessário. Mas nós vamos andando em círculos, e aquele passo sempre é perdido... o único passo que pode levar a pessoa para o centro.

Você vive andando em círculos, na periferia, repetindo a mesma coisa. Em algum lugar, a continuidade deve ser quebrada. Isso é tudo o que pode ser feito por qualquer método de meditação. Se a continuidade é quebrada, se você for descontínuo com o seu passado, então, nesse exato momento há uma explosão! Nesse exato momento você fica centrado, centrado no seu ser e, então, conhecerá tudo o que sempre foi seu, tudo o que simplesmente estava esperando por você.

CAPÍTULO 1

IOGA: O CRESCIMENTO DA CONSCIÊNCIA

O propósito da vida é se tornar consciente. Não se trata somente de um propósito da ioga: a própria evolução da vida é se tornar cada vez mais consciente. Mas a ioga significa algo mais.

A evolução da vida é se tornar cada vez mais consciente, mas a consciência é sempre orientada para o outro: você é consciente de alguma coisa, de algum objeto. Ioga significa estar evoluindo na dimensão em que não há nenhum objeto e somente a consciência permanece. Ioga é o método de evoluir em direção à pura consciência: não de ficar consciente de *alguma coisa*, mas de ser a própria consciência.

Quando você está consciente de algo, não está consciente de que está consciente. Sua consciência ficou focalizada em algo; sua atenção não está na fonte da própria consciência. Na ioga, o esforço é para ficar consciente de ambos, do objeto e da fonte. A consciência se torna duplamente direcionada. Você deve estar consciente do objeto e, simultaneamente, deve estar consciente do sujeito. A consciência deve se tornar uma ponte duplamente direcionada. O sujeito não deve ser perdido, ele não deve ser esquecido quando você está concentrado no objeto.

Este é o primeiro passo da ioga. O segundo passo é abandonar os dois, o sujeito e o objeto, e simplesmente estar consciente. Essa pura consciência é a mira da ioga.

Mesmo sem a ioga o homem cresce na direção de se tornar cada vez mais consciente, mas a ioga acrescenta algo, contribui com algo para essa evolução da consciência. Isso muda muitas coisas e transforma muitas coisas. A primeira transformação é no sentido de ter uma consciência duplamente direcionada, lembrando-se de si no mesmo momento em que há outra coisa da qual se está consciente.

O dilema é este: ou você está consciente de algum objeto, ou está inconsciente. Quando não há objetos externos, você cai no sono – os objetos são necessários para você ficar consciente. Quando está totalmente desocupado, você fica sonolento – você precisa de algum objeto do qual ficar consciente. Mas, quando tem objetos demais dos quais tomar ciência, você pode sentir certa insônia. Eis por que uma pessoa que é muito atormentada pelos pensamentos não pode dormir. Os objetos continuam presentes, os pensamentos continuam presentes. Ela não pode ficar inconsciente. Os pensamentos continuam a exigir atenção. E é assim que existimos.

Com novos objetos você fica mais consciente. Eis por que há um desejo pelo novo, um anseio profundo pelo novo. O velho se torna enfadonho. Quando você já viveu com um objeto por algum tempo, torna se inconsciente dele. Você o aceitou, agora a sua atenção não mais é necessária; você fica enfadado. Por exemplo: você pode não estar consciente da sua esposa há anos, porque você a encara como algo garantido. Você não vê mais o seu rosto, você não se lembra da cor dos seus olhos; há anos, você realmente não tem sido atencioso. Somente quando ela morrer, você ficará consciente outra vez de que ela estava ali.

É por isso que esposas e maridos ficam enfadados: qualquer objeto que não esteja chamando a sua atenção continuamente cria enfado.

Do mesmo modo, um mantra, uma vibração sonora repetida, causa o sono profundo. Quando determinado mantra está sendo repetido continuamente, você fica enfadado. Não há nada de misterioso nisso. Constantemente repetida, determinada palavra o enfada, você não agüenta mais ficar com ela. Então, começará a se sentir sonolento, cairá numa espécie de sono – ficará inconsciente. Todo o método da hipnose, na verdade, depende do enfado. Se a sua mente puder ficar enfadada com alguma coisa, você cairá no sono – o sono pode ser induzido.

Toda a nossa consciência depende de objetos novos. Eis por que há tanto anseio pelo novo: por sensações novas, roupas novas, casas novas – qualquer coisa nova, mesmo que não seja melhor. Com algo diferente, você sente um súbito ímpeto de consciência.

Como a vida é uma evolução da consciência, isso é bom. No que tange à vida, é bom. Se uma sociedade está ansiando por novas sensações, a vida progride; mas, se se acomoda com o velho, sem buscar o novo, ela morre: a consciência não pode evoluir.

Por exemplo: no Oriente, nós tentamos ficar contentes com as coisas como elas são. Isso cria um enfado, porque nada jamais é novo. Então, durante séculos, tudo continua como está. Você fica simplesmente enfadado. É claro, você pode dormir melhor – o Ocidente não pode dormir: a insônia está fadada a existir quando você fica constantemente pedindo pelo novo –, mas assim não há nenhuma evolução. E parece que só há duas coisas possíveis de acontecer: ou toda a sociedade fica sonolenta e morta, como aconteceu no Oriente, ou a sociedade fica insone, como aconteceu no Ocidente.

Nenhuma das duas coisas é boa. Você precisa de uma mente que possa estar consciente mesmo quando não há nenhum objeto novo. Realmente, você precisa de uma consciência que não esteja limitada ao novo, que não esteja limitada ao objeto. Se ela for limitada ao objeto, será limitada ao novo. Você precisa de uma consciência que, absolutamente, não seja limitada ao objeto, que esteja além do objeto. Então, você tem liberdade: pode dormir quando quiser, e pode acordar quando quiser: nenhum objeto é necessário para ajudá-lo. Você fica livre, realmente livre, do mundo objetivo.

Quando você está além do objeto, vai além do sujeito também, porque eles existem em conjunção. Realmente, subjetividade e objetividade são dois pólos de uma só coisa. Quando há objeto, você é sujeito, mas, se você puder ficar consciente sem o objeto, não haverá nenhum sujeito, nenhum si-mesmo.

Isso é para ser compreendido muito profundamente: quando o objeto desaparece e você consegue ficar consciente sem objetos – simplesmente consciente. Então, o sujeito também desaparece. Ele não pode permanecer ali. Não pode! Ambos desaparecem, e há simplesmente consciência, consciência sem limites. Nem o objeto é o limite, nem o sujeito.

Buda dizia que quando você está em meditação não há nenhum si-mesmo, nenhum *atma*, porque a própria consciência de si mesmo o isola de tudo. Se você ainda está aí, os objetos ainda estão aí. "Eu sou", mas o "eu" não pode existir em total solitude: o "eu" existe em relação ao mundo exterior. O "eu" é um *relata*. Assim, o si mesmo, o "eu sou", é apenas algo dentro de você que existe em relação a algo do lado de fora. Mas se o lado de fora não existe, essa divisão se dissolve; então, há apenas consciência simples e espontânea.

É para isso que serve a ioga, é isso o que quer dizer ioga. A ioga é a ciência para libertá-lo dos limites do sujeito e do objeto. E, a menos que esteja livre desses limites, você cairá ou no desequilíbrio do Oriente, ou no desequilíbrio do Ocidente.

Se você quer contentamento – paz da mente, silêncio, sono –, é bom, então, permanecer com os mesmos objetos continuamente. Durante séculos e séculos, não haverá nenhuma mudança visível. Então, você fica à vontade, pode dormir melhor, mas isso não é nada espiritual – você perde muito. O próprio ímpeto de crescer se perde, o próprio ímpeto de aventura se perde, o próprio ímpeto de pesquisar e descobrir se perde. Realmente, você começa a vegetar, você fica estagnado.

Se você muda isso, então se torna dinâmico, mas também enfermo: você fica dinâmico, mas tenso; dinâmico, mas louco. Você começa a descobrir o novo, a pesquisar o novo, mas vive num turbilhão. O novo começa a acontecer, mas você se perde.

Se perde a sua objetividade, você se torna demasiadamente subjetivo e sonhador, mas, se ficar muito obcecado com os objetos, perde a subjetividade. Ambas as situações estão em desequilíbrio. O Oriente tentou uma; o Ocidente tentou a outra.

E agora o Oriente está virando Ocidente e o Ocidente está virando Oriente. No Oriente, a atração é pela tecnologia ocidental, pela ciência ocidental, pelo racionalismo ocidental. Einstein, Aristóteles e Russell tomaram conta da mente oriental, enquanto, no Ocidente, está acontecendo exatamente o oposto: Buda, zen e ioga ficaram mais significativos. Isso é um milagre! O Oriente está virando comunista, marxista, materialista; e o Ocidente está começando a pensar em termos de expansão da consciência – meditação, espiritualidade, êxtase. A roda pode girar e podemos mudar nossas cargas. Será iluminador por um momento, mas depois todo o absurdo começará novamente.

O Oriente fracassou de um modo, e o Ocidente fracassou de outro, porque ambos tentaram negar uma parte da mente. Você tem de transcender ambas as partes, e não se interessar por uma enquanto nega a outra. A mente é uma totalidade: ou você a transcende totalmente, ou não a transcende. Se continuar negando uma parte, a parte negada se vingará. E, realmente, a parte negada no Oriente está exercendo a sua vingança no Oriente; e a parte negada no Ocidente está exercendo a sua vingança no Ocidente.

Você não consegue ir além do que é negado: ele permanece ali, e vai ganhando cada vez mais força. O exato momento em que a parte que você aceitou estiver tendo sucesso, esse é o momento do fracasso. Nada fracassa tanto como o sucesso. Com qualquer sucesso parcial – com o sucesso de uma parte sua – você fatalmente cairá num fracasso profundo. Aquilo que você ganhou se torna inconsciente e aquilo que você perdeu vem à consciência.

A ausência é mais sentida. Se você perde um dente, sua língua fica ciente da ausência e se move para o dente ausente. Ela nunca foi lá antes – nunca. Mas, agora, você não pode pará-la: ela se move continuamente para o lugar vago, para sentir o dente que não está mais ali.

Do mesmo modo, quando uma parte da mente tem sucesso, você se torna ciente do fracasso da outra parte – a parte que poderia ter sido e não foi. Agora, o Oriente se tornou consciente da tolice de não ser científico: é a razão de sermos pobres, é a razão pela qual não somos "ninguém". Essa ausência está sendo sentida agora e o Oriente começou a virar Ocidente, enquanto o Ocidente está sentindo a sua própria tolice, a sua falta de integração.

"Ioga" significa uma "ciência *total* do homem". Não é simplesmente religião. É a ciência total do homem, a transcendência total de todas as partes. E, quando transcende as partes, você se torna inteiro. O todo não é uma acumulação das partes. Não é uma coisa mecânica na qual todas as partes são postas em alinhamento e, então, surge o todo. Não, ele é mais do que uma coisa mecânica. É como algo artístico.

Você pode dividir um poema em palavras, mas as palavras isoladamente não significam nada. E, quando o todo está presente, ele é mais do que palavras: ele tem a sua própria identidade. Ele possui intervalos tanto quanto palavras e, às vezes, os intervalos são mais significativos do que as palavras. Um poema se torna poesia somente quando diz algo que não está realmente dito, quando algo dele transcende todas as partes. Se você o divide e o analisa, então tem somente as partes, e a flor transcendental que era realmente a coisa é perdida.

Assim, a consciência é uma inteireza. Ao negar uma parte, você perde algo – algo que era realmente significativo. E não ganha nada: ganha somente os extremos. Todo extremo é uma enfermidade, todo extremo se torna uma doença interna. Então, você permanece num contínuo tormento. Há uma anarquia interna.

Ioga é a ciência de transcender a anarquia, a ciência de tornar a sua consciência inteira – e você se torna inteiro somente quando transcende as partes. Assim, a ioga não é nem religião nem ciência. É ambos. Ou, antes, transcende ambos. Você pode dizer que é uma religião científica ou uma ciência religiosa. Eis por que a ioga pode ser usada por qualquer pessoa pertencente a qualquer religião: ela pode ser usada por qualquer um com qualquer tipo de mente.

Na Índia, todas as religiões que se desenvolveram têm filosofias, conceitos, percepções muito diferentes – na verdade, antagônicas. Elas não têm nada em comum. Entre o hinduísmo e o jainismo, não há nada em comum; entre o hinduísmo e o budismo, não há nada em comum. Há somente uma única coisa em comum que nenhuma dessas religiões pode negar: a ioga.

Buda diz: "Não há corpo, não há alma", mas ele não pode dizer "não há ioga". Mahavira diz: "Não há corpo, mas há uma alma", mas ele não pode dizer "não há ioga". O hinduísmo diz: "Há corpo, há alma – e há ioga." A ioga permanece constante. Nem o cristianismo pode negá-la; nem o islamismo pode negá-la.

Na verdade, mesmo alguém que seja totalmente orientado para o ateísmo, não pode negar a ioga, porque a ioga não tem como precondição acreditar em Deus. A ioga não tem precondições: ela é totalmente experiencial. Quando o conceito de Deus é mencionado – e nos mais antigos livros iogues ele nunca foi mencionado, absolutamente –, Deus é mencionado somente como um método. Ele pode ser usado como uma hipótese – se for de auxílio para alguém, pode ser usado –, mas isso não é uma condição absoluta. Eis por que Buda pode ser um iogue sem Deus, sem os *Vedas*, sem qualquer crença. Sem qualquer fé, nenhuma suposta fé, ele pode ser um iogue.

Assim, para os teístas, ou até para um ateísta, a ioga pode se tornar um terreno comum. Ela pode tornar-se uma ponte entre a ciência e a religião. Ela é racional e irracional, simultaneamente. A metodologia é totalmente racional, mas por meio da metodologia você vai mais fundo no mistério do irracional. O processo todo é racional – cada passo é tão racional, tão científico, tão lógico que você tem simplesmente de cumpri-lo e tudo o mais se segue.

Jung menciona que no século XIX nenhum ocidental envolvido em psicologia podia conceber algo além da mente consciente ou abaixo da mente consciente, porque "mente" *significa* "consciência". Assim, como poderia haver uma mente inconsciente? É absurdo, não científico. Então, no século XX, na medida em que a ciência aprendeu mais sobre o inconsciente, uma teoria da mente inconsciente se desenvolveu. Depois, quando foram ainda mais fundo, tiveram de aceitar a idéia de um inconsciente não só individual, mas coletivo. Isso parecia absurdo! Mente significa algo individual; assim, como poderia haver uma mente coletiva? Mas agora eles já aceitam o conceito da mente coletiva.

Essas são as primeiras três divisões da psicologia budista, da ioga budista – as três primeiras. Depois Buda vai dividindo-as em mais 160 outras divisões. Jung diz: "Antes negávamos essas três. Agora, as aceitamos. Pode ser que outras também existam. Temos apenas de prosseguir passo a passo, temos apenas de ir ainda mais longe." A abordagem de Jung é muito racional, profundamente enraizada no Ocidente.

Com a ioga, você tem de prosseguir racionalmente, mas só para saltar para dentro do irracional. O fim está destinado a ser irracional. Aquilo que você pode compreender – o racional – não pode ser a fonte, porque é finito. A fonte deve ser maior do que você. A fonte da qual você veio, da qual tudo veio, de onde veio todo o universo – e para onde ele vai, para desaparecer novamente – deve ser mais do que isso. A manifestação tem de ser *menos* que a fonte. Uma mente racional pode sentir e compreender o manifesto, mas o não-manifesto permanece por trás.

A ioga não insiste que a pessoa deva ser racional. Ela diz: "É racional conceber algo irracional. É racional, realmente, conceber as fronteiras do racional." Uma mente verdadeira, autêntica, sempre conhece as limitações da razão, sempre sabe que a razão termina em algum lugar. Qualquer um que seja autenticamente racional tem de chegar a um ponto em que o irracional é sentido. Se você prosseguir com a razão em direção ao definitivo, o limite será sentido.

Einstein o sentiu; Wittgenstein o sentiu. O *Tratado* de Wittgenstein é um dos livros mais racionais já escritos. Ele é uma das mentes mais racionalistas. Vai falando sobre a existência de um modo muito lógico. Suas expressões – palavras, linguagem, tudo – são racionais, mas depois ele diz: "Há algumas coisas sobre as quais há um ponto além do qual nada pode ser dito, e eu devo permanecer em silêncio sobre isso." E ainda: "O que não *pode* ser dito *não deve* ser dito."

Todo o edifício cai por terra: todo o edifício! Wittgenstein estava tentando ser racional sobre o fenômeno completo da vida e da existência, e então, de repente, chega a um ponto e diz: "Agora, além deste ponto, nada pode ser dito." Isso diz algo – algo muito significativo. Alguma coisa está ali agora, e nada pode ser dito sobre ela. Agora há um ponto que não pode ser definido, onde todas as definições simplesmente desabam.

Quando quer que haja uma mente lógica autêntica, ela chega a esse ponto. Quando Einstein morreu ele era um místico – e mais místico do que os seus chamados místicos, porque, se você é um místico sem nunca ter tentado seguir o caminho da razão, não conseguirá ir fundo no misticismo. Não conhece realmente as fronteiras. Tenho visto místicos que vivem falando sobre Deus como um conceito lógico, como um argumento. Têm havido místicos cristãos que tentam "provar" Deus. Que absurdo! Se até Deus é provado, não sobra nada não provado, e o não-provado é a fonte.

A pessoa que vivenciou algo do divino não tentará provar nada, porque o próprio esforço de provar mostra que a pessoa nunca esteve em contato com a fonte original da vida – que é improvável, que não pode ser provada. O todo não pode ser provado pela parte. Por exemplo: minha mão não pode provar minha existência. Minha mão não pode ser mais do que eu: ela não pode me abarcar. É tolice tentar. Mas, se a mão pode abarcar a si própria completamente, isso é mais do que o suficiente: no momento em que a mão souber de si mesma, ela também saberá que está enraizada em algo mais, que está constantemente unida a algo mais. Ela está ali porque aquele "mais" também está ali.

Se eu morrer, minha mão também morrerá; ela existe somente por minha causa. O todo permanece não provado: somente as partes são conhecidas. Nós não podemos provar o todo, mas podemos senti-lo: a mão não pode me provar, mas a mão pode me sentir. Ela pode ir fundo em si mesma e, quando chegar às profundezas, ela sou eu.

Os supostos místicos que ficam contrariados com a razão não são realmente místicos. Um verdadeiro místico nunca fica contrariado com a razão: ele pode brincar com ela. E pode brincar com a razão porque sabe que a razão não pode destruir o mistério da vida. Os supostos místicos e religiosos que têm medo da razão, da lógica, do argumento têm realmente medo de si mesmos. Qualquer argumento contra eles pode criar dúvidas internas: pode ajudar suas dúvidas internas a emergirem. Eles têm medo de si mesmos.

O místico cristão Tertuliano diz: "Eu creio em Deus porque não posso prová-lo; creio em Deus porque é impossível acreditar." É assim que um verdadeiro místico sente: "É impossível; eis por que creio." Se for possível, então não há nenhuma necessidade de acreditar. A coisa torna-se apenas um conceito, um conceito comum.

É isso o que os místicos sempre quiseram dizer com "fé", com "crença". Não se trata de uma coisa intelectual, não se trata de um conceito, trata-se de um salto no impossível. Mas você só pode saltar para dentro do misterioso a partir da margem da razão, nunca antes. Como pode fazer isso antes? Você só pode saltar quando dilatou a razão aos seus extremos lógicos. Você chegou a um ponto onde a razão não pode ir além, e o além permanece. Agora, você sabe que a razão não pode dar mais um único passo adiante e, contudo, o "mais adiante" permanece. Mesmo que você decida permanecer com a razão, uma fronteira é criada. Você sabe que a existência vai além da fronteira da razão; assim, mesmo que não vá além dessa fronteira, você se torna um místico. Mesmo que não dê o salto, você se torna um místico porque conheceu algo, defrontou-se com algo que absolutamente não era racional.

Tudo o que a razão pode saber você já sabe. Agora, algo foi encontrado que a razão não pode saber. Se você der o salto, tem de deixar a razão para trás: você não pode dar o salto com a própria razão. É isso que é a fé. A fé não é contra a razão: ela é além. Ela não é racional, ela é irracional.

A ioga é o método de levá-lo ao limite extremo da razão – e não somente um método de levá-lo até o extremo, mas também um método de dar o salto.

Como dar o salto? Einstein, por exemplo, poderia ter florescido como um buda, caso tivesse sabido alguma coisa sobre os métodos meditativos. Ele esteve exatamente no umbral – muitas vezes em sua vida, ele foi até o ponto do qual o salto era possível. Mas, repetidamente, ele o perdia: caía emaranhado novamente na razão. E, no fim, acabou frustrado por toda a sua vida de razão.

A mesma coisa poderia ter acontecido com Buda. Ele também tinha uma mente muito racional, mas houve algo possível para ele, um método que ele pôde usar. Não é só a razão que tem os seus métodos, a irracionalidade também tem os seus métodos. A razão tem métodos próprios; a irracionalidade tem métodos próprios.

A ioga, essencialmente, diz respeito a métodos irracionais: os métodos racionais só são usados no começo. Eles servem simplesmente para persuadi-lo, para empurrá-lo, para persuadir a razão a seguir na direção do limite. E, se chegar ao limite, você dará o salto definitivo.

Gurdjieff trabalhou com certo grupo usando alguns métodos irracionais profundos. Ele estava trabalhando com um grupo de buscadores e usando um determinado método irracional, que ele chamava de Exercício do Parar. Por exemplo, você estava com ele e, de repente, ele dizia: "Pare!" Então, cada um tinha de parar *como estivesse* – parar totalmente. Se a mão estava em certo lugar, tinha de parar ali. Se os olhos estavam abertos, tinham de permanecer abertos; se a boca estivesse aberta – você ia dizer algo –, tinha de permanecer como estava. Nenhum movimento!

Este método começa com o corpo. Se não há nenhum movimento no corpo, de repente, não há nenhum movimento na mente. Os dois estão associados: você não pode mover o corpo sem algum movimento interno da mente, e não pode parar o corpo totalmente sem parar o movimento interno da mente. Corpo e mente não são duas coisas: são uma única energia. A energia é mais densa no corpo do que na mente: a densidade difere, a freqüência do comprimento de onda difere, mas trata-se da mesma onda, do mesmo fluxo de energia.

Os buscadores ficaram praticando esse Exercício do Parar continuamente, durante um mês. Um dia, Gurdjieff estava em sua tenda e três buscadores estavam andando por um canal seco, que ficava nos fundos do terreno. Era um canal seco; nenhuma água passava nele. De repente, de sua tenda, Gurdjieff gritou: "Pare!" Todos na encosta do canal pararam. Os três que estavam no canal também pararam. Ele estava seco; assim, não havia nenhum problema.

Então, de repente, houve uma precipitação de água. Alguém havia aberto o reservatório de água, e a água corria canal adentro. Quando ela estava alcançando o pescoço dos três, um deles pulou para fora do canal, pensando: "Gurdjieff não sabe o que está acontecendo. Ele está em sua tenda e não está sabendo que a água entrou no canal." O homem pensou: "Eu tenho de pular para fora. Agora é irracional ficar aqui" – e pulou para fora.

Os outros dois ficaram no canal, e a água ficou cada vez mais alta. Finalmente, chegou à altura do nariz, e o segundo homem pensou: "Este é o limite! Não vim aqui para morrer. Vim aqui para conhecer a vida eterna, não para perder esta vida" – e pulou para fora do canal.

O terceiro homem ficou. Ele encarou o mesmo problema também, mas decidiu permanecer, porque Gurdjieff tinha dito que aquele era um exercício irracional e que, se fosse feito com a razão, a coisa toda se perderia. Ele pensou: "Está bem, eu aceito a morte, mas não posso interromper este exercício" – e ficou ali.

Agora, a água estava passando em cima de sua cabeça. Gurdjieff pulou para fora da tenda e entrou no canal e o tirou de lá. Ele estava à beira da morte. Mas, quando reviveu, era um homem transformado. Não era mais o mesmo, aquele que estava lá, parado, fazendo o exercício – ele estava totalmente transformado. Ele tinha conhecido algo. Tinha dado o salto.

Onde está o limite? Se fica com a razão, você pode perder. Você sempre recua. Às vezes, a pessoa, de repente, tem de dar um passo que conduz além. Esse passo se torna uma transformação: a divisão é transcendida. Quer você diga que essa divisão está entre o consciente e o inconsciente, entre a razão e a não-razão, a ciência e a religião, ou o Oriente e o Ocidente – a divisão tem de ser transcendida. Eis o que é a ioga: uma transcendência. Então, você pode voltar à razão, mas estará transformado. Você pode até ponderar sobre as coisas, mas estará além da razão.

CAPÍTULO 2

O NÃO-FAZER MEDIANTE O FAZER

A meditação é sempre passiva: sua essência é passiva. Ela não pode ser ativa, porque sua natureza própria é o não-fazer. Se você estiver fazendo algo, o próprio fazer perturba a coisa toda: o próprio fazer, a "atividade", cria a perturbação.

O não-fazer é meditação, mas, quando digo "o não-fazer é meditação", não estou dizendo que você precisa não fazer nada. Até para atingir esse não-fazer, a pessoa tem de fazer muito. Mas esse fazer não é meditação. É só um degrau, um trampolim. Todo "fazer" é apenas um trampolim, não é meditação.

Você está à porta, nos degraus... A porta é o não-fazer, mas para chegar ao estado da mente do não-fazer, a pessoa tem de fazer muito. Mas ela não deve confundir esse fazer com meditação.

A energia da vida funciona por meio de contradições. A vida existe como uma dialética: não se trata de um simples movimento. Ela não flui como um rio, é dialética. Com cada movimento a vida cria seu próprio oposto e, por meio da luta com o oposto, ela vai adiante. Com cada novo movimento, a tese cria a antítese. E isso vai assim continuamente: tese criando antítese, sendo fundida na antítese e se tornando uma síntese que depois se torna uma nova tese; então, novamente, há a antítese.

Com movimento dialético, quero dizer que não se trata de um simples movimento direto: trata-se de um movimento dividido em si mesmo, dividindo-se por si só, criando o oposto, depois fundindo-se com ele novamente. Então, dividindo-se de novo no oposto. E a mesma coisa se aplica à meditação, porque ela é a coisa mais profunda da vida.

Se eu digo a você "simplesmente relaxe", fica impossível, porque você não sabe o que fazer. Assim, muitos falsos professores de relaxamento continuam dizendo "simplesmente relaxe". Então, o que você vai fazer? Você pode apenas ficar deitado, mas isso não é relaxamento. Todo o tormento interior permanece e, agora, um novo conflito está presente – o relaxamento. Algo é acrescentado acima e abaixo. Todo o desvario está presente, todo o tormento, com um acréscimo: relaxar. Uma nova tensão agora foi acrescentada a todas as velhas tensões.

Assim, uma pessoa que está tentando viver uma vida relaxada é a pessoa mais tensa que há. Ela está destinada a ser, porque não compreendeu o fluxo dialético da vida. Ela está pensando que a vida é um fluxo direto: que você pode simplesmente dizer a si mesmo para relaxar e então relaxará.

Isso não é possível. Assim, se você vem a mim, eu jamais lhe direi para simplesmente relaxar. Primeiramente, fique tenso, tão completamente tenso quanto possível. Fique totalmente tenso! Primeiro, deixe o seu organismo inteiro ficar tenso, e vá ficando tenso ao máximo, até a sua possibilidade máxima. E depois, de repente, você sentirá um relaxamento se assentando internamente. Você fez tudo o que podia fazer, agora a energia da vida criará o oposto.

Você elevou a tensão a um pico. Agora não há nada mais além: você não pode continuar. Toda a energia foi devotada à tensão, mas você não pode continuar com essa tensão indefinidamente: ela tem de se dissolver. Logo, logo, ela começará a se dissolver. Agora, seja uma testemunha disso.

Por meio da tensão, você chegou ao limiar, ao ponto de onde se salta: eis por que você não pode continuar. Se for mais além, você pode simplesmente estourar – morrer. O ponto máximo foi alcançado, agora a energia da vida relaxará por si mesma.

Ela relaxa por si só. Agora, fique consciente e observe esse relaxamento se assentando internamente. Cada membro do corpo, cada músculo do corpo, cada nervo do corpo vai simplesmente, inocentemente, relaxar sem qualquer fazer da sua parte. Você não está fazendo nada para relaxar; está simplesmente relaxando. Você começará a sentir muitos pontos relaxando no organismo. Todo o organismo será só um aglomerado de pontos relaxando. Apenas fique consciente.

Essa consciência é meditação. Mas ela é um não-fazer: você não está fazendo nada, porque estar consciente não é um ato. Não é um ato, absolutamente: é a sua natureza, uma qualidade muito intrínseca do seu ser. Você é consciência. A sua não-consciência é que é uma façanha sua, e você a conquistou com muito esforço.

Assim, para mim, a meditação tem dois passos: primeiro, o ativo, que realmente não é meditação, absolutamente; e, em segundo lugar, o completamente não-ativo, a consciência passiva, que é realmente a meditação. A consciência é sempre passiva, e, no momento em que você se torna ativo, perde a consciência. Só é possível ser ativo e consciente quando a consciência chegou a tal ponto que não há mais nenhuma necessidade de meditação para alcançá-la, ou para conhecê-la, ou para senti-la.

Quando a meditação se torna inútil, você simplesmente larga a meditação. Agora, você está consciente. Só então você pode ser ambos, consciente e ativo – do contrário, não. Enquanto a meditação ainda for necessária, você não será capaz de ficar consciente durante a atividade. Mas, quando nem a meditação é mais necessária...

Se você se tornou meditação, não precisa mais dela. Então você pode ser ativo, mas, mesmo nessa atividade, você é sempre o espectador passivo. Agora você nunca é o ator: você é sempre uma consciência que observa.

A consciência é passiva... e a meditação está fadada a ser passiva, porque ela é exatamente uma porta para a consciência, para a perfeita consciência. Assim, quando as pessoas falam de meditação "ativa", estão erradas. Meditação é passividade. Você pode precisar de alguma atividade, algum fazer, para entrar nela – isso pode ser compreendido –, mas não porque a meditação em si seja ativa. Melhor dizendo, é devido a você ter sido ativo durante tantas vidas, devido à atividade ter se tornado uma parte essencial da sua mente que você precisará tanto da atividade para chegar à não-atividade. Você esteve tão envolvido na atividade que não pode simplesmente abandoná-la. Assim, pessoas como Krishnamurti podem continuar a dizer: "Simplesmente abandone-a" – mas então você continuará a perguntar como abandoná-la. Ele dirá: "Não pergunte como, eu estou dizendo: simplesmente abandone-a! Não há nenhum "como" para isso. Não há necessidade de nenhum "como".

E ele está correto de certo modo. Consciência passiva, ou meditação passiva, não tem nenhum "como". Não pode ter, porque, se houver algum "como", então não pode ser passiva. Mas ele está errado também, porque não leva o ouvinte em conta. Ele está falando de si mesmo.

A meditação não tem nenhum "como", nenhuma tecnologia, nenhuma técnica. Assim, Krishnamurti está absolutamente correto, mas o ouvinte não foi levado em conta. O ouvinte não tem nada além de atividade dentro dele: para ele, tudo é atividade. Assim, quando se diz": "A meditação é passiva, não ativa, sem escolha; você pode simplesmente estar nela. Não há nenhuma necessidade de qualquer esforço; ela é sem esforço", está se usando uma linguagem que o ouvinte é incapaz de compreender. Ele compreende a parte lingüística – e isso é o que torna a coisa tão difícil. Ele diz: "Intelectualmente, eu compreendo perfeitamente. Tudo o que você está dizendo é completamente compreensível." Mas ele é incapaz de compreender o significado.

Não há nada de misterioso nos ensinamentos de Krishnamurti. Ele é um dos mestres menos místicos. Nada é misterioso; tudo é obviamente claro, exato, analisado, lógico, racional; assim, qualquer um pode compreender. E isso se tornou uma das maiores barreiras, porque o ouvinte pensa que compreende. Ele compreende a parte lingüística, mas não compreende a linguagem da passividade.

Ele compreende o que está sendo dito a ele – as palavras. Ele as ouve, compreende, sabe o significado daquelas palavras. Ele correlaciona: um quadro inteiramente correlato vem à sua mente. O que está sendo dito é compreendido – há uma comunicação intelectual. Mas ele não compreende a linguagem da passividade. E não pode compreender. De onde ele está, ele não pode compreender. Ele só pode compreender a linguagem da ação, da atividade.

Assim, eu tenho de falar sobre a atividade. E tenho de conduzi-los por meio da atividade até o ponto em que vocês possam simplesmente saltar para dentro da não-atividade. A atividade deve chegar a um ponto extremo, a um ponto limite, em que fica impossível ser ativo – porque, se a atividade ainda for possível, você continuará nela.

A atividade deve ser exaurida. Seja o que for que você possa fazer, deve ser-lhe permitido fazer. Seja o que for que você possa fazer, você deve ser impulsionado a fazê-lo, até o ponto em que você, você mesmo, grite: "Agora eu não posso fazer mais nada; tudo já foi feito. Agora, nada mais é possível: nenhum esforço é possível. Estou exausto."

Então, eu digo: "Agora, abandone tudo!" Esse abandonar pode ser comunicado. Você está no limite, está pronto para abandonar; agora, você pode compreender a linguagem da passividade. Antes disso, não podia compreender. Você estava muito cheio de atividade.

Você nunca esteve no ponto extremo da atividade. As coisas podem ser abandonadas somente a partir do extremo, nunca no meio. Você não pode abandonar. Você pode abandonar o sexo... – se você esteve totalmente nele, então pode abandoná-lo; do contrário, não. Você pode abandonar tudo aquilo em que você foi até o limite, tudo aquilo em que não há mais para onde ir e nenhuma razão para voltar. Você pode abandonar isso, porque o conheceu totalmente.

Quando você conhece algo totalmente, aquilo fica enfadonho. Você pode querer ir mais adiante, mas, se não há mais adiante para ir, então você simplesmente pára. Não há volta, e não há meios de ir adiante: você está no ponto onde tudo acaba. Então, pode simplesmente abandonar, pode ficar passivo. E no momento em que você fica passivo, a meditação acontece: ela floresce, vem a você. É uma queda definitiva para dentro da passividade.

Assim, para mim, é o esforço que conduz ao não-esforço; é a ação que conduz à não-ação; é a mente que conduz à meditação; é este próprio mundo material que conduz à iluminação. A vida é um processo dialético; seu oposto é a morte. Ela deve ser usada, você não pode simplesmente abandoná-la.

Use-a, e você será atirado ao oposto. E fique consciente: quando for atirado às ondas, fique consciente. É fácil. Quando você vem de um clímax tenso até o ponto de relaxamento, é muito fácil ficar consciente, muito fácil. Não é difícil, então; porque, para ficar consciente, é preciso simplesmente estar passivo, estar simplesmente observando.

Nem mesmo o esforço de observar deve estar presente – não é necessário. Você está tão exausto por causa da atividade que sentirá: "Dane-se tudo! Chega!" Então a meditação *existe*, e você *não existe*. E, uma vez saboreado, esse sabor nunca se perde. Ele permanece com você onde quer que você se mova, aonde quer que você vá.

Isso fica com você. E penetrará nas suas atividades também. Haverá atividade, e lá, no próprio centro do seu ser, haverá um silêncio passivo. Na circunferência, o mundo todo; no centro, o *Brahman*. Na circunferência, toda a atividade; no centro, somente silêncio. Mas um silêncio muito fecundo, não um silêncio morto, porque é a partir desse silêncio que tudo nasce, até mesmo a atividade.

Desse silêncio vem toda a criatividade: ele é muito fecundo. Assim, quando quer que eu diga "silêncio", eu não quero dizer o silêncio de um cemitério, o silêncio de uma casa quando não há ninguém nela. Não! Eu quero dizer o silêncio de uma semente, o silêncio do útero materno, o silêncio das raízes debaixo da terra. Há muita potencialidade escondida que logo estará surgindo.

A atividade existirá, mas agora o ator não existe mais, o fazedor não existe mais. Essa é a busca; essa é a procura.

Há duas tradições antagônicas: a ioga e o *samkhya*. A ioga diz que nada pode ser alcançado sem esforço. O todo da ioga, o todo da ioga de Patânjali, *raja*-ioga, não é nada mais que esforço. E esta tem sido a corrente principal, porque o esforço pode ser compreendido por muitos – a atividade pode ser compreendida. Assim, a ioga tem sido a corrente principal. Mas, às vezes, aparecem excêntricos que dizem: "Nada precisa ser feito." Um Nagarjuna, um Krishnamurti, um Huang Po – alguns excêntricos! Eles dizem: "Nada precisa ser feito. Não faça nada. Não busque nenhum método." Essa é a tradição do *samkhya*.

Há realmente duas religiões no mundo: a ioga e o *samkhya*. Mas o *samkhya* teve apelo somente para pouquíssimos indivíduos, aqui e acolá; assim, não se fala muito nele. Eis por que Krishnamurti parece ser muito novo e original. Ele não é, mas parece ser, porque o *samkhya* é muito desconhecido.

Só a ioga é conhecida. Há *ashrams** e centros de treinamento e iogues por todo o mundo. A ioga é conhecida como a tradição do esfor-

* *Ashram* – vivenda de um Mestre e seus discípulos; escola de mistérios. (N.T.)

ço. E o *samkhya* não é conhecido absolutamente. Krishnamurti não disse uma única palavra nova, mas, como não temos familiaridade com a tradição do *samkhya*, aquilo parece ser novo. Só há revolucionários devido à nossa abençoada ignorância.

Samkhya significa conhecimento, saber. O *samkhya* diz: "Só saber já é o bastante; só a consciência é o bastante."

Mas essas duas tradições são pura dialética. Para mim, elas não são opostas. Para mim elas são dialéticas, e uma síntese é possível. Essa síntese eu chamo de "não-esforço mediante o esforço": ioga por meio do *samkhya* e *samkhya* por meio da ioga – não-fazer mediante o fazer. Neste nosso tempo, nenhuma dessas duas tradições opostas, dialéticas, por si só, poderá ajudar. Você pode usar a ioga para alcançar o *samkhya* – e *terá de* usar a ioga para alcançar o *samkhya*.

Se puder compreender a dialética hegeliana, essa coisa toda ficará clara para você. O conceito do movimento dialético não foi usado por ninguém desde Marx, e ele o usou de um modo muito não-hegeliano. Ele o usou para a evolução material, para a sociedade, para as classes, para mostrar como a sociedade progride por meio das classes, por meio da luta de classes. Marx disse: "Hegel estava de cabeça para baixo, e eu o coloquei de volta sobre suas pernas."

Mas, realmente, o caso é o contrário. Hegel estava sobre suas próprias pernas; Marx o colocou de cabeça para baixo. E, devido a Marx, o conceito muito fecundo da dialética foi contaminado pelo comunismo. Mas o conceito é muito belo, muito significativo: tem muita profundidade em si. Hegel diz: "O progresso de uma idéia, o progresso da consciência, é dialético. A consciência progride por meio da dialética."

Eu digo que qualquer força vital progride por meio da dialética, e a meditação é o fenômeno mais profundo que acontece: a explosão da força da vida. Ela é mais profunda que uma explosão atômica, porque numa explosão atômica apenas uma partícula de matéria explode, mas na meditação uma célula viva, uma existência viva, um ser vivo explode. Essa explosão ocorre por meio da dialética.

Assim, use a ação, e lembre-se da não-ação. Você terá de fazer muito esforço, mas lembre-se de que todo esse fazer é apenas para alcançar o estado em que nada se faz.

Samkhya e ioga, ambos parecem simples. Krishnamurti não é difícil; nem o é Vivekananda. São simples, porque escolheram uma parte da dialética; então, eles parecem muito coerentes. Krishnamurti é muito coerente, absolutamente coerente. Em quarenta anos de discursos, ele não pronunciou uma única palavra incoerente, porque escolheu uma parte de todo o processo, o oposto do que é negado. Vivekananda também é coerente: ele escolheu a outra parte.

Eu posso parecer muito incoerente. Ou você pode dizer que eu sou coerente só nas minhas incoerências. Use a dialética: relaxe por meio da tensão – medite por meio da ação.

Eis por que eu falo do jejum. Ele é uma ação, uma ação muito profunda. Comer não é uma atividade tão grande como não comer. Você come e, depois, você se esquece daquilo – não é muita atividade. Mas, se você não está comendo, é um grande ato: você não pode se esquecer daquilo. O corpo todo se lembra: cada célula exige aquilo. O corpo todo fica num tormento. O jejum é muito ativo – ativo até o próprio âmago. Não é passivo.

Dançar não é passivo, é muito ativo. No fim, você vira movimento: o corpo fica esquecido, só o movimento permanece. Realmente, dançar é a coisa mais não-terrena, a arte mais não-terrena, porque se trata apenas de ritmo em movimento. É absolutamente imaterial; assim, você não pode se agarrar a isso. Você pode se agarrar ao dançarino, mas não à dança. Ela simplesmente se desfaz no cosmos. Ela existe e, depois, não existe; ela não está aqui e, então, de repente, está aqui – ela vem do nada e está aqui; vem do nada e, depois, entra novamente no nada.

Um dançarino está sentado aqui – não há nenhuma dança nele. Mas, se um poeta está sentado aqui, a poesia pode estar nele: a poesia pode existir no poeta. Um pintor está aqui: de um modo muito sutil, a pintura está presente. Antes de ele pintar, a pintura já existe. Mas com a dança nada está presente e, se está presente, então o dançarino é apenas um técnico, e não um dançarino. O movimento é um fenômeno novo que vai chegando. O dançarino se torna apenas um veículo: o movimento toma conta.

Um dos maiores dançarinos deste século foi Nijinsky, e, no fim, ele simplesmente enlouqueceu. Ele poderia ter sido o maior dançarino de toda a história, mas o movimento ganhou tamanha dimensão para ele que o dançarino se perdeu nele. Em seus últimos anos, ele era incapaz de controlá-lo. Ele podia começar a dançar a qualquer momento, em qualquer lugar, e, quando estava dançando, ninguém podia dizer quando aquilo iria terminar. Ele podia continuar pela noite toda.

Quando os amigos lhe perguntavam: "O que aconteceu com você? Você começa, e não tem fim...", Nijinsky dizia: "Eu só existo no começo. Depois, alguma coisa toma conta, e eu não existo mais – e quem dança, eu não sei quem é."

Ele enlouqueceu. Ficou num hospício; morreu num hospício.

Pegue qualquer atividade e vá até o limite, onde há ou loucura, ou meditação. A busca morna não adiantará.

CAPÍTULO 3

MEDITAÇÃO CAÓTICA

É uma coincidência interessante que a sua técnica de meditação, de liberação por meio da respiração caótica intensa, tenha sido desenvolvida ao mesmo tempo que certas técnicas de terapia caótica estavam acontecendo no Ocidente, como a teoria de R. D. Laing, de que a esquizofrenia não é algo a ser combatido, mas algo a ser vivenciado voluntariamente. Laing diz que você não pode ser mentalmente sadio até que tenha sido não-sadio ou insano. Então vem Wilhelm Reich com o uso da energia sexual para liberar bloqueios no corpo que coincidem com a neurose. Essa técnica foi a inspiração para a terapia chamada de bioenergética, assim como para a terapia do grito primal. Há algo de significativo nessa coincidência?

O homem como tal é neurótico. Não é que apenas alguns homens sejam neuróticos, a humanidade é neurótica. Não é uma questão de correção para algumas pessoas, é uma questão de curar a humanidade como tal. A neurose é a condição "normal". Quando você nasce, já nasce neurótico. Há razões para isso. Compreenda as razões que fazem do homem "normalmente neurótico".

A neurose é inata. A primeira razão é que o homem é o único animal que não nasce totalmente evoluído no útero. Todo nascimento humano é imaturo. Exceto quanto ao homem, todo animal nasce maduro – a mãe não é realmente muito necessária. A criança humana é totalmente desamparada. Sem mãe, sem família, sem pais presentes, ela não pode sobreviver. Ela nasce não-maturada.

Os cientistas dizem que os nove meses são somente metade do período necessário. A criança humana precisaria de dezoito meses no útero. Mas há problemas: as mulheres não podem carregar um filho durante dezoito meses. Dessa maneira, todo nascimento é abortivo. Isso acontece porque o homem é o único animal que se ergue nos dois pés, ereto. O útero, o corpo humano, não foi feito para uma postura ereta. Essa postura ereta cria problemas, e a criança tem de nascer antes de estar realmente madura e pronta para nascer. Isso dá um começo neurótico – uma criança não-evoluída.

Em segundo lugar, mesmo que a situação pudesse ser mudada, haveria problemas. E, algum dia, nós seremos capazes de mudar isso. Quando formos capazes de dar um útero cientificamente criado para a humanidade futura, só então seremos capazes de mudar isso. Mas mesmo então haverá problemas. O segundo problema, que vai ainda mais fundo que o fisiológico, é o psicológico. Nenhum animal é formado pela educação, mas o homem é. Ele tem de passar por treinamentos, condicionamentos. Ele não tem permissão de apenas ser o que é. Ele tem de ser moldado dentro de certo padrão. Esse padrão cria neurose.

Você não tem permissão de ser você mesmo. A sociedade lhe dá um padrão, um molde. Você é cultivado dentro de certo feitio e forma. Isso significa repressão. A parte remanescente do seu ser é reprimida. Só um fragmento tem permissão de se expressar. Isso cria uma divisão, uma esquizofrenia. Um fragmento da sua mente tem permissão de se expressar à custa do todo. A maior parte não tem permissão de se expressar. Não tem nem mesmo permissão de ficar viva. Deve ir para dentro dos cantos escuros do seu ser.

Mas ela permanece lá, e então há um conflito constante. O fragmento que a sociedade permite e a maior parte que a sociedade não permite ficam em tensão, em conflito – em constante conflito interior. Assim, você fica contra si mesmo: eis a neurose.

Nenhum homem é a favor de si mesmo; todo homem é contra si mesmo. O homem *existe* contra si mesmo. É assim que a sociedade o cultiva, o educa, o condiciona.

Essa repressão tem muitas implicações. Você nunca pode ficar à vontade, porque a sua maior parte não tem nem permissão de existir, não tem nem permissão de ser consciente. A maior parte do seu ser fica no cativeiro. E lembre-se de que um fragmento nunca pode ser livre. Você pode deixar livre um galho de uma árvore enquanto toda a árvore está escravizada? O fragmento é basicamente parte do todo; assim, até mesmo o fragmento goza apenas de uma liberdade muito ilusória. E a parte que é suprimida permanece lutando por expressão.

A vida precisa de expressão, vida é expressão. Se você não der permissão à vida, então você está criando – acumulando – forças explosivas. Elas irão explodir e você ficará aos pedaços. Essa divisão em você é esquizofrenia. Assim, todo homem é esquizofrênico, dividido – dividido contra si mesmo. Ele não pode ficar à vontade; não pode ficar em silêncio; não pode ser feliz. O inferno está sempre presente, e, a menos que você se torne inteiro, não poderá ficar livre desse inferno.

Assim, se você me compreende, o homem como tal é esquizofrênico, neurótico. Dessa forma, alguma coisa tem de ser feita para liberar essa neurose – para aproximar mais as suas partes divididas. O não-expresso tem de ser expresso, e essa constante repressão da sua mente, do consciente sobre o inconsciente, tem de ser retirada.

Todas as velhas técnicas de meditação não levam isso em consideração: eis por que elas fracassaram. As técnicas de meditação já existem há longo tempo; têm sido conhecidas através da história. Mas um Buda, um Jesus, um Mahavira todos fracassaram. Não quero dizer que eles próprios não tenham se realizado. Eles se realizaram, mas foram exceções, e exceções apenas comprovam as regras. Buda foi iluminado, mas não pôde ajudar a porção maior da humanidade a se iluminar. Ele foi simplesmente uma exceção.

Por que a religião não pôde ser de grande ajuda? A razão é esta: tomamos o homem como pronto e lhe ensinamos técnicas de meditação para ajudar o homem como ele é. Mas todas essas técnicas podem ajudar somente até certo ponto, e somente na superfície. A divisão interior permanece; não foi feito nada para dissolvê-la.

Por exemplo: há técnicas do zen, há a meditação transcendental do Mahesh Yogi e outras técnicas mais. Elas podem ajudá-lo até certo ponto. Elas podem acalmá-lo, sua superfície pode ficar mais pacífica, mas nada acontece ao seu ser interior. Não pode! E, de certo modo, essa superfície calma é perigosa, porque de um modo ou de outro você explodirá novamente. Basicamente, nada aconteceu. Você simplesmente treinou a sua mente consciente para ficar num estado mais imóvel.

Você pode imobilizar a mente facilmente por meio de mantras, por meio de cânticos constantes, por meio de muitas coisas. Qualquer coisa que crie um enfado interior irá ajudá-lo a se acalmar. Por exemplo: se você repetir constantemente *"Ram, Ram, Ram..."*, essa repetição constante criará certa sonolência, um enfado, e sua mente começará a cair no sono. Você pode sentir essa sonolência como serenidade, como mansidão, mas não é. Realmente, ela é uma espécie de torpor. Mas você pode sim tolerar mais a sua vida por meio dela – pelo menos na superfície, você se sentirá mais contente. Mas as forças, as forças neuróticas, continuarão fervendo por dentro; qualquer dia elas irão irromper na superfície, e você irá desmoronar.

Esses métodos são conciliatórios, e pouquíssimas pessoas podem ser ajudadas por meio deles. E aqueles que podem ser ajudados por meio deles podem ser ajudados sem nenhuma técnica. Eles são exceções – são pessoas afortunadas que não nasceram neuróticas. Muitas coisas estão implicadas nisso, mas, como regra, a humanidade não tem tanta sorte.

Assim, minha ênfase é para primeiramente dissolver a sua divisão interior, fazê-lo tornar-se um – uma unidade. A menos que você se torne *um*, nada pode ser feito. A primeira coisa é: "Como dissolver a sua neurose?"

Desse modo, minha técnica aceita a sua neurose como ela é e tenta liberá-la. Minha técnica basicamente começa com uma catarse. O que quer que esteja escondido deve ser liberado. Você não deve continuar reprimindo: de preferência, escolha a expressão como caminho. Não se condene. Aceite o que você é, porque toda condenação cria divisão.

Simplesmente por condenar, nada é destruído. Se diz que o sexo é mau, você o condena, mas não pode destruí-lo. Só por condená-lo, ele não é destruído. Ao contrário, ele pode se tornar uma força mais perigosa, porque, quando reprimido, ele pode lutar para ser expresso. E, se você continuar lutando contra ele, não lhe dando permissão, ele se tornará pervertido. A repressão tornará a pessoa mais sexual, e a energia sexual lutará e tentará sair de algum modo, de qualquer forma.

Todas as perversões, em todo o mundo – a homossexualidade ou as perversões sadomasoquistas são basicamente subprodutos das supostas religiões, principalmente do cristianismo: porque quanto mais as pessoas reprimem, mais a energia tem de descobrir caminhos próprios. O sexo natural é belo; o sexo pervertido é simplesmente horroroso. O sexo natural pode se tornar abençoado e sagrado, mas o sexo pervertido não pode se tornar sagrado, porque ele está duplamente removido da fonte original.

O sexo existe: não o condene. Aceite-o. Não crie uma divisão em seu ser, entre as partes do seu ser. A raiva existe: aceite-a. A ambição existe, ou seja o que for: aceite. Eu não digo "seja ambicioso". Bem ao contrário, no momento em que você aceita, você vai além, porque a aceitação cria uma unidade. E quando está interiormente unido, você tem a energia para ir além.

Quando você está dividido interiormente, a sua energia está lutando consigo mesma: ela não pode ser usada para nenhuma transformação. Assim, deixe haver uma aceitação do que você é – não uma condenação. Tudo o que você tem feito até agora é simplesmente repressão. Tudo isso tem de ser liberado. Se você se torna conscientemente neurótico, um dia chegará a um ponto em que você não mais é neurótico.

Isso pode parecer paradoxal, mas aqueles que reprimem as suas neuroses ficam cada vez mais neuróticos, enquanto aqueles que as expressam conscientemente livram-se delas. Assim, a menos que você se torne conscientemente insano, nunca poderá se tornar mentalmente sadio.

R. D. Laing está certo. Ele é um dos homens mais sensíveis do Ocidente. Ele diz: "Permita-se ser insano." Você *é* insano; assim, algo tem de ser feito quanto a isso. O que eu digo é para você ficar consciente disso. O que dizem as velhas tradições? Elas dizem: "Reprima! Não permita que a sua insanidade venha à tona, do contrário você ficará insano." Eu digo: "Permita que ela venha à tona; esse é o único caminho em direção à sanidade." Libere-a! Lá dentro, ela se tornará veneno. Jogue-a fora, remova-a do seu sistema totalmente. A expressão é que é moral. E, para fazer essa catarse, você tem de abordá-la de um modo muito metódico, sistemático, porque se trata de ficar louco com um método – conscientemente louco.

Você tem de fazer duas coisas: permanecer consciente do que está fazendo e, então, não reprimir nada. Na nossa mente, consciência significa supressão. Esse é o problema. No momento em que fica consciente de certas coisas em si mesmo, você começa a suprimi-las. Essa é a disciplina, e isso tem de ser aprendido: ser consciente e não-supressivo, ser consciente e expressivo.

Você está se sentindo miserável: o que fará? Ou tenta algum escape de modo que possa esquecer, ou tenta algo que o tire da sua miséria, ou algo que o acalme. Seja o que for, você fará uma sutil repressão, e a miséria se acumulará e permanecerá no seu sistema. Quanto mais ela permanece ali, mais venenosa se torna – quanto mais tempo, mais venenosa. Ela não fica apenas na sua mente. Ela se move para dentro do seu corpo, para dentro do seu sangue, para dentro dos seus ossos, para dentro da sua psicologia. Ela cria muitas doenças.

Pelo menos 50% das doenças são mentais e têm origem na mente. E essa estatística que estou fornecendo é uma estatística muito conservadora – 50%. Os que trabalham com a mente e o corpo sabem que 90% das doenças são criadas pela mente. Assim, quanto mais reprime as suas energias, mais doente você ficará na mente e no corpo – em ambos. Você tem de ir para dentro de si mesmo com um método profundamente transformador.

Meu sistema de Meditação Dinâmica começa com respiração, porque a respiração tem raízes profundas no ser. Você pode não ter observado que a respiração é muito especial de muitos modos. Seu corpo tem dois tipos de sistema. Um sistema é voluntário, o outro é não-voluntário. Eu posso mover a mão voluntariamente, mas não posso influenciar a circulação do meu corpo – ela é não-voluntária. Seu corpo é constituído desses dois tipos de sistema – o voluntário e o não-voluntário. Você pode fazer algo com isso: pode respirar profundamente; pode respirar lentamente. Pode mudar o ritmo; pode até parar a respiração por alguns minutos ou segundos. Mas ela ainda assim fica no meio: você não pode pará-la para sempre. Ela é um elo entre os sistemas voluntário e não-voluntário.

Se você puder mudar a sua respiração, poderá mudar muitas coisas com ela. Se puder observar a sua respiração minuciosamente, poderá detectar muitas coisas em si mesmo. Quando está com raiva, você tem um ritmo diferente de respiração; quando está apaixonado, um ritmo totalmente diferente ocorre. Quando está relaxado, você respira de certo modo; quando está tenso, respira de modo diferente. Você não pode respirar da forma que o faz quando está relaxado e ficar com raiva ao mesmo tempo. Isso é impossível.

Quando você está sexualmente excitado, a sua respiração muda. Se você não permitir que haja essa modificação, a sua excitação sexual cairá automaticamente. Isso quer dizer que a respiração está profundamente relacionada com o seu estado mental. Se você mudar a sua respiração, poderá mudar o estado da sua mente. Ou: se você mudar o estado da sua mente, sua respiração mudará.

Assim, comece com a respiração, e eu sugiro a respiração caótica durante dez minutos no começo da técnica. Com "respiração caótica" eu quero dizer aspirar e expirar sem qualquer ritmo – sem nenhum ritmo. Inspire e expire tão intensamente quanto puder.

Essa respiração caótica se destina a criar um caos dentro do seu sistema reprimido. Seja lá o que você for, você é assim com certo tipo de respiração. Uma criança respira de certa forma e, quando se torna sexualmente consciente, ou é conscientizada pelos pais ou pela sociedade, ela começa a respirar novamente de um modo diferente. Se você é sexualmente medroso, não pode respirar profundamente, porque toda respiração profunda atinge o centro sexual. Assim, se você é sexualmente medroso, não pode respirar profundamente. Quando uma criança toca ou brinca com seus órgãos sexuais, nós a interrompemos. Quando você a interrompe, a respiração dela se torna superficial. Ela não pode respirar profundamente – ela ficou com medo. No medo, você não pode respirar profundamente. O medo cria a respiração superficial.

Essa respiração caótica se destina a destruir todos os seus sistemas do passado. Seja o que for que você tenha feito de si, ela irá destruir. Isso cria um caos dentro de você. Porque, a menos que um caos seja criado, você não pode liberar as suas emoções reprimidas – essas emoções agora passaram para dentro do corpo.

Dez minutos de respiração caótica é maravilhoso. Mas ela tem de ser caótica. Não é um tipo de *pranayama*, de respiração iogue: trata-se simplesmente de criar um caos por meio da respiração. E ela cria o caos por muitas razões.

Uma respiração profunda e rápida lhe dá mais oxigênio. Quanto mais oxigênio no corpo, mais vivo você se torna, mais animalesco. Os animais são vivos, e o homem é meio morto, meio vivo. Você tem de se transformar num animal novamente; só então algo mais elevado pode se desenvolver em você. Você é falso, e, se você é apenas meio vivo, nada pode ser feito com você.

Assim, essa respiração caótica o deixará como um animal: vivo, vibrante, vital – com mais oxigênio no seu sangue, mais energia em suas células. As células do seu corpo ficarão mais vivas, e essa oxigenação ajudará a criar eletricidade corporal – você pode chamá-la de bioenergia. Quando há eletricidade no corpo, você pode ir fundo dentro de si, para além de si mesmo, porque essa eletricidade funcionará dentro de você. Do jeito que está, você está simplesmente morto, ou meio morto. Porque até mesmo estar completamente morto é bom. Algo completo é sempre bom, mas essa meia mortalidade é ruim.

O corpo tem as suas próprias fontes elétricas. Se você as martela com mais respiração e mais oxigênio, elas começam a fluir. E se você se tornar realmente vivo, então não será mais um corpo. Quando está vivo, você se sente como energia, não como matéria. Você se sente como sendo um corpo porque está meio morto. Eis por que você sente tanto peso. Essa meia mortalidade lhe dá peso e uma sensação de estar sendo puxado para baixo pela gravidade. Você sente que tem de se "carregar" de algum modo. Você é pesado. Essa carga se deve ao estado de meio morto. Quanto mais vivo você for, mais energia fluirá no seu sistema e menos você se sentirá fisicamente. Você se sentirá mais como energia e menos como matéria.

E quando quer que aconteça de você estar mais vivo, nesses momentos você não é orientado pelo corpo. Se o sexo tem tanto apelo, uma das razões é esta: se você está realmente no ato, movendo-se totalmente, totalmente vivo, então você não é mais um corpo – é pura energia. Sentir essa energia é muito necessário, se você quer ir mais longe.

Então, meu segundo passo é uma catarse. Eu lhe digo para ficar conscientemente insano, e, seja o que for que venha à sua mente – seja o que for! –, permita que se expresse e coopere com isso. Nenhuma resistência, apenas um fluxo de emoções...

Se você quiser gritar, então grite – coopere com isso. Um grito profundo, um grito total no qual todo o seu ser fique envolvido, é muito terapêutico, profundamente terapêutico. Muitas coisas, muitas doenças serão liberadas apenas pelo grito. Se o grito for total, então todo o seu ser estará nele. Permita-se a expressão – gritando, dançando, chorando, pulando, desbundando, como se diz. Esse segundo passo dura também dez minutos, e, em alguns dias, você virá a saber o que é isso realmente.

No começo, pode ser apenas forçado, um esforço; ou pode até ser só encenação. Nós nos tornamos tão falsos que não conseguimos fazer nada muito verdadeiro ou autêntico. Não rimos, não choramos, não gritamos autenticamente: tudo é só uma fachada, uma máscara. Assim, quando você começa a praticar essa técnica, no começo pode ser forçado. Pode precisar de esforço, pode ser só encenação, mas não se incomode com isso, continue. Logo, logo, você tocará aquelas fontes onde reprimiu muitas coisas. Você tocará aquelas fontes e, uma vez que elas sejam quebradas, se sentirá descarregado: uma nova vida começará para você, um novo nascimento tomará lugar. Esse descarregar é básico, e sem ele não pode haver nenhuma meditação para o homem tal como ele é. Eu não estou falando das exceções: elas são irrelevantes.

Com esse segundo passo, quando as coisas são eliminadas, você fica vazio. E é isso que se quer dizer com vacuidade – estar vazio de todas as repressões. Então, nessa vacuidade, algo pode ser feito.

Então, no terceiro passo, eu uso o som *hoo*.* Muitos sons foram usados no passado: cada som tem um efeito específico. Por exemplo: os hindus têm usado o som *aum*.** Ele pode ser muito familiar para vocês,

---

* *Hoo* – é um som que sai dos pulmões e passa pela laringe sem que esta vibre. Incomum na nossa língua, mas muito possível de ser feito. (N.T.)

** Aum – as vogais são pronunciadas exatamente como em português, a-u, fechando-se a seguir os lábios para a nasalidade do m. (N.T.)

mas eu não sugiro o *aum*. Ele nunca vai além do centro do coração. Ele apenas toca o coração e retorna – não pode ir mais fundo.

Os sufistas usaram o *hoo*, e, se você diz *hoo* bem alto, ele vai profundamente para o centro sexual. Assim, este som é usado simplesmente como uma martelada interna. Quando você fica desabitado e vazio, só então esse som pode se mover internamente. O movimento do som só é possível quando você está vazio. Se você estiver cheio de repressões, nada acontecerá. E às vezes é até perigoso usar um mantra ou som, quando você está cheio de repressões, porque cada repressão mudará o som lá dentro, e o resultado final pode ser algo que você nunca sonhou, nunca esperou, nunca desejou, porque cada camada de repressão mudará o caminho do som. Você precisa de uma mente desabitada – só então um mantra pode ser usado.

Assim, eu nunca sugiro um mantra para qualquer pessoa tal como ela está. Há certos mantras da Índia antiga, que eram usados somente por saniássins, nunca pelos chefes de família. Nunca se permitiu que eles fossem usados pelos chefes de família, porque estes têm um sistema interior diferente. Esse som *hoo* poderia perturbá-los. Assim, somente um saniássin tinha permissão de usar certos sons.

Antigamente, principalmente no Tibete, quando quer que um mantra fosse dado a um saniássin, ele tinha de tocar uma flor, uma flor viva, no galho. E, se a flor morresse, entorpecida pelo seu toque, só então, o mantra era dado a ele, porque esse mantra ia criar uma morte sutil dentro dele. Ele não poderia ser usado por um chefe de família, porque então a morte começaria a rondar à sua volta. Ele não deve ser dado antes que a pessoa passe pelos dois primeiros passos. Jamais deve ser dado sem isso. Se você é neurótico, e a neurose não foi liberada, se você fizer o "*hoo*", você ficará mais neurótico.

Assim, somente nesse terceiro passo, durante dez minutos, o "*hoo*" deve ser usado – tão alto quanto possível. Traga toda a sua energia para isso. Trata-se de uma martelada. Quando você está vazio, esse "*hoo*" vai fundo lá embaixo e golpeia o centro sexual.

O centro sexual pode ser golpeado de dois modos. O primeiro é naturalmente. Quando quer que você se sinta atraído por um ser do sexo oposto, o centro sexual é golpeado a partir de fora. E esse choque é também, realmente, uma vibração sutil.

Um homem é atraído por uma mulher, ou uma mulher é atraída por um homem. Por que eles se sentem atraídos? O que há no homem e o que há na mulher? Uma eletricidade positiva ou negativa os golpeia, uma vibração sutil: é um som, realmente. Você pode ter observado nos pássaros que eles usam sons para o chamado sexual. Todo o seu canto é sexual: eles estão golpeando repetidamente um ao outro com determinados sons. Esses sons golpeiam os centros sexuais dos pássaros do sexo oposto.

Vibrações sutis de eletricidade o estão golpeando pelo exterior. Quando o seu centro sexual é golpeado pelo exterior, a sua energia começa a fluir para fora. Isso causa reprodução, nascimento: outra pessoa nascerá de você.

Esse *"hoo"* está golpeando o mesmo centro de energia pelo interior; e quando o centro sexual é golpeado a partir de dentro, a energia começa a fluir por dentro. Esse fluxo interno de energia o transforma completamente. Você fica transformado: dá à luz a si mesmo.

Você só se transforma quando a sua energia se move numa direção totalmente oposta. Exatamente agora, ela está fluindo para fora, mas então ela começará a fluir para dentro; agora, ela está fluindo para baixo, mas então ela fluirá para cima. Essa subida do fluxo de energia é o que é conhecido como *kundalini*. Você a sentirá na espinha – realmente fluindo –, e, quanto mais alto ela for, mais alto você irá com ela. E quando essa energia alcança o centro da cabeça, o último centro, o sétimo centro, você é o homem mais elevado possível – o que Gurdjieff chama de "homem número sete".

Você é o "homem número um" quando sua energia está simplesmente no centro sexual. Quando alguma energia chega ao centro do coração, você é o "homem número dois", o homem da emoção. Quando alguma energia se move até o intelecto, você é o "homem número três", o homem do intelecto. Esses são homens comuns – todos neuróticos, cada um a seu modo. Um é emocionalmente neurótico, outro é corporalmente neurótico, e outro ainda é intelectualmente neurótico. Esses três homens são apenas homens comuns.

O "homem número quatro" é aquele que está tentando levar a sua energia para dentro: o homem que está meditando, o homem que está fazendo esforços para dissolver a sua neurose, as divisões e a esquizofrenia. Esse é o "homem número quatro". E, à medida que essa energia se move para dentro – e para cima –, um homem mais elevado é criado em você. Esse homem mais elevado será menos neurótico, menos esquizofrênico, mais mentalmente sadio.

Então, chega um momento em que essa energia é liberada do seu último centro para o cosmos. Você se torna um super-homem, ou melhor, você não é mais um homem. E quando esse momento chega, quando você não é mais um homem, só então você deixa de ser louco.

O homem está destinado a ser louco de um modo ou de outro, porque ele não é um ser; é, antes, uma fachada. O homem não é um fim; é, antes, um processo – algo no meio do caminho. Já não é um animal e ainda não é aquilo que está destinado a ser. É apenas uma coisa no meio do caminho, uma fase. Isso cria neurose.

Você não é mais um animal. Com toda a animalidade dentro de você, você não é mais um animal. O animal está aí, mas você não é mais um animal. O animal continua puxando-o para baixo. Não há nada de mau nisso: o animal não pode fazer outra coisa. Continua puxando-o para o centro sexual, e você fica continuamente girando em torno dele. Mas esse é o seu primeiro centro, não a suprema possibilidade. Sua possibilidade suprema é o super-homem – ir além da humanidade, transcender o homem: isso insiste em puxá-lo para cima.

Essas duas trações criam esquizofrenia. Assim, num momento você é puxado para o mais alto e parece um santo, e no momento seguinte você se comporta como um animal – é puxado para baixo. A mente fica confusa. Você não pode ser verdadeiramente um animal, devido à possibilidade mais elevada. A semente está presente e continua fustigando-o, desafiando-o.

Assim, você não consegue ficar à vontade com o animal, mas também não consegue removê-lo. Ele existe, é a sua herança. E você se divide em dois. Coloca a sua parte animal no inconsciente e, conscientemente, identifica-se com a sua possibilidade mais elevada, que não é você.

Essa possibilidade mais elevada é o ideal, o fim. Conscientemente, você se identifica com o fim; inconscientemente, fica com o começo.

Esses dois pontos criam conflito. Assim, a menos que vá além do homem, você não pode ir além da loucura. Homem *é* loucura.

No terceiro passo, eu uso o *hoo* como um veículo para levar a sua energia para cima. Esses primeiros três passos são catárticos. Realmente, eles não são meditação, mas apenas a preparação para ela. Eles são uma preparação para dar o salto, não são o salto em si.

O quarto passo é o salto. No quarto passo, eu lhes digo para ser apenas uma testemunha – uma consciência alerta: sem fazer nada, apenas permanecendo uma testemunha, apenas permanecendo consigo mesmo; sem fazer *nada* – nenhum movimento, nenhum desejo, nenhum tornar-se, mas simplesmente permanecendo no momento e no lugar, silenciosamente observando o que quer que esteja acontecendo...

Esse permanecer no centro, em si mesmo, é possível devido aos três primeiros passos. A menos que esses três primeiros passos sejam dados, você não consegue ficar consigo mesmo. Você pode falar sobre isso, pensar sobre isso, sonhar com isso, mas aquilo não acontecerá porque você não está pronto.

Esses três primeiros passos o deixarão preparado para permanecer com o momento, irão torná-lo consciente. Isso é meditação e, nessa meditação, acontece algo que está além das palavras. E, uma vez que aconteça, você jamais será o mesmo novamente; é impossível. Trata-se de um crescimento. Não se trata simplesmente de uma experiência, é um crescimento.

E essa é a diferença entre as técnicas falsas e as técnicas verdadeiras. Com as falsas técnicas, você pode ter uma experiência, lembre-se; depois, você voltará ao que era. É só um vislumbre: não é um crescimento. Assim, com LSD isso pode acontecer: você terá um vislumbre. Com outras técnicas isso pode acontecer: você pode ter um vislumbre, pode ter uma experiência, mas cairá novamente, porque não cresceu. A experiência aconteceu para *você*: você não aconteceu para a experiência. Você não cresceu. Quando você cresce, não pode mais voltar.

Se uma criança sonha que se tornou um jovem, ela pode ter um vislumbre do que é ser um jovem, mas é um sonho. O sonho desaparecerá, e ela será uma criança novamente, porque não foi um crescimento. Mas, se você cresce e se torna um jovem, não pode mais voltar e ser criança outra vez. É um crescimento verdadeiro. Assim, esse é o critério para julgar se um método, uma técnica, é real ou falso.

Há técnicas falsas que são mais fáceis de praticar; elas nunca conduzem a lugar nenhum. E, se você está apenas atrás de experiências, cairá vítima de qualquer técnica falsa. Uma técnica verdadeira não está interessada em experiências como tal: uma técnica verdadeira está interessada em crescimento verdadeiro. Experiências acontecem – isso é irrelevante. Meu interesse é no crescimento, não em experiências. As experiências existirão apenas como parte essencial do crescimento, mas eu não estou interessado...

Você deve crescer para se tornar um, para ser inteiro, para se tornar mentalmente sadio. E essa sanidade não pode ser forçada sobre você. Ela está sendo forçada pela sociedade; assim, você permanece insano por dentro, e a sanidade é simplesmente uma fachada.

Eu não vou forçar a sanidade sobre você. Antes, vou trazer para fora a sua insanidade. Quando ela for trazida para fora completamente, jogada ao vento, a sanidade acontecerá a você. Você crescerá.

E você pergunta por que essa coincidência, uma vez que no Ocidente, também, muitas técnicas bem semelhantes ao que estou dizendo estão sendo desenvolvidas. Mas elas são só parecidas, não são a mesma coisa. Há muitas diferenças. E agora isso se transformou numa situação de emergência: o mundo todo está nas garras de uma insanidade longamente adiada. Estivemos adiando e adiando, e agora o último grau, o grau de evaporação, chegou.

Há agora somente duas possibilidades: uma é que a humanidade venha a cometer suicídio coletivo, porque essa insanidade não pode mais ser acumulada. As religiões contribuíram, os moralistas contribuíram, os professores contribuíram, os chamados grandes homens contribuíram para tornar o homem cada vez mais insano. E agora chegou o ponto final, em que podemos cometer suicídio coletivo por meio das bombas atômicas ou das bombas de hidrogênio ou de qualquer outra coisa.

O homem como ele é não pode mais ser tolerado sobre a terra agora. Ele se tornou intolerável. E junto com ele, ele está matando toda a terra. Ele não é só um suicida; ele se tornou assassino. Está matando tudo. O homem está matando tudo sobre a terra. Não há nada vivo de que ele goste agora: só coisas mortas o atraem. E quanto mais mortas melhor, porque então pode-se possuí-las, manipulá-las.

Assim, ele está matando a natureza e tudo sobre a terra. Ele não pode ser tolerado, e a sua própria insanidade interior o está levando ao ponto de evaporação. Devido a isso, a hora está chegando cada vez mais perto. E no mundo todo, aqueles que pensam e aqueles que sentem e aqueles que sabem estão em busca de métodos, arquitetando métodos para ajudar a humanidade a transcender a loucura. Esse é o único modo.

Ou o homem cometerá suicídio, ou dará um salto para reinos mais elevados do ser. Se essa transformação não vier, então nada poderá ser feito: o homem cometerá suicídio. Eis por que por todo o mundo as energias espirituais estão se juntando, as forças espirituais estão se reunindo, muitos grupos esotéricos estão trabalhando. E às vezes pode não ser tão óbvio, mas acontece lá no fundo, no próprio centro da mente humana. As línguas diferem, os caminhos diferem, as abordagens diferem, mas em todo lugar há um tatear em busca de algo que possa se tornar uma alquimia para mudar a humanidade.

E você pergunta sobre o uso, por Wilhelm Reich, da energia sexual para liberar os bloqueios do corpo, que coincidem com a neurose. Eu estou em total concordância com a abordagem de Wilhelm Reich. Realmente, o sexo é o problema: todos os outros problemas são subprodutos. E, a menos que o homem chegue a uma profunda compreensão da energia sexual, será impossível ajudá-lo. É muito difícil, porque um mecanismo básico foi usado para fazer do homem um escravo. Não se pode fazer de um homem um escravo a menos que ele se sinta culpado. A culpa é o truque para escravizar qualquer pessoa. Primeiro faça-a sentir-se culpada. E só se pode fazer alguém se sentir culpado por meio de algo que seja tão natural que não se possa ir além com facilidade. E o sexo é a coisa mais natural, porque é a fonte da vida.

Você nasce do sexo. Cada uma de suas células é uma célula sexual, toda a sua energia é sexual. Assim, se as religiões ensinam que o sexo é mau, que o sexo é pecado, elas condenaram a pessoa completamente. E não foram só elas que a condenaram: agora, você se condenará. Agora você não pode ir além dele e não pode abandoná-lo, e então isso é um pecado. Você fica dividido: começa a lutar contra si mesmo. E quanto mais essa culpa puder ser criada em você – em cima do conceito de que o sexo é algo pecaminoso –, mais neurótico você será.

Mas quando você é neurótico, pode ser possuído. Os sacerdotes podem possuí-lo, os reis podem possuí-lo. Mas se você não for neurótico, não irá aos sacerdotes. Você vai porque tem medo de certa energia que existe, e os sacerdotes dizem que sabem como ajudá-lo. Assim, primeiro eles criam a culpa. Depois dizem que irão ajudá-lo. Então eles podem explorar as pessoas. A sociedade que for sexualmente livre e à vontade com o sexo não irá aos templos, às mesquitas, às igrejas – não! É impossível! Se você está à vontade com o seu sexo, então a chamada religião não pode continuar o seu negócio. Você não é culpado. Desse modo, qual é a necessidade de ir a qualquer lugar?

E o sexo pode lhe dar um contentamento tão profundo! Isso também pode se tornar um problema. Se você está contente, não vai em busca de nenhum céu ou de algo além da vida. Você fica aqui e agora – muito contente. Então não precisa ir perguntar a ninguém sobre a vida após a morte. Então, a vida é aqui.

Assim, o sexo foi usado como objeto de exploração. E os reis só podem usar você se você reprimir o seu sexo, porque o sexo reprimido se torna violência. Não se podem criar soldados, não se podem criar militares, não se podem criar guerras se não se suprimir o sexo. Um homem reprimido está sempre pronto para brigar: esse é o único meio de liberar o seu sexo.

Assim, os reis, os imperadores não podem permitir vida sexual a seus soldados. E se os soldados americanos se mostram um fracasso em todo lugar, a razão é somente esta: eles não conseguem ser bem-sucedidos em lugar algum com pessoas famintas de sexo. Os americanos nunca conseguem ser bem-sucedidos porque os soldados famintos de sexo são loucos – não se pode lutar contra eles. Assim, sempre que uma sociedade fica rica, despreocupada, ela é derrotada facilmente: qualquer um pode derrotá-la.

A Índia foi derrotada continuamente, devido ao grau mais elevado de sua civilização. As pessoas estavam mais à vontade, sem espírito de luta, viviam desfrutando a vida. Aqueles que não estão desfrutando a vida estão prontos para brigar. Se a vida é bela, você pode abençoar todo mundo. Se a sua vida estiver em dificuldades, em tormento, você pode matar, pode se tornar destrutivo. Assim, os *hippies* estavam certos quando diziam: "Faça amor, não faça a guerra." Eles eram muito coerentes. Se você não faz amor, então a energia se moverá num outro caminho. Ela tem de se mover. Então ela se moverá em direção à guerra.

Assim, Wilhelm Reich estava certo, absolutamente certo: o sexo é o problema, e todos os outros problemas são simplesmente derivados dele, ramificações dele. E se você ficar atacando as ramificações, nada vai acontecer. Nada pode acontecer a menos que você ataque as raízes. Essa é a minha compreensão também. Não somente minha – é toda a compreensão do tantra.

Mas o tantra foi sempre suprimido. Ele nunca teve permissão de existir visivelmente, em lugar nenhum. O tantra teve de ir para o subsolo, porque, onde quer que aparecesse um mestre de tantra, ele era morto – toda a sociedade está baseada em algo que ele estava destruindo.

Assim, Wilhelm Reich foi atacado de todos os modos. Ele foi forçosamente declarado louco. Colocaram-no numa prisão, e ele morreu desconhecido. E este século* não deu origem a nenhum gênio semelhante. Ele foi um *tantrika*** moderno, e havia um grupo esotérico que o estava ajudando. Mas foi difícil. É muito difícil trazer as verdades para a humanidade, porque a humanidade está baseada em mentiras.

A humanidade é neurótica. Ela está sofrendo devido às suas mentiras. Mas todos pensam que essas são as verdades. No momento em que você disser: "Você está sofrendo por causa de determinada mentira", a sociedade o matará, porque então você está eliminando todo o alicerce. A sociedade quer que a pessoa não sofra e também quer que as suas mentiras não sejam desafiadas. Mas isso é impossível; assim, você não pode ser ajudado.

Esta é a minha experiência: todos os dias eu encontro pessoas que vêm e dizem que estão buscando a Deus. Quanto mais eu as analiso,

---

* Século XX. (N.T.)

** *Tantrika* – palavra sânscrita e híndi: adepto do tantra; pessoa versada no conhecimento do tantra; mestre do tantra; além desses significados há outros que não vêm ao caso. (N.T.)

mais descubro que o sexo é o problema. Mas, se eu digo que o sexo é o problema, isso é insultante para elas, um esvaziamento do ego. E o sexo é o problema. A menos que seja resolvido, nenhuma busca por Deus é possível.

Esta é a minha atitude: a menos que você fique à vontade com a terra, você não pode entrar no céu. Fique à vontade com a terra, fique à vontade com o seu corpo, fique à vontade com as suas energias. Só então você poderá "persuadir" as suas energias. E não se pode lutar contra elas, elas só podem ser persuadidas. Não se pode forçá-las. Um mestre é aquele que pode persuadir as suas energias terrenas a se moverem para cima.

Assim, eu tomo o sexo como o problema básico. E, se o seu problema sexual é resolvido, você é um homem diferente ou uma mulher diferente, porque então todas as perversões simplesmente não existem mais. Você resolveu a base. E quando o sexo está resolvido e não é um problema para você, não é uma luta, quando você o aceitou profundamente e disse "sim" a ele, então você pode transformá-lo – porque essa é a energia que está viva em você. Quando você morrer, essa energia irá prosseguir, cada vez mais. Você é simplesmente uma onda num oceano de sexo: o oceano continua, e as ondas vêm, morrem e desaparecem. O oceano continua. O sexo é o *brahman*. Se você vai fundo no sexo, então ele é a própria vida. Se você se esquece dele, permanece na superfície. Então ele é feio. Se você não luta contra ele nem se oculta nele, mas entra dentro dele, dissolve-se nele, funde-se com ele, então de repente ele é transformado em amor. É assim que o mecanismo funciona automaticamente. Se você luta contra ele, o sexo se torna ódio. Assim, aqueles que estão cheios de ódio são aqueles que estão lutando com o sexo.

Se você não lutar com ele, se você o aceitar e fundir-se nele, ele se tornará amor. Assim, o amor e o ódio são duas faces do sexo. Se for pervertido, ele se tornará ódio. Se profundamente aceito, ele se tornará amor. E você pode criar amor a partir das suas energias sexuais. Se essas energias se transformam em amor, você fica à vontade no mundo, em casa na terra. Esse "estar em casa" é básico.

E esta é a beleza: se você aceita o sexo, não rejeitará nada mais. Eis por que há tanta ênfase nisso. Se você rejeita o sexo, terá de rejeitar muitas coisas. O sexo é a raiz da rejeição. Se você rejeitar o sexo, rejeitará muitas coisas. A comida será rejeitada, depois as roupas serão rejeitadas, depois tudo será rejeitado. É uma longa seqüência, e nessa seqüência você terá de rejeitar e rejeitar, porque toda a vida é sexual. Se você rejeitar o sexo, continuará rejeitando e rejeitando, e finalmente rejeitará a vida. Então, o suicídio é a única coisa que vale fazer, porque até mesmo respirar é sexual. A respiração vai para as suas células sexuais e lhes dá vida. Ser vivo é ser sexual. Se você for contra o sexo, será contra tudo. E uma pessoa que é contra tudo está fadada a ser neurótica, louca, e não se pode ajudá-la.

Eu sou a favor de tudo, e tudo pode ser santificado – pode ser tornado sagrado. Você precisa conhecer a técnica, tem de conhecer o tantra, tem de saber como tornar tudo sagrado. Todo veneno pode se tornar um elixir, depende de você. E toda a minha abordagem é para ajudá-lo, para lhe dar um método mediante o qual você possa mudar as energias da sua vida. Trata-se de uma abordagem profundamente científica.

Você pergunta:

"Eu também gostaria de saber como as pessoas que o seguem, os saniássins, funcionam neste mundo neurótico, agora que estão praticando algo que se destina a tirá-los de suas neuroses interiores."

Se você é mentalmente sadio, então, não há nenhum problema. Você pode andar neste mundo neurótico muito facilmente – se você for mentalmente sadio. Se você é insano, então é um problema.

Comumente, pode parecer muito difícil não ser neurótico num mundo neurótico. É difícil de certo modo. Se você ficar muito sério, será muito difícil. Se começar a brigar com os homens insanos com tudo o que eles criaram, será difícil. Mas você só brigará se ainda for insano. Caso contrário, você rirá: não há nenhuma necessidade de brigar. Não há nenhuma necessidade de brigar! Você rirá!

Então, você atuará. Um sábio é um ator: ele não é sério porque não há nenhuma necessidade de ser sério. Você sabe que todos ao seu redor são loucos; assim, não há nenhuma necessidade de levá-los a sério. Você pode atuar, e só atuando conseguirá ajudá-los.

Há uma proposta de R. D. Laing de que os médicos nos asilos de loucos não deviam estar lá como médicos, mas como loucos. Isso significa que eles deveriam atuar. Então eles seriam de mais ajuda, porque haveria mais afinidade: como médicos, eles se opõem ao louco. Eles deveriam ficar no asilo como loucos. Ninguém deveria saber que eles são médicos; assim ajudariam mais. Essa proposta é absolutamente digna de ser tentada. Eu já estou trabalhando desse modo!

Você deve atuar, e um homem deve ser esperto. Quando digo "esperto", eu quero dizer "ele deve atuar".

Gurdjieff costumava dizer que um sábio deve ser matreiro. Ele deve atuar: caso contrário, não consegue ajudar. Ele não deve ser muito sério, como Krishnamurti. Essa seriedade traz uma tristeza desnecessária a você. E sobrevém a raiva, porque uma pessoa séria tem raiva de todo mundo. Não há nenhuma necessidade disso. Se você já sabe que alguém é insano, isso não é necessário. Então, ajude-os. Você pode, mas seja um louco entre eles. Não brigue com eles. Esse é o caminho do sábio.

Há muitos mestres que dizem que são mestres e, talvez, muitos sejam falsos mestres. Como pode um buscador verdadeiro distinguir um mestre verdadeiro daquele que está envolvido com sua própria viagem do ego?

É difícil, muito difícil – de certo modo, impossível. Mas não há nenhuma necessidade disso tampouco. Você não precisa tentar distinguir, não precisa mesmo! Até um falso mestre o ajudará a conhecer a falsidade. Não se preocupe muito em distinguir. Se lhe acontecer de estar com um falso mestre, fique com ele tão sinceramente quanto possível. Você saberá, e quando isso acontecer você terá crescido, e então nenhum outro falso mestre será capaz de agarrá-lo.

Só se conhece a vida por meio da experiência. Eu não posso lhe dar nenhum critério para julgar se alguém é um falso mestre ou se alguém é um verdadeiro mestre, porque todos os critérios podem ser usados por aqueles falsos mestres também. E às vezes acontece – na verdade, tem acontecido mais freqüentemente do que o contrário – de você achar difícil julgar um mestre de verdade, porque um mestre de verdade não se incomodará com seus critérios. Mas um falso mestre sempre se moverá de acordo com os critérios.

Se a sociedade diz que um mestre verdadeiro é um ascético, então, qualquer um pode dar um jeito de ser ascético – isso não é difícil. Assim, qualquer coisa pode ser administrada. E se um buscador não está nem mesmo consciente de si mesmo, como ele pode julgar? Mas não há nenhuma necessidade disso. Se isso for uma necessidade básica – julgar primeiro se um mestre é verdadeiro ou não... –, você nunca avançará, porque essa primeira necessidade não pode ser satisfeita. Você ficará onde está. Então, eu digo: ande. Se lhe acontecer de estar com um falso mestre, bom: siga com ele; viva com ele. Seja o que for que ele ensine, tente. Você virá a saber por meio de suas próprias experiências que o homem era falso. Não há nenhuma necessidade de julgar. Ele o treinou para determinada coisa. Você aprendeu algo que é bom saber – o que é a falsidade. Agora você ficará mais consciente. Assim, vá andando, vá andando!

Tudo na vida é uma aprendizagem. Torne tudo uma aprendizagem e não tente ser sábio antes da experiência – você não pode ser. A experiência lhe mostrará mais. E a verdadeira busca não é por um mestre verdadeiro, a verdadeira busca é por um "buscador verdadeiro". Você se tornará um buscador verdadeiro por meio da busca. E, falsos ou verdadeiros, todos os mestres o ajudarão.

Todos ajudam se você estiver pronto para receber a ajuda. Não pense no outro, se o mestre é verdadeiro ou não. Sua busca deve ser verdadeira e autêntica – isso é tudo. Se a sua busca é verdadeira, autêntica, nenhum falso mestre pode enganá-lo. E caso contrário, não há nenhum meio. Seja autêntico em sua busca. Aqueles mestres cairão por si mesmos.

Você diz:

"Entre seus seguidores há muitos ocidentais. Em relação ao que você diz sobre sexo, tenho a impressão de que há muita repressão sexual aqui na Índia. Não é um fato que você atrai tantos ocidentais devido às suas visões sobre liberação das repressões? Se for assim, você acha que a mentalidade indiana não pode responder ao que você está dizendo tão facilmente quanto os ocidentais?".

A humanidade, lá no fundo, não é tão dividida assim. Oriente e Ocidente são apenas distinções de superfície. E, de certo modo, aparentemente, vai se configurar que o que eu estou dizendo é mais atraente para a mente ocidental do que para a mente oriental. Mas, num nível mais profundo, não é assim.

A mente oriental é mais reprimida, obviamente. Ela avançou numa repressão muito funda. Mas a mente ocidental hoje em dia foi para o pólo oposto. Eu estou em algum lugar no meio, e a distância é a mesma.

Para o oriental chegar até mim, terá de percorrer a mesma distância que o ocidental, porque eu não sou nem oriental nem ocidental: estou além de ambos. Assim, do modo como vejo isso, se um buscador ocidental vem a mim, no começo, somente no começo, ele se sente à vontade comigo. Seja o que for que eu diga, há um apelo para ele, porque atualmente toda a tendência no Ocidente, a tendência moderna, é anti-repressiva.

Mas esse é o caminho da mente – ela sempre se move para o pólo oposto, o extremo oposto. A tendência moderna é contra a tradição, mas você pode fazer uma tradição a partir de ser contra a tradição, e eles têm feito isso. Trata-se de uma atitude não conformista, mas o não-conformismo pode se tornar uma atitude conformista.

Por exemplo: um *hippie* é um não conformista para o sistema, mas atualmente os *hippies* têm seu próprio sistema, e se você não tem o estilo de cabelo deles não é aceito. O que fazer? A antitradição tornou-se uma tradição. A rebeldia pode tornar-se uma ortodoxia, e se tornou. Ela se moveu para o pólo oposto.

Assim, quando eles vêm a mim, no começo, meus pensamentos os atraem. Mas eu não sou antitradicionalista. Eu não sou nem contra nem a favor. Assim, quando eles começam a caminhar comigo, logo surgem os problemas. O buscador ocidental, no começo, é muito facilmente atraído para mim. Mas, quanto mais eu trabalho com ele e nele, mais ele luta. Para o oriental, no começo, é muito difícil ser atraído para mim. Mas, uma vez que ele seja atraído, então não há mais nenhum problema. Você me compreende? É difícil para a mente oriental ser atraída para mim, porque, seja o que for que eu diga, simplesmente a choca. Mas, uma vez que a pessoa tolere o choque, então as coisas acontecerão mais facilmente. Há razões para isso.

A mente oriental vive com a tradição, aceitando-a totalmente. A pessoa sofre muitas coisas devido a isso, mas uma aceitação profunda está presente. Quando eu digo algo, a pessoa fica chocada e vai para longe de mim. Mas, se ela vem a mim, essa aceitação profunda da tradição é alterada em direção a mim. Ele me aceitará, e então o trabalho começa muito facilmente. Quando o ocidental vem a mim, vem atraído pelos meus pensamentos. Mas, quando eu trabalho com ele, ele não pode nem mesmo me aceitar, não pode seguir nenhuma disciplina. Ele não pode fazer nada consistentemente, sistematicamente. Isso cria problemas. É fácil atrair ocidentais com a minha visão, mas é difícil trabalhar com eles. É difícil atrair orientais, mas é fácil trabalhar com eles, uma vez que tenham sido atraídos. Assim, no todo, é a mesma coisa. No todo, não há muita diferença.

CAPÍTULO 4

MEDITAÇÃO DINÂMICA, OU MEDITAÇÃO SILENCIOSA

A meditação dinâmica é ativa demais, muito árdua. A pessoa não pode entrar em meditação apenas sentando-se em silêncio?

Você pode entrar em meditação simplesmente estando sentado, mas então tem de ficar simplesmente sentado; não faça mais nada. Se você puder estar apenas sentado, isso se torna meditação. Fique completamente no ato de sentar: o não-movimento deve ser o seu único movimento. Na verdade, a palavra *zen* vem da palavra *zazen*, que significa "simplesmente sentado, sem fazer nada". Se você puder estar apenas sentado, sem fazer nada com o seu corpo, sem fazer nada com a sua mente, isso se torna meditação – mas é difícil...

Você pode ficar sentado muito facilmente quando está fazendo outra coisa, mas no momento em que você fica apenas sentado sem fazer nada isso se torna um problema. Cada fibra do seu corpo começa a se mexer por dentro; cada veia, cada músculo começa a se mexer. Você começará a sentir um tremor sutil; ficará consciente de muitos pontos no corpo dos quais jamais esteve consciente antes. E quanto mais você tentar estar apenas sentado, mais movimento interior sentirá. Assim, o sentar-se pode ser usado só se você já fez algumas outras coisas antes.

Você pode apenas andar, isso é mais simples. Pode apenas dançar, é ainda mais simples. E depois de ter feito outras coisas que são mais fáceis, então poderá sentar-se. Sentar-se numa postura de buda é a última coisa a fazer realmente; isso nunca deve ser feito no começo. Só depois de ter começado a se sentir totalmente identificado com o movimento é que você poderá começar a se sentir totalmente identificado com o não-movimento.

Assim, eu nunca digo às pessoas para começarem por estar simplesmente sentadas. Comece por onde o começo é fácil, caso contrário você sentirá muitas coisas desnecessariamente – coisas que não estão existindo realmente.

Se você começa por estar sentado, sentirá muita perturbação interior. Quanto mais você tentar apenas estar sentado, mais perturbação sentirá: você ficará consciente apenas da sua mente insana e de nada mais. Isso criará depressão, você se sentirá frustrado. Não se sentirá abençoado; em vez disso vai se sentir insano. E às vezes você pode realmente ficar insano.

Se você fizer um esforço sincero para "estar simplesmente sentado", pode realmente ficar insano. A insanidade só não acontece com mais freqüência porque as pessoas não tentam sinceramente. Na postura sentada, você toma conhecimento de tanta loucura dentro de você que, se for sincero e continuar, pode realmente ficar insano. Já aconteceu antes, muitas vezes. Assim, eu nunca sugiro nada que possa criar frustração, depressão, tristeza – nada que lhe permita ficar muito consciente da sua insanidade. Você pode não estar preparado para tomar consciência de toda a insanidade que está dentro de você; ficar sabendo de certas coisas só deve ser permitido gradualmente. O conhecimento não é sempre bom: ele deve se revelar lentamente, à medida que a sua capacidade de absorvê-lo aumenta.

Eu começo com a sua insanidade, e não com a postura sentada; eu permito a insanidade. Se você dançar loucamente, o oposto acontece dentro de você. Com uma dança enlouquecida, você começa a ficar consciente de um ponto de silêncio dentro de você; com o ato de sentar-se silenciosamente, você começa a ficar consciente da loucura. O oposto é sempre o ponto de consciência. Com a sua dança louca, caótica, com o grito, com a respiração caótica, eu permito a sua loucura. Então você começa a ficar consciente de um ponto sutil, de um ponto profundo dentro de você, que é silencioso e imóvel, em contraste com a loucura na periferia. Você se sentirá abençoado; no seu centro, há o silêncio interior. Mas, se você ficar simplesmente sentado, então seu interior é o louco: você fica silencioso por fora, mas por dentro você está louco.

Se você começar com algo ativo – algo positivo, vivo, movendo-se – será melhor; você vai sentir uma imobilidade interior aumentando. Quanto mais ela aumenta, mais lhe será possível usar uma postura sentada ou uma postura deitada – a meditação mais silenciosa se tornará possível. Mas então as coisas serão diferentes, totalmente diferentes.

Uma técnica de meditação que começa com movimento, ação, ajuda-o de outros modos também. Torna-se uma catarse. Quando começa simplesmente sentado, você fica frustrado. Sua mente quer se mover, e você está simplesmente sentado. Cada músculo se mexe, cada nervo se mexe. Você fica tentando forçar algo sobre si mesmo, que não é natural para você; você se divide em dois: aquele que está forçando e aquele que está sendo forçado. E, realmente, a parte que está sendo forçada e suprimida é a parte mais autêntica: é uma parte da sua mente maior do que a que está suprimindo, e a parte maior está fadada a vencer.

Essa parte que você está suprimindo deve ser atirada fora, não suprimida. Ela se tornou um acúmulo dentro de você, porque você a tem suprimido constantemente. Toda a criação, a civilização, a educação, tudo isso é supressivo. Você tem suprimido muito do que poderia ter sido jogado fora muito facilmente com uma educação diferente, com uma educação mais consciente, com uma paternidade mais consciente. Com uma melhor consciência do mecanismo interior da mente, a cultura poderia ter permitido a você a jogar fora muitas coisas.

Por exemplo: quando uma criança está com raiva nós lhe dizemos: "Não fique com raiva." Ela começa a suprimir a raiva. Pouco a pouco, o que era um acontecimento momentâneo torna-se permanente. Agora, ela não mostrará a raiva, mas permanecerá com raiva. Nós acumulamos muita raiva a partir do que eram apenas coisas momentâneas; ninguém pode ficar com raiva continuamente, a menos que a raiva tenha sido suprimida. A raiva é uma coisa momentânea que vem e vai: se for expressada, você deixa de ficar com raiva. Eu permitiria que a criança ficasse mais autenticamente com raiva. Fique com raiva, mas entre fundo nela; não a suprima.

É claro, haverá problemas. Se eu digo "fique com raiva", você vai ficar com raiva de alguém. Mas uma criança pode ser moldada: ela pode receber uma almofada e pode ser dito a ela: "Fique com raiva da almofada. Seja violento com a almofada." Bem no início, uma criança pode ser educada de modo que a raiva seja desviada. Pode ser dado a ela um objeto – ela pode ir atirando o objeto até a raiva passar. Em questão de minutos, de segundos, ela terá dissipado sua raiva, e não haverá nenhuma acumulação.

Você acumulou raiva, sexo, violência, ambição, tudo! Agora essa acumulação é uma loucura dentro de você. Ela está aí, dentro de você. Se você começa com uma meditação supressiva – por exemplo, com o "estar simplesmente sentado" –, estará suprimindo tudo isso, não estará permitindo a sua liberação. Assim, eu começo com uma catarse. Primeiramente, deixe as supressões serem jogadas no ar; e, quando você for capaz jogar a sua raiva no ar, então você amadureceu.

Se não posso ser amoroso sozinho, se posso ser amoroso somente com alguém que eu ame, então realmente ainda não estou amadurecido. Sou dependente de alguém até para ser amoroso: alguém deve estar presente, só assim eu posso ser amoroso. Esse amor só pode ser uma coisa muito superficial: não é a minha natureza. Se estiver sozinho no quarto, não serei amoroso absolutamente; a qualidade amorosa ainda não se aprofundou, não se tornou parte do meu ser.

Você fica cada vez mais maduro à medida que se torna menos dependente. Se consegue ficar com raiva sozinho, você é mais maduro. Você não precisa de nenhum objeto para ficar com raiva. Assim, eu faço da catarse inicial um imperativo. Você deve atirar tudo para o céu, para o espaço aberto, sem estar consciente de nenhum objeto.

Fique com raiva sem a presença da pessoa em quem você gostaria de jogar a raiva. Chore sem descobrir nenhuma causa; ria, simplesmente ria, sem nada do que rir. Então, você pode simplesmente jogar fora tudo o que está acumulado – pode simplesmente jogar fora. E, uma vez que você aprendeu o caminho, pode descarregar todo o passado.

Em poucos minutos você pode descarregar toda a sua vida – até mesmo outras vidas. Se você estiver pronto para jogar tudo fora, se puder permitir que a sua loucura saia, em minutos haverá uma profunda limpeza. Agora, você está limpo: fresco, inocente – você é uma criança novamente. Agora, na sua inocência, a meditação do sentar-se pode ser feita – só sentar-se, ou só deitar-se, ou qualquer coisa – porque agora não há mais nenhuma loucura interior para perturbar o sentar-se.

A limpeza – a catarse – deve ser a primeira coisa, caso contrário, com exercícios de respiração, com o estar simplesmente sentado, com a prática dos *asanas*, as posturas iogues, você está apenas suprimindo alguma coisa. E uma coisa muito estranha acontece: quando você permite que tudo seja jogado fora, o estar puramente sentado acontecerá por si só, os *asanas* simplesmente acontecerão – será espontâneo.

Você pode não saber nada sobre os *asanas* da ioga, mas começa a fazê-los. Agora essas posturas são autênticas, verdadeiras. Elas trazem muita transformação dentro do seu corpo, porque agora o próprio corpo as está fazendo, você não está forçando. Por exemplo: quando uma pessoa jogou muitas coisas fora, pode começar a tentar ficar apoiada sobre a cabeça. Ela pode nunca ter aprendido a fazer o *shirshasan*, a postura de ponta-cabeça, mas agora todo o seu corpo está tentando fazer isso. Agora essa é uma coisa muito interior: vem da sabedoria interior do seu corpo, e não da sua mente intelectual, da informação cerebral. Se o corpo insiste: "vá e fique de ponta-cabeça", e a pessoa permite isso, então se sentirá muito revigorada, transformada por isso.

Você pode fazer qualquer postura, mas eu permito essas posturas somente quando elas vierem por si mesmas. Alguém pode sentar-se e ficar silencioso na postura de *siddhasan* ou em qualquer outra postura, mas esse *siddhasan* será bem diferente: a qualidade difere. A pessoa está *tentando* ficar silenciosa no sentar-se – mas isso é um acontecimento, não há nenhuma supressão, não há nenhum esforço. É apenas como o corpo se sente. Seu ser total quer sentar-se. Nesse sentar-se não há nenhum mente dividida, nenhuma supressão. O ato de sentar-se é, então, um florescimento.

Você deve ter visto estátuas do Buda sentado sobre uma flor, uma flor de lótus. O lótus é apenas simbólico: simboliza o que está acontecendo dentro do Buda. Quando o "estar simplesmente sentado" acontece a partir do interior, você se sente exatamente como o desabrochar de uma flor. Nada está sendo suprimido pelo lado de fora; em vez disso, há um crescimento, uma abertura originada no interior: algo interior se abre e floresce. Você pode imitar a postura do Buda, mas não pode imitar a flor. Você pode se sentar de uma forma completamente búdica – até de uma forma mais búdica que a do próprio Buda –, mas o florescimento interior não existirá. Ele não pode ser imitado.

Você pode usar truques. Pode usar ritmos respiratórios que o forcem a ficar imóvel, a suprimir a mente. A respiração pode ser usada muito supressivamente, porque, com cada ritmo de respiração, um determinado estado surge na sua mente. Não que outros estados desapareçam: eles simplesmente ficam escondidos.

Você pode forçar qualquer coisa sobre si mesmo. Se quiser ficar com raiva, simplesmente respire no ritmo em que a raiva acontece. Os atores fazem isso. Quando querem expressar raiva, eles mudam o ritmo da respiração: o ritmo da respiração deve ser o mesmo de quando há raiva. Ao apressar o ritmo, eles começam a sentir raiva, a parte da mente que tem raiva vem à tona.

Assim, o ritmo da respiração pode ser usado para suprimir a mente, para suprimir qualquer coisa na mente. Mas isso não é bom, não é um florescimento. O outro jeito é melhor: quando a mente muda, então, como conseqüência, sua respiração muda; a mudança vem primeiro da mente.

Eu uso o ritmo da respiração como um sinal. Uma pessoa que está à vontade consigo mesma constantemente, permanece no mesmo ritmo respiratório. Ele nunca muda por causa da mente. Ele mudará por causa do corpo – se você estiver correndo, ele mudará. Mas nunca será por causa da mente.

O tantra usou muitos, muitos ritmos respiratórios como chaves secretas. Eles até permitem o intercurso sexual como uma meditação, mas eles só o permitem quando seu ritmo respiratório permanece constante no intercurso, caso contrário não. Se a mente se envolve, então não é possível manter o ritmo respiratório, mas se o ritmo respiratório permanece o mesmo, então a mente decididamente não está envolvida. Se a mente não está envolvida nem mesmo numa coisa biológica tão profunda como o intercurso sexual, não estará envolvida em nada mais.

Mas você pode forçar. Você pode se sentar e forçar um determinado ritmo sobre seu corpo. Pode criar uma postura búdica falsa, mas estará simplesmente morto. Você ficará obtuso, estúpido. Isso já aconteceu a muitos monges, a muitos *sadhus* – eles simplesmente ficam estúpidos. Seus olhos não têm nenhuma luz de inteligência; seus rostos são simplesmente idiotas, sem nenhuma luz interior, nenhuma chama interior. Como têm muito medo de qualquer movimento interior, eles suprimem tudo – até a inteligência. A inteligência é um movimento, um dos movimentos mais sutis; assim, se todo o movimento interior for suprimido, a inteligência será afetada.

A consciência não é uma coisa estática. A consciência, ela também, é movimento – um fluxo dinâmico. Se você começa pelo lado de fora, se se força a sentar-se como uma estátua, está matando muita coisa. Primeiramente, interesse-se pela catarse, pela limpeza da sua mente, jogando tudo fora, de modo que você fique simplesmente vazio e livre – uma passagem para a entrada de algo que vem do além. Agora sentar-se é útil, o silêncio é útil, mas não antes.

Para mim, o silêncio em si não é algo que valha a pena. Você pode criar um silêncio que é morto. O silêncio deve ser vivo, dinâmico. Se você "criar" silêncio, ficará mais estúpido, mais obtuso, mais morto; mas isso é mais fácil de certo modo, e muita gente está fazendo isso hoje em dia. Toda a cultura é tão supressiva que é mais fácil suprimir ainda mais a si mesmo. Assim, você não precisa correr nenhum risco, não precisa dar o salto.

As pessoas vêm a mim e dizem: "Ensine-nos uma técnica de meditação para que possamos praticar o silêncio." Por que esse medo? Todos têm um hospício interior e ainda assim dizem: "Ensine-nos uma técnica para que possamos fazer silêncio." Com uma técnica de silêncio, você pode somente ficar cada vez mais louco – silenciosamente... – e nada mais.

As portas do seu hospício devem ser abertas! Não tenha medo do que os outros dirão. Uma pessoa que está preocupada com o que os outros pensam não conseguem ir para dentro. Ela está muito ocupada com sua preocupação em relação ao que os outros possam dizer, ao que possam estar pensando.

Se você simplesmente se sentar em silêncio, fechando os olhos, tudo ficará bem: sua esposa ou seu marido dirá que você se tornou uma pessoa muito boa. Todos querem que você seja como morto: até as mães querem seus filhos como mortos – obedientes, silenciosos. Toda a sociedade quer que você seja como morto. Os chamados homens bons são, na verdade, homens mortos.

Assim, não se preocupe com o que os outros pensam, não se preocupe com a imagem que os outros possam ter de você. Comece com uma catarse, e então algo de bom poderá florescer dentro de você. Isso terá uma qualidade diferente, uma beleza diferente, totalmente diferente. Será autêntico.

Quando o silêncio vem até você, quando ele desce sobre você, não é uma coisa falsa. Você não o cultivou: ele veio a você; aconteceu a você. Você começa a senti-lo crescendo interiormente, exatamente como uma mãe começa a sentir um filho crescendo. Um profundo silêncio está crescendo dentro de você; você fica grávido dele. Só então há transformação; caso contrário, trata-se simplesmente de auto-engano. E a pessoa pode enganar a si mesma durante vidas e vidas – a nossa capacidade de fazer isso é infinita.

Mas meditação não significa akarma, *nenhuma atividade?*

O quarto estágio da meditação dinâmica é simplesmente *akarma*, nenhuma atividade, mas os primeiros três estágios são ativos. O primeiro, o segundo e o terceiro estágios são de intensa atividade. No primeiro estágio, seu corpo vital, sua respiração, está em intenso movimento, em atividade extrema. Estando em atividade extrema no seu corpo vital – no seu *prana-sharira*, na sua respiração –, o segundo passo se torna possível: você fica intensamente ativo no seu corpo físico. E no terceiro estágio, depois de estar totalmente ativo fisiologicamente, torna-se possível ficar ativo no seu corpo mental.

Assim, nos três corpos – o físico, o vital e o mental –, você cria um clímax de atividade, um clímax de tensão. Você fica cada vez mais tenso. Toda a sua existência se torna um turbilhão, um redemoinho. Quanto mais intenso isso for, maior a possibilidade de ficar relaxado no quarto estágio.

O quarto estágio é de relaxamento total. Não se trata de um relaxamento praticado, porque, na verdade, ninguém pode praticar o relaxamento. O relaxamento pode vir somente como um subproduto, como uma sombra da atividade intensa. Praticar o relaxamento é uma contradição: toda prática é uma prática de tensão. Relaxamento significa não-fazer – e você não pode praticar o não-fazer, você pode apenas ir ao encontro dele, você só pode chegar a ele. Somente pela intensa atividade é que se cria uma situação dentro de você que o conduz ao verdadeiro abandono.

Assim, o quarto estágio é *akarma*. Você não está fazendo nada: agora você *é*. Você simplesmente existe naquilo; não há nada que você esteja fazendo. Se algo está acontecendo, está simplesmente acontecendo. Se há algo acontecendo, é por meio da natureza, não está sendo feito por você. No que lhe diz respeito, a atividade cessou completamente: não há nenhuma atividade.

Nesse estado de não-ação, nesse estado *akármico*, o cósmico e o individual se aproximam – tornam-se íntimos, perdem suas identidades, sobrepõem-se um ao outro. Você é penetrado por algo cósmico e algo seu penetra o cósmico: as fronteiras tornam-se flexíveis e líquidas. Às vezes não há nenhuma fronteira, e você sente uma ausência de consciência – não há nenhum limite, nenhum fim e nenhum começo. E às vezes as fronteiras começam a se cristalizar ao seu redor.

Essa situação vai tremulando para trás e para a frente, de um lado para o outro. Às vezes há fronteiras, e às vezes não há. Mas quanto mais relaxamento houver, mais as fronteiras se dissolverão. Então, chega um momento que nunca pode ser previsto: chega um momento de acontecimento – sem causa e não-condicionado. Finalmente, chega um momento em que todas as fronteiras se dissolveram e não se formarão novamente. Então, começa a existir um ser humano sem limites, uma mente sem fronteiras, uma consciência sem nenhuma limitação. Isso é o cósmico, isso é o divino, isso é a totalidade.

CAPÍTULO 5

ENTRANDO PROFUNDAMENTE NO DESCONHECIDO

Eu não creio em métodos fixos. Eu uso métodos apenas para empurrá-los para dentro de uma consciência bem caótica, porque a primeira coisa a ser feita com vocês, no estágio em que vocês estão, é perturbar todo o seu padrão. Vocês se tornaram sólidos, rígidos, e precisam ficar cada vez mais líquidos e fluentes. E a menos que você flua como um rio, jamais conhecerá o divino, porque ele não é uma coisa, é um evento.

Você não pode procurar o divino, ele não pode ser buscado, porque só se pode buscar o que já se conhece. Buscar significa desejar, e não se pode buscar algo desconhecido. Como você pode buscar algo que absolutamente não conhece? O próprio ímpeto de buscar vem só depois de você ter provado, conhecido algo – depois de ter tido ao menos um vislumbre. Assim, o divino não pode ser buscado. Mas quando eu digo que o divino não pode ser buscado, não quero dizer que ele não possa ser descoberto. Ele não pode ser buscado, mas pode ser descoberto.

Quanto mais você o busca, menor é a possibilidade de descobri-lo. Busque-o, e você decididamente não o descobrirá, porque a própria busca, o *próprio* ato de buscar, torna-se a barreira. Assim, não busque algo desconhecido; em vez disso, vá fundo naquilo que é conhecido. Não anseie pelo desconhecido: vá fundo dentro do conhecido. Se você for fundo dentro do conhecido, topará com portas para o desconhecido, porque o conhecido é realmente a porta para o desconhecido. Então, vá fundo.

Por exemplo: você não pode buscar o divino, mas, se já amou, então, você conhece o amor; vá fundo no amor. À medida que você vai fundo no amor, em algum lugar, o amante e a amada não estão mais presentes, e o divino aparece.

Em vez de buscar o divino, é melhor entrar no que é real para você, naquilo que você conhece. Não vá para longe; comece por perto. Nós somos tão ansiosos para ir para longe, que nunca damos o primeiro passo, que pode ser dado aqui bem perto. Perguntamos pelo último passo, mas você não pode dar o último passo no começo. O primeiro passo deve ser dado; o primeiro passo é aqui e agora, mas nós estamos mais interessados no lá adiante.

Buscar significa buscar no tempo. Buscar é um adiamento, um profundo adiamento, porque buscar é sempre no futuro: nunca pode ser no presente. Como se pode buscar aqui e agora? Não há nenhum espaço. Você pode *estar* aqui e agora, mas não pode buscar. Assim, a própria mente que busca cria o tempo, porque o tempo é necessário; só assim se pode buscar.

Eis por que aqueles que estão buscando *moksha*, liberação, liberação absoluta, têm de criar o conceito de transmigração. Mais tempo é necessário. Uma só vida não é o bastante; muitas vidas são necessárias. Só dentro dessa expansão do tempo, desse espaço que o tempo cria, você pode se mover. Se você tem de encontrar o absoluto, um instante não é suficiente; e, é claro, uma vida também não é suficiente.

O tempo é realmente um subproduto do desejo. Quanto mais você deseja, mais tempo é necessário. Você pode negociar com isso de dois modos: um é conceber vida após vida, o tempo absolutamente sem fim. Esse é um modo, o modo oriental, para criar mais espaço para o desejo. Outro modo é o ocidental: ser mais consciente do tempo e fazer muitas coisas no tempo disponível. Há somente uma vida: não há nenhuma possibilidade de mais vidas, esta vida é tudo; assim, você tem de fazer muitas coisas – muitas, muitas coisas. Você tem de acomodar muitos desejos no tempo disponível. E é por isso que o Ocidente se tornou tão consciente do tempo; na verdade, a consciência do tempo é um dos aspectos mais comuns da mente ocidental.

Mas em ambos os caminhos, sempre que você deseja, você cria o tempo. O tempo é a quarta dimensão do espaço, uma espécie de espaço. Sem o tempo, seus desejos não podem andar; assim, qualquer desejo cria o tempo e o futuro; e então você adia o momento presente, que não é realmente tempo, mas existência.

Assim, é melhor ir fundo no que é conhecido, naquilo que é vida para você. Vá fundo nisso! Seja o que for que possa ser, vá fundo nisso. Não fique na superfície, entre nisso até a máxima profundeza. E no momento em que você começa a ir fundo, cair fundo, você chega a uma dimensão diferente. Não se trata de ir para dentro do futuro, trata-se de ir fundo no presente, dentro deste momento mesmo.

Por exemplo: você está me ouvindo. Você pode ouvir muito superficialmente, e só os seus ouvidos estão envolvidos – essa é a primeira camada da audição. Você pode dizer "é claro, estou ouvindo", mas só os ouvidos estão escutando, só o mecanismo do corpo: sua mente pode estar em outro lugar. Mas se você conseguir ir fundo, poderá ouvir muito intensamente; você estará indo mais fundo neste momento. Mas mesmo que a sua mente esteja envolvida, seu ser pode não estar envolvido. Se você está pensando sobre o que eu estou dizendo, a mente está envolvida, mas ainda há profundezas mais fundas. Seu ser pode não estar aqui absolutamente: pode haver correntes inconscientes, devido às quais você não está aqui. Você pode ir até mais fundo: isso significa que o ser está envolvido. Então, você está simplesmente desocupado, sem nem pensar sobre isso. Seu mecanismo está aqui, sua mente está aqui, seu ser está aqui – todos no foco. Então você vai fundo.

Assim, seja o que for que você esteja fazendo no momento, vá fundo nisso. Quanto mais fundo você estiver nisso, mais próximo você estará do desconhecido. E o desconhecido não é algo oposto ao conhecido: ele é algo escondido no conhecido. O conhecido é simplesmente a tela.

Não entre no futuro: não busque. Simplesmente fique aqui – e *seja*. Na busca, você se espalha, mas no ser você é intenso, e essa intensidade – essa total intensidade no momento – o leva a certa cristalização. Nesse intenso momento total, você *existe*. Esse existir, esse acontecimento do existir, torna-se a porta; e você a encontrou sem buscar – pode descobri-la até mesmo sem buscar.

Eu digo: não busque... descubra!

Todos os artifícios e todos os métodos que eu uso são apenas para torná-los cada vez mais intensos aqui e agora, para ajudá-los a esquecer o passado e o futuro. Qualquer movimento do corpo ou da mente pode ser usado como um trampolim para o salto: a ênfase é que você salte no aqui e agora.

Até a dança pode ser usada, mas então simplesmente seja a dança, não o dançarino. No momento em que o dançarino entra, a dança é destruída. O buscador entrou nela, o orientado pelo tempo entrou nela; agora, o movimento está dividido, o dançar tornou-se superficial, e você foi para longe.

Quando você está dançando, *seja* a dança, não seja o dançarino e chegará um momento em que você será simplesmente movimento, em que não haverá nenhuma divisão. Essa consciência não dividida é meditação.

E pode-se usar qualquer coisa. Se você está comendo, o comer pode se tornar meditação – se não houver aquele que come. Se você está andando, o andar pode se tornar meditação – se não houver o caminhante. Se você está amando, o amor pode se tornar uma profunda meditação – se não houver nenhum amante, nenhuma amada, se isso desaparecer. O amor com um amante e uma amada torna-se venenoso, mas o amor sem amante nem amada torna-se divino, e algo do desconhecido se abre subitamente.

Nós estamos divididos, e assim agimos. O ator está presente: eis o problema. Por que o ator está presente? Ele está presente devido ao desejo, às expectativas, às memórias passadas, ao anseio pelo futuro. O ator está presente – ele é todo o passado acumulado e todo o projeto do futuro. O ator perde somente uma coisa: o momento, o presente. E tudo existe no momento – tudo do passado, tudo do futuro. Este exato momento é simplesmente desperdiçado, e este exato momento é a vida. Tudo o mais é apenas uma ação do passado ou um sonho do futuro – não é nada mais que sonho. Você tem um enorme acúmulo, muito grande, mas ele está morto. O ator é o ponto morto em você. Ele é rico de muitos ornamentos do passado, muito anseio pelo futuro; ele parece muito rico, mas está morto. E o momento presente é simplesmente uma coisa atômica, nua, muito pobre, no sentido em que não há nenhum acúmulo do passado e nenhuma projeção do futuro. Ele é simplesmente um momento existencial nu, desguarnecido. Isso parece pobre, mas é só a vida possível. Ela é viva! E ser vivo e pobre é a única riqueza, enquanto ser morto e rico é a única pobreza. Eis por que acontece de um mendigo como o Buda ou o Cristo ser a mais rica possibilidade, mas um Midas ser o mais pobre acontecimento do mundo.

Na meditação, somente os acontecimentos podem ajudar, não os falsos métodos. Eis por que sempre houve tanta insistência num professor vivo. Os livros estão fadados a ser falsos: eles não podem mudar as pessoas, não podem entrar em contato com vocês, não podem fazer as pessoas se moverem. As doutrinas não são vivas, estão destinadas a estar mortas. Assim, o Oriente sempre insistiu no fenômeno de um professor vivo, um mestre. E a insistência é realmente por isto: só um mestre pode ser líquido, ele pode mudar qualquer coisa. Com ele, até os métodos podem não ter nenhum método, enquanto com as escrituras, as tradições, até a ausência de método se torna um método, porque no momento em que algo é escrito, já está morto.

Algo é dito: já está morto. Um mestre é necessário para continuamente perturbar suas próprias afirmações do passado, de modo que a fixidez não se instale em lugar nenhum. É preciso que exista essa liquidez do fenômeno – só assim os acontecimentos podem ter lugar.

Para mim, um grupo que esteja trabalhando em meditação é um grupo que está fazendo algo no momento presente, e não buscando algo. E o fazer no presente pode ser bem trivial. Um espectador, um intruso, pode nem mesmo tomar conhecimento do que está se passando: ele pode até pensar que os meditadores ficaram loucos – eles podem estar pulando e gritando, chorando e rindo, podem estar fazendo qualquer coisa. Eles podem simplesmente estar sentados em silêncio, ou criando ruídos loucos, mas, seja o que for que estejam fazendo, estão fazendo sem um agente. Na verdade, eles estão deixando acontecer, e não fazendo – eles estão abertos para isso. No começo, é difícil. Você não quer que nada aconteça sem você, porque você quer ser o mestre. Nada pode acontecer sem que você seja o mestre e o controlador. Por isso, no começo, é difícil. Mas, pouco a pouco, quanto mais você sente a liberdade que vem com a morte da sua mente controladora – o frescor que vem no momento em que você relaxa o controle –, mais você consegue rir. E então, em determinado ponto, você começa a sentir que a mente é a coisa destrutiva em você, que a proprietária – a possuidora, a controladora – é a sua escravidão.

Você não ficará ciente disso por olhar outra pessoa, mas simplesmente ao senti-lo passo a passo. Então, numa explosão súbita, *você* não existe: o agente desapareceu e o fazer permanece sozinho. Com isso vem a liberdade, com isso vem a consciência, com isso você se torna totalmente consciente. Preferivelmente: agora você é só consciência.

É isso o que eu quero dizer com meditação – não buscar, não buscar por algo, mas simplesmente ir fundo interiormente, no presente. E qualquer coisa pode ser usada para isso, qualquer coisa é tão boa quanto qualquer outra coisa. Se você compreender isso, então, qualquer coisa pode ser usada como um objeto *"meditacional"* ou como meditação. Eis por que eu lhe digo para fazer a meditação dinâmica e ficar em profundo silêncio, no acontecimento.

Primeira pergunta:

No hatha-ioga, *há um exercício no qual a pessoa cria tensão em cada músculo do corpo e depois relaxa a tensão e fica relaxada. Isso é parecido com o que acontece na meditação dinâmica?*

O relaxamento é basicamente existencial. Você não pode relaxar se, existencialmente, sua atitude em relação à vida é tensa. Então, mesmo que você tente relaxar, é impossível. Na verdade, tentar relaxar é absurdo: o esforço, como tal, é inimigo do relaxamento. Você não pode relaxar: você pode somente *ser* relaxado.

Sua própria presença é inimiga do relaxamento. Relaxamento quer dizer que você está ausente, e você só pode ficar ausente sem nenhum esforço da sua parte. Qualquer esforço fortalecerá a sua presença – fatalmente vai fortalecer. O que quer que você faça, será um ato: você será fortalecido por meio dele, ficará mais condensado por meio dele, ficará mais cristalizado.

Nesse sentido, você não pode relaxar. O relaxamento vem a você apenas quando você não está. Seu próprio fazer se tornará uma parte do ego, seu próprio esforço será uma continuidade de você.

Você só está relaxado quando você não está. Seu próprio ser é a tensão: você não pode existir sem tensão – você *é* a tensão.

A tensão começa com um desejo por aquilo que não existe. É uma tensão entre o passado e o futuro. Você é como uma ponte entre duas coisas, e sempre que duas coisas estão conectadas, a tensão existe. O homem é uma ponte – uma ponte de desejos –, mas trata-se de uma ponte de arco-íris, não de uma ponte de aço: ela pode evaporar.

Quando eu digo que o relaxamento é existencial, eu quero dizer isto: compreenda a tensão; não faça nada com ela, simplesmente compreenda-a.

Você pode compreender a tensão, mas não pode compreender o relaxamento – isso é impossível. Você só pode compreender a tensão; assim, compreenda o que ela é, como ela é, de onde ela vem; como ela existe, por que meios ela existe. Compreenda a tensão totalmente, e, no momento em que você a compreender, é criado um instante no qual não há nenhuma tensão. Então, não é somente o corpo que é relaxado, todo o ser é relaxado.

Relaxar o corpo não é realmente muito difícil, mas se tornou mais difícil com o avanço da civilização, porque o contato com o corpo se perdeu. Nós não existimos no corpo realmente: nossa existência se tornou basicamente cerebral, mental.

Vocês nem ao menos amam com o corpo, vocês amam com a mente; o corpo vai junto simplesmente como um peso morto. Quando você toca alguém, não é o corpo que você toca: a sensibilidade não está presente. A mente toca, mas, como a mente não pode tocar realmente, dois corpos se encontram, mas não há comunhão. Os corpos estão mortos; assim, você pode abraçar, mas são somente dois corpos mortos se abraçando. Eles se aproximam, mas não estão realmente perto. A proximidade só pode existir se você existir no corpo, se você estiver dentro do corpo.

Nós estamos fora do corpo, exatamente como fantasmas: ao redor, mas nunca dentro. Quanto mais o homem se tornou civilizado, menos ele está em contato com o próprio corpo. O contato se perdeu: eis por que o corpo está tenso.

O corpo tem seu próprio mecanismo automático para relaxar. O corpo está cansado, ele está na cama, mas, como você não está presente, ele não pode relaxar. Você precisa estar nele, caso contrário o mecanismo automático é inútil: ele não pode funcionar sem a sua presença. Ele precisa de você – não pode ir dormir por si mesmo. O sono é perdido, o relaxamento é perdido, porque o contato com o corpo está perdido.

Você não está no seu corpo; assim o corpo não pode funcionar adequadamente: ele não pode funcionar com sua própria sabedoria. Ele tem uma genética, sabedoria inata de séculos, mas, por você não estar dentro dele, há tensão. Caso contrário, o corpo físico é basicamente automático, ele funciona automaticamente. Você tem apenas de estar ali: sua presença é necessária, então ele começa a funcionar.

Nossa mente também está cheia de tensão. Ela não precisa estar: a mente está tensa porque você está sempre criando confusão. Por exemplo: uma pessoa que está pensando sobre sexo, está criando confusão, porque o sexo não é algo para pensar a respeito: o centro da mente não foi feito para isso. O sexo tem seu próprio centro, mas você está fazendo o trabalho do centro sexual por meio da sua mente. Mesmo enquanto você está amando, você pensa sobre ele, você não o sente: o centro da sensação não está funcionando.

Quanto mais civilizado um homem é, mais o centro do intelecto é sobrecarregado – outros centros não estão trabalhando, não estão funcionando. Isso também cria tensão, porque um centro que *deveria* funcionar e que tem determinada energia para exercitar é deixado de lado sem ter o que fazer. Ele então cria suas próprias tensões, fica sobrecarregado por sua própria energia não usada.

O centro da mente fica sobrecarregado de trabalho. Ele está sendo obrigado a sentir – coisa que não pode fazer. A mente não pode sentir; ela pode apenas pensar. As categorias do pensar são bem diferentes das categorias do sentir, e não só diferentes, mas diametralmente opostas. A lógica do coração não é a lógica da mente.

O amor tem seus próprios caminhos de pensar, mas não se trata de um caminho mental; assim, a mente tem de fazer coisas que ela não foi feita para fazer. Ela fica sobrecarregada, e aparece a tensão. A situação é assim: o pai está fazendo o trabalho do filho, e o filho está fazendo o trabalho do pai. É esse tipo de confusão que é criado por uma existência mental. Se cada centro fizer seu próprio trabalho, há relaxamento.

A mente não é o único centro. À medida que funcionamos como se fosse assim, destruímos todo o silêncio, toda a atitude relaxada, toda a sintonia da humanidade com o universo. A mente tem de trabalhar. Ela tem uma função, mas uma função muito limitada – ela está sobrecarregada. Toda a sua educação está relacionada somente a um centro. Você está sendo educado como se tivesse apenas um único centro: a mente, o matemático, o racional.

A vida não é só racional: ao contrário, a maior parte da vida é irracional. A razão é exatamente como uma pequena ilha iluminada em um vasto, escuro e misterioso oceano de irracionalidade. E essa ilha está enraizada no oceano de mistério – no grande oceano de mistério.

Essa parte iluminada é simplesmente uma parte. Ela não é o todo e não deve ser tomada como o todo, caso contrário a tensão será o resultado. O misterioso se vingará: o irracional se vingará.

Vocês podem ver os resultados disso no Ocidente. O Ocidente exagerou, extenuou um único centro – o racional –, e agora o irracional está se vingando. A vingança está aí: ela está rompendo toda a ordem – o anárquico, o indisciplinado, o rebelde, o ilógico estão em erupção. Pode ser na música, na pintura ou em qualquer coisa. O irracional está se vingando, e a ordem estabelecida está sendo posta em seu lugar.

A razão não é a totalidade. Quando ela é entendida assim, toda a cultura é tensa. As mesmas leis que se aplicam ao indivíduo se aplicam a toda a cultura, a toda a sociedade. Essas leis devem ser compreendidas, e a própria compreensão começa a realizar uma mudança em você: a própria compreensão se tornará uma transformação.

O corpo ficou tenso porque você não está nele, e a mente ficou tensa porque você a sobrecarregou. Mas o seu ser espiritual nunca é tenso. Eu os divido em corpo, mente e espírito somente como um método. Você não é dividido – essas fronteiras, na verdade, não existem –, mas para ajudá-los a compreender as coisas, a divisão é útil.

O reino espiritual nunca está tenso, mas você não está em contato com ele. Uma pessoa que não está nem ao menos em contato com seu corpo não pode jamais estar em contato com seu espírito, porque ele é um reino mais profundo. Se você não está nem ao menos em contato com suas fronteiras externas, não pode estar em contato com seus centros internos.

O terceiro reino, o espiritual, é relaxado: até neste exato momento ele está relaxado. Na verdade, seria mais preciso dizer que o reino espiritual é o reino do relaxamento. Lá não há nenhuma tensão, porque as razões da tensão não podem existir no terceiro reino. Você não pode existir sem o terceiro reino. Você pode ter se esquecido dele, mas não pode estar sem ele, porque você *é* ele. Ele é o seu ser – ele é a pura existência.

Você não está consciente do espiritual porque tem tensão demais no corpo, tensão demais na mente. Mas, se você não estiver tenso nos reinos físico e mental, automaticamente conhecerá a bem-aventurança do espiritual, o relaxamento do espiritual. Isso vem a você – tem estado esperando por você. Toda a sua atenção está tão assoberbada pelo físico e o mental que não sobra nenhuma atenção para se desviar para o espiritual. Só quando o corpo e a mente não estão tensos você pode investigar laboriosamente o espiritual, pode conhecer a sua bem-aventurança. O espiritual nunca é tenso – ele não pode ser. Não existe nenhuma tensão espiritual, só tensão corporal, só tensão mental.

A tensão corporal foi criada por aqueles que, em nome da religião, estiveram pregando atitudes anticorporais. No Ocidente, o cristianismo foi enfaticamente antagônico ao corpo. Uma divisão falsa – um golfo – foi criada entre você e seu corpo; por isso, sua atitude total se tornou criadora de tensão. Você não pode comer de modo relaxado, não pode dormir de modo relaxado: todo ato corporal se torna uma tensão. O corpo é o inimigo, mas você não pode existir sem ele. Você deve permanecer com ele, deve viver com seu inimigo; assim, há uma tensão constante – você nunca relaxa.

O corpo não é seu inimigo, nem é de modo algum inamistoso, nem mesmo indiferente a você. A própria existência do corpo é uma bênção. E no momento em que você receber o corpo como um presente, como um presente divino, então você retornará ao corpo. Você o amará, você o sentirá – e sutis são os seus modos de sentir.

Você não pode sentir outro corpo se não sentiu o seu próprio corpo, não pode amar outro corpo se não amou o seu próprio corpo – é impossível. Você não pode cuidar do corpo de outra pessoa se não cuidou do seu próprio corpo – e ninguém cuida! Você pode dizer que cuida, mas eu insisto: ninguém cuida. Mesmo que você pareça cuidar, na verdade não cuida. Você cuida por alguma outra razão – pela opinião dos outros, pela aparência aos olhos de outra pessoa: você nunca cuida para o seu corpo, para você mesmo. Você não ama o seu corpo, e, se não consegue amá-lo, não pode estar nele.

Ame seu corpo e você sentirá um relaxamento tal como nunca sentiu antes. Amor é relaxamento. Quando há amor, há relaxamento. Se você ama alguém – se, entre você e ele ou você e ela, há amor... –, então, com o amor, vem a música do relaxamento. Então o relaxamento existe.

Quando você está relaxado com alguém, esse é o único sinal de amor. Se você não consegue relaxar com alguém, não está amando; o outro, o inimigo, está sempre ali. Eis por que Sartre disse: "O inferno são os outros." O inferno está ali para Sartre, ele está destinado a estar. Quando não há nenhum amor fluindo entre os dois, o outro é o inferno, mas, se há amor fluindo entre os dois, o outro é o céu. Assim, se o outro é o céu ou o inferno depende de haver amor fluindo entre as duas pessoas.

Sempre que você está amando, vem um silêncio. A linguagem é esquecida – as palavras se tornam insignificantes. Você tem muito a dizer e nada para dizer, ao mesmo tempo. O silêncio os envolve, e, nesse silêncio, o amor flui. Você fica relaxado. Não há nenhum futuro no amor, não há nenhum passado: só quando o amor já morreu há um passado. Você só se lembra de um amor morto, um amor vivo nunca é lembrado: ele está vivo, não há nenhum intervalo para se lembrar dele; não há nenhum espaço para se lembrar dele. O amor está no presente: não há nenhum futuro e nenhum passado.

Se você ama alguém, não precisa fingir. Você pode ser o que é. Pode tirar sua máscara e ficar relaxado. Quando você não está amando, tem de vestir uma máscara. Você está tenso o tempo todo, porque o outro está ali: você precisa fingir, tem de estar em guarda. Você tem de ser ou agressivo, ou defensivo: é uma luta, uma batalha – você não pode ficar relaxado.

A bem-aventurança do amor é mais ou menos a bem-aventurança do relaxamento. Você se sente relaxado, pode ser o que você é, pode ficar nu, em certo sentido, como você é. Não precisa se incomodar consigo mesmo, não precisa fingir. Você pode ficar aberto, vulnerável e, nessa abertura, fica relaxado.

O mesmo fenômeno acontece se você ama o seu corpo: você fica relaxado, você cuida dele. Isso não é errado, não é narcisismo estar apaixonado pelo próprio corpo. Na verdade, esse é o primeiro passo em direção à espiritualidade.

Eis por que a meditação dinâmica começa com o corpo. Por meio da respiração vigorosa, a mente se expande, a consciência se expande: o corpo todo se torna uma viva existência vibrante. Agora, o salto será mais fácil. Agora você pode saltar: o pensamento será uma barreira menor. Você se tornou uma criança novamente: saltando, vibrando, viva. O condicionamento, o condicionamento mental, não existe.

Seu corpo não está tão condicionado quanto sua mente. Lembre-se disto: sua mente é condicionada, mas seu corpo ainda faz parte da natureza. Todas as religiões e todos os pensadores religiosos – que foram basicamente cerebrais – são contra o corpo, porque, com o corpo, seus sentidos, toda a sua mente e seus condicionamentos ficam perdidos. Eis por que todos têm tido medo do sexo. Com o sexo, a mente condicionada se perde: você se torna outra vez parte da esfera biológica maior, a biosfera – você se torna um com ela.

A mente é sempre contra o sexo, porque o sexo é a única coisa na vida comum que pode se rebelar contra a mente. Você tem controlado tudo; só uma coisa permanece incontrolada. Assim, a mente é muitíssimo contra o sexo, porque ele é o único elo entre o corpo e você. Se ele puder ser negado completamente, então você poderá se tornar totalmente cerebral e não será mais um corpo, absolutamente.

O medo do sexo é basicamente o medo do corpo, porque com o sexo todo o corpo se torna vibrante, vital, vivo. No momento em que o sexo assume o controle do corpo, toda a mente é empurrada para trás – ela deixa de existir. A respiração assume o controle: ela se torna vigorosa, vital.

Eis por que eu começo a minha meditação com a respiração. Com a respiração, você começa a sentir todo o seu corpo, cada pedacinho dele; o corpo fica inundado; você se torna um com ele. Agora, é possível você dar um salto.

O salto que é dado no sexo é um salto muito pequeno, enquanto o salto que é dado na meditação é um salto enorme. No sexo, você "salta" para dentro de outra pessoa. Antes desse salto, você precisa ser um com o seu corpo e, nesse salto, você precisa se expandir ainda mais – para um outro corpo. Sua consciência se espalha além de seu corpo. Na meditação, você salta do seu corpo para todo o corpo do universo: você se torna um com ele.

O segundo passo da meditação dinâmica é a catarse. Não só você será um com seu corpo, mas todas as tensões que foram acumuladas no corpo devem ser expulsas. O corpo deve tornar-se luz, descarregado; assim, os movimentos devem ser vigorosos, tanto quanto possível. Então, pode acontecer o mesmo que acontece na dança do dervixe, na dança sufi. Se seus movimentos são vitais e vigorosos, chega um momento em que você perderá o controle. E esse momento é necessário. Você não deve estar no controle, porque seu controle é a barreira, *você* é a barreira. Sua faculdade controladora – sua mente – é a barreira.

Continue se movendo. É claro, *você* tem de começar, mas chega um momento em que você será empurrado: sentirá que perdeu o controle. Você está na beira, agora pode dar o salto. Agora você se tornou uma criança novamente. Você retornou: todos os condicionamentos foram expulsos. Você não liga para nada: não liga para o que os outros pensam. Agora, tudo o que foi colocado em você pela sociedade foi expulso: você se tornou apenas uma partícula dançante no universo.

Quando você expulsa tudo, no segundo estágio da meditação dinâmica, só então o terceiro estágio é possível. Sua identidade se perderá, sua imagem se quebrará, porque, seja o que for que você saiba sobre si mesmo, não é sobre si mesmo, mas apenas uma rotulação. Foi-lhe dito que você é isto ou aquilo, e você ficou identificado com isso. Mas com o movimento vigoroso, com a dança cósmica, todas as identificações se perderão. Você será, pela primeira vez, como deve ter sido quando nasceu. E, com esse novo nascimento, você será uma nova pessoa.

CAPÍTULO 6

KUNDALINI: O DESPERTAR DA FORÇA VITAL

Nenhum conhecimento teórico ajuda e nenhuma visualização da *kundalini* é realmente significativa para a meditação. Quando digo isso, não quero dizer que não exista nada como a *kundalini* ou os *chakras*. A *kundalini* existe, os *chakras* existem, mas nenhum conhecimento ajuda em nada. Ao contrário, ele pode esconder – pode se tornar uma barreira por muitas razões.

Uma das razões é que qualquer conhecimento sobre a *kundalini* ou sobre os caminhos esotéricos de bioenergia – os caminhos internos do elã vital – é generalizado. O que acontece de fato difere de indivíduo para indivíduo; a raiz não vai ser a mesma. Com A será diferente, com B será diferente, com C será diferente. Sua vida interior tem uma individualidade; assim, quando você adquire algo por meio de conhecimento teórico, isso não vai ajudar – pode impedir! –, porque não é sobre você. Não pode ser sobre você. Você só saberá sobre si mesmo quando for para dentro de si.

Existem *chakras*, mas o número difere em cada indivíduo. Um pode ter sete, outro pode ter nove; um pode ter mais, outro pode ter menos. Essa é a razão por que se desenvolveram tantas tradições diferentes. Os budistas falam de nove *chakras*, os hindus falam de sete, os tibetanos falam de quatro – e eles estão todos certos!

A raiz da *kundalini*, a passagem através da qual flui a *kundalini*, também é diferente em cada indivíduo. Quanto mais você entra, mais individual você fica. Por exemplo: no seu corpo, seu rosto é a parte mais individual e, no rosto, os olhos são até mais individuais. O rosto é mais vivo do que qualquer outra parte do corpo: eis por que ele assume uma individualidade. Você pode não ter notado que, com determinada idade – principalmente com a maturidade sexual –, seu rosto começa a assumir um formato que continuará, mais ou menos, por toda a vida. Antes da maturidade sexual, o rosto muda muito, mas com a maturidade sexual sua individualidade é fixada e mostra um padrão, e agora o rosto será mais ou menos o mesmo.

Os olhos são até mais vivos do que o rosto, e eles são tão individuais que mudam a cada momento. A menos que a pessoa atinja a iluminação, os olhos nunca se mostram os mesmos. A iluminação é outra espécie de maturidade.

Com a maturidade sexual, o rosto fica o mesmo, mas há outra maturidade na qual os olhos ficam os mesmos. Você não pode ver nenhuma mudança nos olhos de um buda: seu corpo ficará velho, ele morrerá, mas seus olhos continuarão os mesmos. Essa tem sido uma das indicações. Quando alguém atinge o *nirvana*, os olhos são a única porta pela qual os de fora podem saber se o homem realmente o alcançou. Agora os olhos nunca mais mudam. Tudo muda, mas os olhos permanecem os mesmos. Os olhos são expressivos do mundo interior.

Mas a *kundalini* é ainda mais profunda.

Nenhum conhecimento teórico ajuda. Quando você tem algum conhecimento teórico, começa a impô-lo sobre si mesmo. Você começa a visualizar as coisas do jeito que lhe ensinaram, mas elas podem não corresponder à sua situação individual. Então, muita confusão é criada.

A pessoa tem de sentir os *chakras*, não saber sobre eles. Você tem de sentir: você tem de enviar sensores dentro de você. Somente quando você sente seus *chakras*, e a sua *kundalini* e sua passagem, é que isso produz um efeito; caso contrário, nada acontece. Na verdade, o conhecimento tem sido muito destrutivo no que tange ao mundo interior. Quanto mais conhecimento é adquirido, menor a possibilidade de sentir as coisas verdadeiras, autênticas.

Você começa a impor o que sabe sobre si mesmo. Se alguém diz "aqui está o *chakra*, aqui está o centro", então você começa a visualizar seu *chakra* naquele ponto – e ele pode não estar naquele ponto absolutamente. Então, você criará *chakras* imaginários. Você pode criar – a mente tem a capacidade. Você pode criar *chakras* imaginários e, então, devido à sua imaginação, começará um fluxo que não é a *kundalini*, mas será simples imaginação – um fenômeno completamente ilusório, semelhante a um sonho.

Uma vez que você possa visualizar os centros e possa criar uma *kundalini* imaginária, então você pode criar tudo. Experiências imaginárias se seguirão, e você desenvolverá um mundo muito falso dentro de você. O mundo que está fora é ilusório, mas não tão ilusório quanto o que você criou dentro.

Tudo o que está dentro não é necessariamente real ou verdadeiro, porque a imaginação também está dentro, os sonhos também estão dentro. A mente tem uma faculdade – uma faculdade muito poderosa – de sonhar, criar ilusões, projetar. Eis por que é bom prosseguir na meditação completamente inconsciente da *kundalini*, dos *chakras*. Se você topar com eles, então é bom. Você pode sentir algo; só então, pergunte. Você pode começar a sentir um *chakra* trabalhando, mas deixe a sensação vir antes. Você pode sentir a energia subindo, mas deixe a sensação vir antes. Não imagine, não pense sobre isso, não faça nenhum esforço intelectual para compreender de antemão – nenhuma noção prévia é necessária. Não só não é necessária, mas seria possivelmente nociva.

E outra coisa: a *kundalini* e os *chakras* não pertencem à sua anatomia, à sua fisiologia. Os *chakras* e a *kundalini* pertencem ao corpo sutil, ao *sukshma sharira*, não a este corpo, ao corpo grosseiro. É claro, há pontos correspondentes. Os *chakras* fazem parte do *sukshma sharira*, mas a fisiologia e a anatomia têm pontos que correspondem a eles. Se você sente um *chakra* interno, somente então você pode sentir o ponto correspondente – caso contrário, você pode dissecar todo o corpo, mas nada parecido com os *chakras* será encontrado.

Todas as falas e todas as supostas evidências e todos os clamores científicos de que seu corpo grosseiro tem algo como a *kundalini* e os *chakras* são absurdos, absolutos absurdos. Há pontos correspondentes, mas esses pontos só podem ser sentidos quando você sente os verdadeiros *chakras*. Com a dissecação do seu corpo grosseiro nada pode ser descoberto – não há nada. Assim, a questão não é de anatomia.

Mais uma coisa: não é necessário passar através dos *chakras* – não é necessário: a pessoa simplesmente se desvia deles. Também não é necessário que você sinta a *kundalini* antes da iluminação. O fenômeno é muito diferente do que você possa pensar. A *kundalini* não é sentida devido à sua subida: a *kundalini* só é sentida se você não tem mesmo uma passagem muito clara. Se a passagem está muito bem delineada, então a energia flui, mas você não pode senti-la.

Você a sente quando há algo ali que resiste ao fluxo. Se a energia flui para cima e você tem bloqueios na passagem, só então você a sente. Assim, a pessoa que sente mais a *kundalini* está realmente bloqueada: há muitos bloqueios na passagem; assim, a *kundalini* não pode fluir.

Quando há resistência, então a *kundalini* é sentida. Você não pode sentir a energia diretamente, a menos que haja resistência. Se eu movo a minha mão e não há nenhuma resistência, o movimento não será sentido. O movimento é sentido porque o ar resiste, mas ele não é sentido tanto como quando uma pedra resiste: então, eu sentirei mais o movimento. E no vácuo, eu absolutamente não sentirei o movimento – portanto, isso é relativo.

Buda nunca falou sobre *kundalini*. Não que não houvesse nenhuma *kundalini* no seu corpo, mas a passagem era tão limpa que não havia nenhuma resistência. Portanto, ele nunca a sentiu. Mahavira nunca falou sobre *kundalini*. Devido a isso, foi criada uma noção muito falsa, e então os *jainas* que seguiram Mahavira pensaram que a *kundalini* fosse puro absurdo, que não havia nada parecido com isso. Portanto, devido ao próprio Mahavira não ter sentido a *kundalini*, 25 séculos de tradição *jaina* continuaram a negá-la, dizendo que ela não existe. Mas a razão de Mahavira não falar sobre ela foi muito diferente. Como não havia bloqueios em seu corpo, ele nunca a sentiu.

Assim, não é necessário sentir a *kundalini*. Você pode não senti-la absolutamente. E se não sentir a *kundalini*, então você se desviará dos *chakras*, porque o trabalho dos *chakras* é necessário só para desfazer os bloqueios. Caso contrário, eles não são necessários.

Quando há um bloqueio e a *kundalini* é bloqueada, então o *chakra* próximo começa a se mexer, devido ao bloqueio da *kundalini*. Ele se torna dinâmico. O *chakra* começa a se mover, devido ao bloqueio da *kundalini*, e ele se move tão depressa que, devido ao movimento, é criada uma determinada energia que desfaz o bloqueio.

Se a passagem é limpa, nenhum *chakra* é necessário, e você jamais sentirá nada. Realmente, a existência dos *chakras* é apenas para ajudar as pessoas. Se a *kundalini* é bloqueada, então a ajuda está ali mesmo. Algum *chakra* pegará a energia que está sendo bloqueada. Se a energia não puder ir adiante, ela retornará. Antes de cair, o *chakra* absorverá a energia completamente, e a *kundalini* se moverá no *chakra*. Por meio do movimento, a energia se torna mais vital, mais viva, e quando chega novamente ao bloqueio ela pode desfazê-lo. Assim, é simplesmente um arranjo, uma ajuda.

Se a *kundalini* se move e não há quaisquer bloqueios, então, você jamais sentirá quaisquer *chakras*. Eis por que alguém pode sentir nove *chakras*, outro pode sentir dez *chakras*, e outro ainda pode sentir somente três ou quatro, ou um só, ou nenhum. Tudo depende. Na verdade, há infinitos *chakras*, e a cada movimento, a cada passo da *kundalini*, um *chakra* está ao lado para ajudar. Se a ajuda é necessária, ela pode ser dada.

Eis por que eu insisto em que uma familiaridade teórica não ajuda. E a meditação como tal não está realmente interessada em *kundalini* absolutamente. Se a *kundalini* vem, isso é outra coisa – mas meditação não tem nada a ver com isso. Meditação pode ser explicada sem nem mesmo se mencionar a *kundalini* – não há nenhuma necessidade. E, por mencionar a *kundalini*, cria-se até mais conflitos para explicar a coisa. A meditação pode ser explicada diretamente: você não precisa se preocupar com *chakras*, você começa com a meditação. Se a passagem estiver bloqueada, você pode vir a sentir a *kundalini*, mas isso é completamente involuntário. Você deve se lembrar de que é involuntário: sua vontade não é absolutamente necessária.

Quanto mais profundo o caminho, mais involuntário. Eu posso mover a minha mão – esse é um caminho voluntário –, mas não posso mover o meu sangue. Eu posso tentar. Anos e anos de treinamento podem fazer que uma pessoa seja capaz de tornar a circulação do sangue voluntária – o *hatha-ioga* pode fazer isso: tem sido feito, não é impossível, mas é fútil. Trinta anos de treinamento apenas para controlar o movimento do sangue é insignificante e estúpido, porque, com o controle, não se ganha nada. A circulação do sangue é involuntária: sua vontade não é necessária. Você se alimenta e, no momento em que o alimento entra, sua vontade não é necessária: a máquina do corpo, o mecanismo corporal, assumiu o poder, e vai continuar fazendo o que for necessário. Seu sono não é voluntário, seu nascimento não é voluntário, sua morte não é voluntária. Esses são mecanismos involuntários.

A *kundalini* é ainda mais profunda, mais profunda do que a sua morte, mais profunda do que o seu nascimento, mais profunda do que o seu sangue, porque a *kundalini* é uma circulação do seu segundo corpo. O sangue é a circulação do seu corpo fisiológico; a *kundalini* é a circulação do seu corpo etéreo – ela é absolutamente involuntária. Nem o *hatha* ioga pode fazer nada com ela voluntariamente.

A pessoa tem de entrar na meditação, então a energia começa a se mover. A parte que é para ser feita por você é a meditação. Se você for fundo nela, então a energia interna começará a se mover para cima e você sentirá a mudança de fluxo. Isso será sentido de muitos modos: até psicologicamente a mudança pode ser vista.

Por exemplo: comumente, biologicamente, é sinal de boa saúde seus pés estarem quentes e sua cabeça fria. Biologicamente é um sinal de saúde. Quando ocorre o contrário – os pés ficam frios e a cabeça fica quente –, uma pessoa está doente. Mas a mesma coisa acontece quando a *kundalini* sobe: os pés ficam frios.

Realmente, a quentura dos pés não é nada mais do que a energia sexual fluindo para baixo. No momento em que a energia vital, a *kundalini*, começa a fluir para cima, a energia sexual vai atrás. Começa a fluir para cima: os pés ficam frios, e a cabeça fica quente. Biologicamente, é melhor que os pés fiquem mais quentes do que a cabeça, mas espiritualmente é mais saudável que os pés fiquem mais frios, porque esse é um sinal de que a energia está fluindo para cima.

Muitas enfermidades podem começar a ocorrer uma vez que a energia comece a fluir para cima, porque biologicamente você perturbou todo o organismo. Buda morreu muito doente, Mahavira morreu muito doente, Raman Maharshi morreu de câncer; Ramakrishna morreu de câncer. E a razão é que todo o seu sistema biológico foi perturbado. Muitas outras razões são dadas, mas elas são absurdas.

Os *jainas* criaram muitas histórias, porque eles não podiam conceber que Mahavira pudesse ter ficado doente. Para mim, é o contrário: eu não posso conceber como ele poderia ser completamente saudável. Ele não podia ser, porque aquele ia ser seu último nascimento, e todo o sistema biológico tinha de ser desfeito. Um sistema que tinha existido durante milênios precisava ser desfeito. Ele não podia ser saudável: no fim, ele tinha de estar muito doente. E estava! Mas foi muito difícil, para seus seguidores, conceberem que Mahavira estava doente.

Só havia uma única explicação para a enfermidade, naqueles dias. Se você estivesse sofrendo de determinada doença, significava que os karmas de suas ações passadas tinham sido maus. Se Mahavira estava sofrendo de uma doença, então isso significaria que ele ainda estava sob a influência do karma. Isso não podia ser assim; por isso, uma história engenhosa era inventada: que Goshalak, um rival de Mahavira, estava usando forças do mal contra ele. Mas esse não era o caso, absolutamente.

O fluxo natural, biológico, é descendente; o fluxo espiritual é ascendente. E todo o organismo é idealizado para o fluxo descendente.

Você pode começar a sentir muitas mudanças no seu corpo, mas a primeira mudança virá no corpo sutil. A meditação é simplesmente o meio para criar uma ponte desde o grosseiro até o sutil. Quando digo "meditação", quero dizer somente isto: que você pode saltar do seu corpo grosseiro – eis o que eu quero dizer com meditação. Mas, para dar esse salto, você precisará da ajuda do corpo grosseiro: você terá de usá-lo como um degrau.

A partir de qualquer ponto extremo, você pode dar o salto. O jejum tem sido usado para levá-lo a um extremo. Com longo e contínuo jejum, você chega à margem. O corpo humano pode normalmente agüentar noventa dias de jejum, mas então, no momento em que o corpo está completamente exaurido, no momento em que o reservatório que esteve acumulando para emergências foi esvaziado – nesse momento, uma ou duas coisas são possíveis. Se você não fizer nada, ocorre a morte, mas, se você usar esse momento para meditação, o salto pode ocorrer.

Se você não fizer nada, se simplesmente for se afastando, a morte pode ocorrer. Então, será um suicídio. Mahavira – que foi quem experimentou mais profundamente com o jejum, mais do que qualquer outra pessoa em toda a história da evolução humana – foi o único homem que permitiu a seus seguidores um suicídio espiritual. Ele o chamava de *santhara*: aquele ponto limite em que ambas as coisas são possíveis. Num único momento, você pode ou morrer, ou saltar. Se você usa alguma técnica, você pode saltar; então, Mahavira diz: não se trata de suicídio, mas de uma enorme explosão espiritual. Mahavira foi o único homem – o único – que disse que, se você tem essa coragem, até o suicídio pode ser usado para o seu progresso espiritual.

De qualquer ponto limite, o salto é possível. Os sufis usaram a dança. Chega um momento na dança em que você começa a se sentir desmaterializado. Com um verdadeiro dançarino sufi, até a audiência começa a se sentir desmaterializada. Por meio dos movimentos do corpo, dos movimentos do ritmo, o dançarino logo começa a sentir que está diferenciado do corpo, separado do corpo. A pessoa tem de começar o movimento, mas logo um mecanismo involuntário do corpo assume o poder.

Você começa, mas, se o final também é seu, então a dança foi simplesmente uma dança comum. Mas se você começa e, ao final, sente como se em algum ponto no meio a dança assumiu o poder por um mecanismo involuntário, então aquilo se tornou uma dança de dervixe. Você se move tão rapidamente que o corpo treme, e aquilo fica involuntário.

Esse é o ponto em que você pode ficar louco ou pode saltar. Você pode ficar louco, porque um mecanismo involuntário assumiu o poder dos movimentos do seu corpo. Isso está além do seu controle: você não pode fazer nada. Você pode simplesmente ficar louco e nunca mais ser capaz de retornar desse movimento involuntário. Esse é o ponto onde há ou loucura, ou, se você sabe a técnica de saltar, meditação.

Eis por que os sufis sempre foram conhecidos como gente louca. Eles foram conhecidos como loucos! Normalmente, eles são loucos. Há também uma seita em Bengala, que é bem parecida com os sufis: os faquires *bauls*. Eles vão de cidade em cidade dançando e cantando. A própria palavra "*baul*" significa "*bawla*", louco. Eles são pessoas loucas.

A loucura acontece muitas vezes, mas, se você conhece a técnica, então a meditação acontece. Ela sempre acontece no limite – eis por que os místicos sempre usaram o termo "o gume da espada". Ou acontece a loucura, ou acontece a meditação, e cada método usa seu corpo como um gume de espada, a partir do qual um ou outro é possível.

Então, qual é a técnica para saltar para dentro da meditação? Eu já mencionei duas: jejum e dança. Todas as técnicas de meditação servem para empurrá-lo até o limite, de onde você pode dar o salto, mas o salto em si mesmo só pode ser dado pelo uso de método muito simples, muito não-metódico.

Se você puder ficar consciente no exato momento em que o jejum o conduziu ao precipício da morte, se você puder ficar consciente no exato momento em que a morte vai se estabelecer, se puder ficar consciente, então não haverá nenhuma morte. E não só não haverá nenhuma morte nessa hora como não haverá nenhuma morte para sempre. Você terá saltado! Quando o momento é tão intenso que você sabe que um segundo mais e aquilo estará além de você, quando você sabe que se um segundo fosse perdido você não retornaria, fique consciente – e então salte. A consciência é o método. E devido à consciência ser o método, os adeptos do zen dizem que não há nenhum método. A consciência não é um método, absolutamente. Eis por que Krishnamurti continuará dizendo que não há nenhum método.

É claro, a consciência não é realmente um método, absolutamente; mas eu ainda assim a chamo de um método, porque, se você não puder ficar consciente, então, no exato momento em que o salto é possível, você ficará perdido. Assim, se alguém diz "somente a consciência servirá", isso pode ser verdadeiro para uma em dez mil pessoas, mas essa será uma pessoa que já terá chegado ao ponto onde só a loucura ou a morte é possível. Ela já chegou a esse ponto de algum modo.

E, com os outros, a maioria das pessoas, simplesmente falar sobre consciência não adiantará. Primeiramente, eles devem ser treinados. Ficar consciente nas situações comuns não servirá. E você não pode ficar consciente nas situações comuns. A estupidez da mente tem uma história tão longa – sua letargia, sua preguiça, sua inconsciência –, durou tanto que, simplesmente por ouvir Krishnamurti, ou me ouvir, ou ouvir qualquer outra pessoa, você nunca pode ter esperança de ficar consciente. E será difícil ficar consciente daquelas mesmas coisas que você fez sem consciência muitas vezes.

Você chega ao seu trabalho completamente inconsciente de que esteve andando: você virou, andou, abriu a porta. Durante toda a sua vida, você esteve fazendo isso. Agora isso se tornou um mecanismo involuntário: foi removido de sua consciência completamente.

Então, Krishnamurti diz: "Fique consciente quando você estiver andando." Mas você esteve andando sem nunca ficar consciente disso. O hábito se assentou muito profundamente, ele se tornou parte dos ossos e do sangue – agora isso é muito difícil.

Você pode ficar consciente apenas nas emergências, em súbitas emergências. Alguém põe um revólver no seu peito: você pode ficar consciente, porque se trata de uma situação que você nunca praticou. Mas se você tiver familiaridade com a situação, não ficará consciente, absolutamente.

Jejuar é criar uma emergência, e tal emergência você nunca conheceu. Assim, a pessoa que tem praticado o jejum pode não ser ajudada por ele: essa pessoa precisará de períodos de jejum maiores. Ou, se você nunca dançou, pode ser ajudado facilmente pela dança; mas se você é um exímio dançarino, a dança do dervixe sufi não funcionará. Ela não funcionará, absolutamente, porque você é muito perfeito, muito eficiente, e "eficiência" significa que a coisa agora já está sendo feita pela parte involuntária da sua mente. Eficiência sempre significa isso.

Eis por que 112 métodos de meditação foram desenvolvidos. Um pode não funcionar para você; outro pode. E o mais útil será aquele que é completamente desconhecido para você. Se você jamais foi treinado em determinado método, então uma emergência é criada logo. E, nessa emergência, fique consciente!

Assim, interesse-se pela meditação e não pela *kundalini*. E, quando você estiver consciente, as coisas começarão a acontecer a você. Pela primeira vez, você se tornará consciente de um mundo interior que é maior, mais vasto, mais extenso do que o universo; as energias desconhecidas, completamente desconhecidas, começarão a fluir em você. Fenômenos nunca vistos, nunca imaginados ou sonhados, começarão a acontecer. Mas para cada pessoa é diferente; assim, é bom não falar sobre eles.

Os fenômenos diferem; eis por que existe a velha ênfase tradicional num guru. As escrituras não servem: somente o guru servirá. E os gurus sempre foram contra as escrituras, embora as escrituras falem sobre gurus e prezem os gurus. O próprio conceito do guru está em oposição às escrituras. O bem conhecido provérbio *"Guru bin gnana nahee"* – sem guru não há nenhum conhecimento –, não quer mesmo dizer que sem o guru não haverá nenhum conhecimento. Quer dizer que, com as escrituras somente, não há nenhum conhecimento.

Um guru vivo é necessário, não um livro morto. Um livro não pode saber que tipo de indivíduo você é. Um livro é sempre generalizado, ele não pode ser particular – isso é impossível, não existe a própria possibilidade. Somente uma pessoa viva pode estar consciente de suas necessidades, das coisas que vão lhe acontecer.

Isto é realmente muito paradoxal: as escrituras falam sobre gurus – *Guru bin gnana nahee*, sem guru não há nenhum conhecimento –, mas os gurus são simbolicamente contra as escrituras. O próprio conceito de que o guru lhe dará conhecimento não quer dizer que ele lhe proverá de conhecimento. Em vez disso, quer dizer que somente uma pessoa viva pode ser de alguma ajuda. Por quê? Porque ela pode conhecer o indivíduo.

Nenhum livro pode conhecer o indivíduo. Os livros não são feitos para ninguém em particular, eles são feitos para todos. E quando um método é ensinado, sua individualidade tem de ser levada em conta muito exatamente, cientificamente. Esse conhecimento que o guru deve transferir tem sempre de ser transferido secretamente, em privacidade, do guru para o discípulo.

Por que o sigilo? O sigilo é o único meio de transferir o conhecimento. O discípulo recebe ordem de não falar sobre aquilo a ninguém. A mente quer falar. Se você sabe algo, é muito difícil manter aquilo em segredo: essa é uma das coisas mais difíceis, mas esse tem sido sempre o modo dos gurus, o modo do professor. Eles lhe darão algo com a condição de que não se deve falar a respeito. Por quê...? Por que esse sigilo?

Tanta gente diz que a verdade não precisa de nenhum sigilo, que ela não precisa de nenhuma privacidade... Isso é absurdo. A verdade precisa de mais privacidade do que a não-verdade, porque ela pode se mostrar fatal para alguém: ela pode ser perigosa. Ela foi dada a determinado indivíduo: ela tem significado somente para ele, e para ninguém mais.

Ele não deve dá-la a mais ninguém, até que ele mesmo chegue ao ponto em que sua individualidade é perdida. Isso deve ser compreendido.

Um guru é uma pessoa cuja individualidade foi perdida. Somente então ele pode olhar profundamente dentro da sua individualidade. Se ele mesmo é um indivíduo, ele pode fazer uma interpretação de você, mas ele nunca será capaz de conhecer você. Por exemplo: se eu estou aqui e digo algo sobre você, sou eu que estou falando sobre você. Não é sobre você – é muito mais sobre mim. Eu não posso ajudá-lo, porque não posso realmente saber sobre você, absolutamente. Sempre que eu o conheço, é de um modo indireto, por conhecer a mim mesmo.

Este ponto de *"meu estar aqui"* deve desaparecer. Eu devo ser simplesmente uma ausência. Somente então eu posso ir fundo dentro de você sem nenhuma interpretação; somente então eu posso conhecê-lo como você é, e não de acordo comigo. E somente então eu posso ajudar. Por isso, o sigilo.

Assim, é bom não falar sobre *kundalini* e *chakras*. Somente a meditação é para ser ensinada e para se dar ouvidos e para ser compreendida. Então, tudo o mais simplesmente se seguirá.

A *kundalini* não é ela mesma uma força vital. Ela é muito mais uma determinada passagem para a força vital, um caminho. Mas a força vital pode tomar outros caminhos também; assim, não é necessário passar através da *kundalini*. É possível que uma pessoa possa alcançar a iluminação sem passar através da *kundalini* – mas a *kundalini* é a passagem mais fácil, o caminho mais curto.

Se a força vital passa através da *kundalini*, então, o *brahma randhra* será o ponto terminal. Mas, se a força vital toma outra rota – e infinitas rotas são possíveis –, então o *brahma randhra* não será o terminal. Assim, o florescimento do *brahma randhra* tem somente uma única possibilidade, uma potencialidade, se a força vital passa através da *kundalini*.

Há iogas que nem ao menos mencionarão a *kundalini* – então não há nada parecido ao *brahma randhra*. Mas esta é a rota mais simples; assim, normalmente, 90% das pessoas que se realizam passam através da *kundalini*.

A *kundalini* e os *chakras* não estão localizados no corpo físico. Eles pertencem ao corpo etéreo, mas têm pontos correspondentes dentro do corpo físico. É como quando você sente amor e põe a mão no coração. Nada como "amor" está ali, mas seu coração, seu coração físico, é um ponto correspondente. Quando você põe a mão sobre o coração, está pondo a mão no *chakra* que pertence ao corpo etéreo, e esse ponto é aproximadamente paralelo ao seu coração físico.

A *kundalini* faz parte do corpo etéreo; assim, o que quer que você atinja como progresso no caminho da *kundalini* não morre com o seu corpo físico: segue com você. O que quer que seja alcançado, permanecerá com você, porque não faz parte do seu corpo físico. Se fosse uma parte do seu corpo físico, então, com a morte seria perdido e você teria de começar do zero outra vez. Mas, se alguém chega ao terceiro *chakra*, esse progresso permanecerá com ele na próxima vida. Isso irá com ele: fica depositado no corpo etéreo.

Quando eu digo que a energia da vida vai através da *kundalini*, quero dizer "*kundalini* como uma passagem" – a passagem toda conectando os sete *chakras*. Esses *chakras* não estão no corpo físico; assim, tudo o que pode ser dito sobre *kundalini* está sendo dito sobre o corpo etéreo.

Quando a força vital passa através da *kundalini*, os *chakras* começam a vibrar e a florescer. No momento em que a energia chega a eles, eles se tornam vivos. É exatamente como quando a hidroeletricidade é criada: a força e a pressão da água giram o dínamo. Se não houvesse nenhuma pressão e nenhuma água, o dínamo pararia: ele não funcionaria. O dínamo gira, devido à pressão. Do mesmo modo, os *chakras* existem, mas eles ficam mortos até o momento em que a força da vida os penetra; somente então eles começam mesmo a girar.

Eis por que eles são chamados de *chakras*. "*Chakra*" não é exatamente traduzido pela palavra "centro", porque "centro" quer dizer algo estático, e "*chakra*" quer dizer algo se movendo. Assim, a tradução correta seria "roda", e não "centro"; ou, "um centro dinâmico", ou "um centro rotativo", "um centro em movimento".

Os chakras são centros até a força vital chegar a eles. No momento em que a força vital chega a eles, eles começam a ser *chakras*. Agora eles não são mais centros, eles são rodas, rotativos. E cada roda, ao rodar, cria uma nova espécie de energia. Essa energia é usada novamente para girar mais *chakras*. Assim, à medida que a força vital passa através de cada *chakra*, ele se torna mais vital, mais vivo.

A *kundalini* é a passagem através da qual a força vital se move. A força vital fica localizada no centro sexual, estocada no centro sexual, o *muladhar*. Ela pode ser usada como energia sexual; então, ela gera uma determinada vida, uma vida biológica. Então, também, ela cria movimentos, então também, ela cria mais energia; mas isso é biológico. Se essa mesma energia se move para cima, a passagem da *kundalini* é aberta.

O centro sexual, o *muladhar*, é o primeiro a ser aberto. Ele pode ser aberto ou em direção à geração biológica, ou em direção à geração espiritual. O *muladhar* tem duas aberturas, uma mais baixa e outra mais alta. Na passagem da *kundalini*, o centro mais alto é o *sahasrar*, do qual o *brahma randhra* é o ponto mediano. A abertura do *brahma randhra* é um caminho em direção à auto-realização.

Outros caminhos também são possíveis, nos quais a passagem da *kundalini* não é usada, mas eles são mais árduos. Nesses outros métodos, não há a questão da *kundalini*, então, não há nenhum movimento através dessa passagem. Há métodos hindus: *raja*-ioga, mantra-ioga, e todas as muitas técnicas do tantra. Há métodos cristãos, métodos budistas, métodos zen, métodos taoístas. Eles não estão interessados em acordar a *kundalini* – essa passagem não é usada. Eles usam outras passagens, passagens que nem mesmo pertencem ao corpo etéreo. Passagens astrais podem ser usadas. O corpo astral, o terceiro corpo, tem sua própria passagem. O corpo mental, o quarto corpo, tem sua própria passagem. Todos os sete corpos têm suas próprias passagens.

Há muitas iogas que não têm nada a ver com a *kundalini*. Somente a *hatha*-ioga usa a *kundalini* como uma passagem. Mas ela é a mais científica e a menos difícil. Ela é um método passo a passo, mais fácil para o despertar gradual do que as outras iogas.

Mesmo que a passagem da *kundalini* não seja usada, às vezes há um súbito despertar da *kundalini*. Às vezes acontecem coisas que estão além de sua capacidade, às vezes acontecem coisas que você não pode conceber; então você fica completamente despedaçado. Outras passagens têm suas próprias preparações. O método tântrico ou os métodos do oculto não são a ioga da *kundalini*. A ioga da *kundalini* é somente um dos muitos métodos, mas é melhor se interessar somente por um.

O método da meditação dinâmica que estou usando tem envolvimento com a *kundalini*. É mais fácil trabalhar com a *kundalini*, porque ela é o segundo corpo no qual você está envolvido. Quanto mais fundo você vai – no terceiro ou no quarto corpo – mais difícil fica. O segundo corpo é o mais próximo do seu corpo físico, e há pontos correspondentes no seu corpo físico, por isso é mais fácil.

Se você trabalha com o terceiro corpo, os pontos correspondentes estão no segundo corpo. Se você trabalha com o quarto, os pontos correspondentes estão no terceiro. Então, seu corpo físico não está envolvido: você não pode sentir nada, absolutamente, no seu corpo físico. Mas, com a *kundalini*, você pode sentir cada passo precisamente, e você sabe onde está. Então você fica mais confiante. Com os outros métodos, você terá de aprender técnicas que o ajudarão a sentir os pontos correspondentes no segundo corpo ou no terceiro corpo, e isso leva seu próprio tempo.

Os outros métodos negarão a *kundalini*, mas essa negação não é correta: eles a negam porque não estão envolvidos com ela. A *kundalini* tem sua própria metodologia: se você está trabalhando com um método zen, não deve se envolver com a *kundalini*.

Mas, às vezes, mesmo trabalhando com outro método, a *kundalini* vem, porque os sete corpos se interpenetram: eles são interligados. Assim, se você está trabalhando com o corpo astral – o terceiro corpo –, o segundo corpo pode começar a funcionar. Ele pode pegar uma centelha do terceiro.

O oposto não é possível. Se você está trabalhando com o segundo corpo, o terceiro corpo não será acionado, porque o segundo é mais baixo do que o terceiro. Mas se você está trabalhando com o terceiro, você está criando energia que pode chegar ao segundo sem nenhum esforço da sua parte. A energia flui para os campos mais baixos. Seu segundo corpo é mais baixo do que o terceiro; assim, a energia gerada no terceiro flui para ele.

A *kundalini* pode ser sentida mediante outros métodos, mas os que ensinam métodos não envolvidos com a *kundalini* não lhe permitirão prestar atenção a ela. Se você prestar atenção a ela, cada vez mais e mais energia surgirá: todo o método que não estava envolvido com a *kundalini* será despedaçado. Eles não sabem nada sobre a *kundalini*; assim, não sabem como trabalhar com ela.

Professores de outros métodos negarão a *kundalini* completamente. Eles dirão que ela é um absurdo; dirão que é imaginação; dirão que você está simplesmente projetando. "Não se envolva nisso, não dê atenção a isso." E se você não der atenção àquilo e continuar trabalhando no terceiro corpo, pouco a pouco a *kundalini* irá parar. A energia não volta mais ao segundo corpo. Então é melhor.

Assim, se você está envolvido com qualquer método, fique envolvido nele totalmente. Não se envolva com nenhum outro método, nem mesmo pense sobre outros métodos, porque ficará confuso. E a passagem da *kundalini* é *tão* sutil e tão desconhecida que a confusão será danosa.

Meu método de meditação dinâmica está envolvido com a *kundalini*. Mesmo que você vá simplesmente observando sua respiração, isso ajudará a *kundalini*, porque a respiração, acompanhada pelo *prana*, a energia vital, está envolvida com o corpo etéreo, o segundo corpo. Ela também não tem envolvimento com o seu corpo físico. Ela está sendo tomada do seu corpo físico, está sendo arrastada do seu corpo físico, mas seu corpo físico é somente uma porta.

O *prana* está envolvido com o corpo etéreo. Os pulmões estão fazendo a respiração, mas fazendo-a para o corpo etéreo. Seu corpo físico, seu primeiro corpo, está trabalhando para o corpo etéreo, o segundo corpo. Do mesmo modo, o etéreo trabalha para o astral, o terceiro corpo, e o astral trabalha para o mental, o quarto corpo.

Seu corpo físico é a porta para o segundo corpo. O segundo corpo é tão sutil que não pode estar envolvido no material diretamente; assim, primeiramente, seu corpo físico transmuta todo o material em formas vitais; então elas podem se tornar alimento para o segundo corpo.

Tudo o que é absorvido dos sentidos é transformado em formas vitais; tudo isso então se torna alimento para o segundo corpo. Então, o segundo corpo transforma isso em formas até mais sutis, e isso se torna alimento para o terceiro corpo.

É assim: você não pode comer lama, mas nos vegetais os elementos da lama estão transformados; assim, podem ser comidos. O mundo dos vegetais transforma a lama numa sutil forma viva – agora, você pode comê-la. Você não pode comer grama; uma vaca faz isso por você. A grama entra na vaca, e a vaca a transforma em leite – então você pode comê-la, pode beber o leite.

Exatamente assim, este seu primeiro corpo leva a matéria para dentro dele, transformando-a em formas vitais – então, o segundo corpo a recebe. A respiração é tomada pelos seus pulmões: os pulmões são máquinas, funcionando para o segundo corpo. O segundo corpo morre. Se o segundo corpo morre, os pulmões permanecem funcionando, mas não há mais respiração – a respiração acabou. O segundo corpo é o mestre do primeiro corpo, e o terceiro corpo é o mestre do segundo corpo. Todo corpo inferior é um serviçal do corpo superior.

Assim, a consciência da respiração ajuda na prática da *kundalini*. Ela gera energia; ela conserva energia e ajuda a força vital a ir para cima.

Todo o meu método tem relação com a *kundalini*. Uma vez que o método tenha sido dominado, tudo pode ser feito por ele. Agora nada mais é necessário.

O último *chakra*, o *sahasrar*, pode ser alcançado mediante qualquer método. O *sahasrar* e o *brahma randhra* são os nomes dados ao sétimo *chakra* no ioga da *kundalini*. Se você não trabalha sobre a *kundalini*, se você trabalha sobre o terceiro corpo, então você também chegará a esse ponto, mas ele não será conhecido como *brahma randhra*, e os primeiros seis *chakras* não existirão. Você foi através de outra passagem; assim, a marca será diferente, mas o fim será o mesmo. Todos os sete corpos estão conectados com o sétimo *chakra*; sendo assim, de qualquer lugar a pessoa pode alcançá-lo.

A pessoa não pode é estar envolvida com duas passagens, com dois métodos; caso contrário, a confusão será criada e a energia interna será desviada em dois canais. Qualquer método deve canalizar toda a energia em uma só dimensão. Eis o que o meu método de meditação dinâmica faz, e é por isso que eu começo com dez minutos de respiração profunda e rápida.

Primeira pergunta:

A sensação da kundalini *é semelhante ao movimento de uma serpente?*

Não, é diferente. Pode haver uma pessoa que jamais tenha visto uma cobra. Se sua *kundalini* desperta, ela não pode conceber aquilo como "poder da serpente" – é impossível porque o símbolo não está presente. Então, ela a sentirá de maneiras diferentes. Isso precisa ser compreendido.

No Ocidente, não se pode conceber a *kundalini* como o poder da serpente, porque a serpente não é uma realidade na vida comum. Isso era na Índia antiga: a serpente era sua vizinha, sua vizinha diária; e ela era uma das mais poderosas coisas percebidas, com os mais belos movimentos. Assim, o símbolo da serpente foi escolhido para representar o fenômeno da *kundalini*. Mas noutro lugar a serpente não pode ser o símbolo – fica antinatural. As cobras não são conhecidas ali; então, a pessoa não pode concebê-la, não pode nem imaginá-la.

Os símbolos existem e são significativos na medida em que a sua personalidade está envolvida, mas um determinado símbolo é significativo somente se ele é real para você, somente se ele se ajusta dentro da sua constituição mental.

A kundalini *é um fenômeno físico?*

Quando você pergunta "é físico?", está presente o medo de que, se for físico, seja verdadeiro. O físico tem sua própria realidade. O psíquico é outro reino da realidade: o imaterial. Na mente, realidade e materialidade tornaram-se sinônimos, mas não são: a realidade é muito maior do que a materialidade. A materialidade é somente uma dimensão da realidade. Até mesmo um sonho tem sua própria realidade. Ele é imaterial, mas não é irreal; ele é psíquico, mas não o tome como irreal. Trata-se simplesmente de outra dimensão da realidade.

Até mesmo um pensamento tem sua própria realidade, embora ele não seja material. Tudo tem sua própria realidade, e há reinos de realidade e graus de realidade e diferentes dimensões de realidade. Mas em nossa mente, a materialidade se tornou a única realidade; assim, quando digo "psíquico", quando digo "mental", a coisa é condenada como irreal.

Eu estou dizendo que a *kundalini* é simbólica, é psíquica; a realidade é psíquica. Mas o símbolo é algo que você deu a ela: ele não é inerente a ela.

O fenômeno é psíquico. Algo surge em você; há um surgimento poderoso. Algo, de baixo, sobe em direção à sua mente. É de uma penetração poderosa; você sente aquilo, mas, quando quer expressá-lo, vem um símbolo. Mesmo que você comece a compreender aquilo, você usa um símbolo. E você não usa um símbolo só quando expressa o fenômeno para os outros: você mesmo não pode compreender aquilo sem algum símbolo.

Quando eu digo "sobe", isso também é um símbolo. Quando eu digo "quatro", isso também é um símbolo. Quando eu digo "subida" e "descida", esses também são símbolos – na realidade, nada é subida e nada é descida. Na realidade, há sentimentos existenciais, mas nenhum símbolo pelo qual compreender e expressar esses sentimentos. Assim, quando você compreende, entra uma metáfora. Você diz: "É como uma serpente." Então, torna-se simplesmente como uma serpente. Assume a forma do seu símbolo; começa a mostrar-se como sua concepção. Você molda aquilo dentro de determinado padrão, do contrário não pode compreendê-lo.

Quando vem à sua mente que algo começou a se abrir e florescer, você terá de conceber o que está acontecendo de algum modo. No momento em que o pensamento entra, ele traz a sua própria categoria. Assim, você dirá "florescimento", você dirá "abertura", você dirá "penetração". A coisa em si pode ser compreendida por meio de muitas metáforas. A metáfora depende de você, ela depende da sua mente. E aquilo de que ela depende, depende de outras tantas coisas – por exemplo: de suas experiências de vida.

Daqui a duzentos, trezentos anos, é possível que não haja mais nenhuma cobra sobre a terra, porque o homem mata tudo que se mostre antagônico a ele. Então, "cobra" será apenas uma palavra histórica, uma palavra nos livros – não será mais uma realidade. Já não é mais uma realidade para a maioria das pessoas hoje em dia. Então, a força será perdida; a beleza não existirá mais. O símbolo estará morto, e você terá de conceber a *kundalini* de uma nova maneira.

Ela pode se tornar um ímpeto de eletricidade. "Eletricidade" será mais compatível, mais apropriado à mente do que "cobra". Pode se tornar simplesmente como um avião a jato subindo, um foguete indo para a lua. A velocidade será mais apropriada: será como um avião a jato. Se você puder senti-la, e toda a sua mente puder concebê-la como um avião a jato, ela será simplesmente como um avião a jato. A realidade é outra coisa, mas a metáfora é dada por você; você a escolheu devido às suas experiências, porque aquilo é significativo para você.

Como a ioga se desenvolveu numa sociedade agrícola, ela tem símbolos agrícolas: uma flor, uma cobra etc. – tudo apenas símbolos. Buda nem ao menos falou sobre *kundalini*, mas se tivesse falado, não teria sido sobre o poder da serpente; nem Mahavira falou sobre ela. Eles vinham de famílias reais: os símbolos que eram compatíveis com outras pessoas não eram compatíveis com eles. Eles usaram outros símbolos.

Buda e Mahavira vieram de palácios da realeza. A cobra não era uma realidade ali. Mas para os camponeses era uma grande realidade, a pessoa não tinha como não estar familiarizada com a cobra. Isso seria perigoso também... – a pessoa tinha de ter consciência dela. Mas, para Buda e Mahavira, ela não era uma realidade, absolutamente.

Buda não podia falar de cobras: ele falava de flores. As flores eram conhecidas dele, mais conhecidas dele do que de qualquer outra pessoa. Ele tinha visto muitas flores, mas somente as vivas. Os jardineiros do palácio eram instruídos por seu pai para cuidar para que nenhuma flor morta fosse vista por ele, por Gautama. Ele só podia ver flores novas; assim, toda noite os jardins eram preparados para ele. De manhã, quando ele chegava, nem uma folha morta, nem uma flor morta podiam ser vistas, somente flores se abrindo para a vida.

Assim, o florescimento era uma realidade para ele, de um modo que não é para nós. Então, quando ele chegou à sua realização, ele falou sobre aquilo como um processo de flores e flores se abrindo e se abrindo... A realidade é outra coisa, mas a metáfora vem de Buda.

Essas metáforas não são irreais, elas são pura poesia. Elas correspondem à sua natureza: você pertence a elas, elas pertencem a você. A negação de símbolos mostrou-se drástica e perigosa. Vocês negaram e renegaram tudo que não seja a materialidade verdadeira, e os rituais e os símbolos tiveram sua revanche: eles retornaram, permearam tudo. Eles estão em suas roupas, em seus templos, em suas poesias, em suas ações. Os símbolos terão sua revanche, eles retornarão. Eles não podem ser negados, porque pertencem à natureza das pessoas.

A mente humana não pode pensar em termos relativos, puramente abstratos. Ela não consegue. A relatividade não pode ser concebida em termos de pura matemática: nós só podemos concebê-la em símbolos. A conexão com os símbolos é básica no caráter humano. Na verdade, é só a mente humana que cria símbolos – os animais não podem criá-los.

Um símbolo é uma pintura viva. Sempre que acontece algo interiormente, você precisa usar símbolos externos. Sempre que você começa a sentir algo, o símbolo vem automaticamente, e, no momento em que o símbolo vem, a força é modelada dentro de determinado símbolo. Desse modo, a *kundalini* se torna simplesmente como uma cobra: ela se torna uma serpente. Você a sentirá e verá, e ela será até mais viva do que uma cobra. Você sentirá a *kundalini* como uma cobra, porque você não pode sentir uma abstração. Você não consegue!

Nós criamos estátuas de Deus porque não podemos conceber uma abstração. Deus se torna insignificante como uma abstração: ele se torna pura matemática. Nós sabemos que a palavra "deus" não é Deus, mas temos de usar a palavra. A palavra é um símbolo. Nós sabemos que a palavra "deus" é um símbolo, um termo, e não realmente Deus, mas temos de usá-la. E este é o paradoxo: quando você sabe que algo não é um fato, mas também sabe que não é uma ficção, que é uma necessidade, e uma necessidade real. Então, você deve transcender o símbolo. Deve estar além dele, e conhecer o além também.

Mas a mente não pode conceber o além, e a mente é o único instrumento que você tem. Toda concepção deve vir a você por intermédio dela. Assim, você sentirá o símbolo – ele se tornará real. E para outra pessoa, outro símbolo pode se tornar tão real quanto o seu símbolo se tornou para você; então, há controvérsia. Para cada pessoa, seu símbolo é autêntico, real. Mas nós ficamos obcecados com a realidade concreta. Deve ser real para nós, caso contrário, não pode ser real.

Nós podemos dizer "este gravador é real", porque ele é real para todos nós – ele tem uma realidade objetiva. Mas a ioga está interessada na realidade subjetiva. A realidade subjetiva não é tão real quanto a realidade objetiva, mas é real a seu próprio modo.

A obsessão pelo objetivo deve sumir. A realidade subjetiva é tão real quanto a realidade objetiva, mas no momento em que você a concebe, dá a ela uma fragrância sua: você lhe dá um nome seu, uma metáfora sua. E esse modo de perceber as coisas está destinado a ser individual: mesmo que alguém vivencie a mesma coisa, os registros serão diferentes. Até mesmo duas cobras serão diferentes, porque a metáfora veio de dois indivíduos diferentes.

Assim, essa metáfora – de que a sensação da *kundalini* é como o movimento de uma serpente – é simplesmente simbólica, mas corresponde à realidade. O mesmo movimento existe: o movimento sutil, exatamente como uma cobra, existe. A força existe, a aparição dourada existe – e tudo isso corresponde ao símbolo de uma cobra. Assim, se esse símbolo é compatível com você, fica tudo certo.

Mas ele pode não ser compatível; assim, nunca diga a ninguém que o que aconteceu a você fatalmente vai acontecer a ele. Nunca diga isso a ninguém. Pode ser, ou pode não ser. O símbolo é apropriado para você, pode não ser para outra pessoa. Se isso puder ser compreendido, não haverá nenhuma razão para desavença.

As diferenças surgiram devido aos símbolos. Um muçulmano não pode conceber um símbolo de Buda. É impossível! Os ambientes dos dois eram muito diferentes. Até a palavra "deus" pode ser uma carga se não for concebida como um símbolo que corresponda à sua individualidade.

Por exemplo: Maomé não poderia conceber Deus como compaixão. A compaixão não existe em lugar algum do seu meio ambiente. Tudo era tão terrificante, tão perigoso que Deus tinha de ser concebido de forma diferente. Cruzando de um país ao outro, as matanças... As pessoas do meio ambiente de Maomé não podiam conceber um Deus que não fosse cruel. Um Deus não cruel, um Deus compassivo, teria sido não real para eles, porque o conceito não teria correspondido à realidade deles.

Para um hindu, Deus é visto de acordo com o ambiente. A natureza é bela, o solo é fértil; a raça está profundamente enraizada na terra. Tudo está fluindo e fluindo numa determinada direção, e o movimento é muito lento, exatamente como o Ganges. Ele não é terrificante e perigoso. Assim, o deus hindu está fadado a ser um Krishna, dançando e tocando sua flauta. Esta imagem vem do meio ambiente e da mente racial e das experiências deles.

Todo o subjetivo está destinado a ser traduzido, mas sejam quais forem o nome e o símbolo que damos, eles não são não reais. É real para nós. Assim, a pessoa deve defender o próprio símbolo, mas não deve impor o próprio símbolo aos outros. A pessoa deve dizer: "Mesmo que todos os outros estejam contra este símbolo, ele é compatível comigo; ele veio a mim natural e espontaneamente. Deus vem a mim desse modo; não sei como ele vai aos outros."

Assim, tem havido muitos modos de indicar essas coisas, milhares e milhares de modos. Mas quando eu digo que é subjetivo, psíquico, não quero dizer que é apenas um nome. Não é apenas um nome: para você, é uma realidade. Veio até você desse modo, e não pode vir de outro modo. Se nós não confundirmos materialidade com realidade, e não confundirmos objetividade com realidade, então tudo ficará claro. Mas se você os confundir, então as coisas ficam difíceis de compreender.

CAPÍTULO 7

ILUMINAÇÃO: UM COMEÇO SEM FIM

Meditar é ir para dentro. E a jornada é sem fim, sem fim no sentido de que a porta se abre e continua se abrindo até que a própria porta se transforme no universo. A meditação floresce, e continua florescendo até que o florescimento se torne o cosmos. A jornada é sem fim: começa, mas nunca termina.

Não há graus de iluminação. Uma vez que aconteça, pronto. É como saltar num oceano de sensações. Você salta, você se torna um com ele, como uma gota de orvalho dentro do oceano se torna uma com ele. Mas isso não quer dizer que você tenha conhecido todo o oceano.

O momento é total: o momento da queda do ego – o momento da eliminação do ego, o momento do desaparecimento do ego – é total, é completo. No que lhe diz respeito, é perfeito. Mas, no que diz respeito ao oceano, no que diz respeito ao divino, é simplesmente o começo; e não haverá fim.

Uma coisa a lembrar: a ignorância não tem começo, mas tem fim. Você não pode saber a partir de que ponto sua ignorância começa; você sempre a encontra no presente; você está sempre no meio dela. Você nunca conhece o começo: não há nenhum começo.

A ignorância não tem nenhum começo, mas ela termina. A iluminação tem um começo, mas nunca termina. E as duas se tornam uma coisa só: ambas são uma. O começo da iluminação e o fim da ignorância são um ponto único. Um ponto só, um ponto perigoso com duas faces: uma olhando para a ignorância sem começo, e outra olhando para o começo da iluminação sem fim.

Desse modo, você alcança a iluminação, mas ainda assim nunca a alcança. Você chega a ela, cai dentro dela, torna-se um com ela, mas ainda assim um vasto desconhecido permanece. E essa é a beleza; esse é o mistério.

Se tudo fosse conhecido na iluminação, não haveria nenhum mistério. Se tudo se tornasse conhecido, tudo estaria feio: não haveria, então, nenhum mistério, tudo estaria morto. Assim, a iluminação não é "saber" nesse sentido; não é saber como um suicídio, é saber no sentido de que se trata de uma abertura para mistérios maiores. "Saber", então, significa que você conheceu o mistério, que você tomou consciência do mistério. Não é que você o tenha resolvido: não se trata de ter uma fórmula matemática e, agora então, saber tudo. Ao contrário, o "saber" da iluminação significa que você chegou a um ponto em que o mistério se tornou definitivo. Você ficou sabendo que "este" é o supremo mistério; você o conheceu como um mistério. Agora, ele se tornou tão misterioso que você não tem mais esperança de resolvê-lo. Então você perde toda a esperança.

Mas não se trata de desespero, não se trata de desesperança. É apenas a compreensão da natureza do mistério. O mistério é tal que se evidencia insolúvel; o mistério é tal que o próprio esforço para resolvê-lo é absurdo. O mistério é tal que tentar resolvê-lo por meio do intelecto é sem sentido: você chegou ao limite do seu pensamento. Agora não há mais nenhum pensamento, absolutamente – e o saber começa.

Mas isso é algo muito diferente do saber da ciência. A própria palavra "ciência" significa saber, mas saber no sentido de tornar um mistério desmistificado. O saber religioso significa algo bem ao contrário. Não se trata de desmistificar a realidade: ao contrário, tudo o que era conhecido antes torna-se misterioso novamente; até mesmo as coisas comuns sobre as quais você estava confiante, absolutamente seguro de que sabia tudo. Agora, até essa porta está perdida. Tudo, de certo modo, fica sem porta – sem fim e sem solução.

O saber deve ser concebido neste sentido: trata-se de participar do exclusivo mistério da existência; trata-se de dizer "sim" ao mistério da existência. O intelecto – a teoria intelectual – não está presente agora: você está cara a cara com o mistério. Trata-se de um confronto existencial – não por meio da mente, mas por seu intermédio, da sua totalidade. Agora, você o sente vindo de toda parte: de seu corpo, de seus olhos, de suas mãos, de seu coração. A personalidade total entra em contato com o mistério total.

Isso é apenas um começo. E o fim não existirá nunca, porque o fim significaria a desmistificação disso. Esse é o começo da iluminação. Não há fim para ela, mas esse é o começo. Você pode conceber o fim da ignorância, mas não haverá fim para este estado de iluminação da mente. Agora, você saltou para dentro de um abismo sem fundo.

Você pode conceber isso a partir de muitos pontos de vista. Se uma pessoa chega a esse estado da mente através da *kundalini*, será um florescer sem fim. As mil pétalas do *sahasrar* não querem dizer exatamente mil: significam simplesmente o maior número – é algo simbólico. Significa que as pétalas da *kundalini* que estão florescendo são sem fim; elas continuarão se abrindo, se abrindo e se abrindo. Assim, você conhecerá a primeira abertura, mas a última nunca existirá, porque não há limite para isso.

A pessoa pode chegar a esse ponto através da *kundalini* ou pode chegar através de outros caminhos. A *kundalini* não é indispensável.

Os que chegam à iluminação por outros caminhos chegam a esse mesmo ponto, mas o nome será diferente, o símbolo será diferente. Você o conceberá de modo diferente, porque o que está acontecendo não pode ser descrito, e o que está sendo descrito não é exatamente o que está acontecendo. A descrição é uma alegoria, a descrição é metafórica. Você pode dizer que é como o desabrochar de uma flor – embora não haja nenhuma flor, absolutamente. Mas a sensação é simplesmente como se você fosse uma flor que está começando a se abrir; a mesma sensação de abertura está presente. Mas outra pessoa pode conceber isso de modo diferente. Ela pode dizer: é como a abertura de uma porta – uma porta que conduz ao infinito, uma porta que continua se abrindo. Portanto, a pessoa pode usar qualquer imagem.

O tantra usa símbolos sexuais. Eles podem usá-los. Eles dizem: é um encontro, uma união sem fim. Quando o tantra diz "é como *maithuna*", uma relação sexual, o que se quer dizer é isto: um encontro de indivíduos com o infinito – mas sem fim, eterno. Pode ser concebido desse jeito, mas qualquer concepção está destinada a ser uma metáfora. É tudo simbólico; está destinado a ser. Mas quando digo "simbólico", não quero dizer que um símbolo não tenha nenhum significado.

Um símbolo tem significado na medida em que sua individualidade está envolvida, porque você o concebe daquela maneira. Você não pode concebê-lo de outro modo. Uma pessoa que não amou as flores, que não conheceu o florescimento, que passou pelas flores mas permaneceu alheia a elas, cuja vida não está relacionada com o âmbito do florescimento não pode sentir aquilo como um florescimento. Mas se você o sente como um florescimento, isso quer dizer muita coisa: quer dizer que o símbolo é natural para você, que corresponde de algum modo à sua personalidade.

Como a pessoa se sente depois que o sahasrar *começa a se abrir?*

Depois que o *sahasrar* se abre, não deverá haver nenhuma sensação, exceto um silêncio e um vazio no interior. A sensação será aguda no começo – quando você sente aquilo pela primeira vez, será muito aguda –, mas, quanto mais você a conhecer, menos aguda se tornará. Quanto mais você se tornar um com aquilo, mais aquilo perderá o seu caráter agudo. Então, chega um momento – e ele tem de chegar – em que você não sentirá mais aquilo, absolutamente.

A sensação é sempre a do novo. Você sente aquilo que é estranho; você não sente aquilo que não é estranho. A estranheza é que é sentida. Se aquilo se torna um com você e você já o conhece, você não o sentirá mais. Mas isso não quer dizer que aquilo não exista mais. Existirá, até mesmo mais do que antes. Irá se intensificando cada vez mais e mais, mas a sensação existirá cada vez menos e menos. E virá um momento em que não haverá mais nenhuma sensação: não haverá nenhuma noção de alteridade; assim, a sensação não existirá.

Quando o florescimento do *sahasrar* surge pela primeira vez, é alguma coisa que ainda não é você. É desconhecido para você, e você não está familiarizado com ele. É algo penetrando você, ou que você está penetrando. Há uma lacuna entre você e aquilo, mas a lacuna sumirá gradativamente e você se tornará um com ele. Então, você não mais verá aquilo como alguma coisa acontecendo a você: você se tornará o acontecimento. Ele continuará se expandindo e você se tornará um com ele.

Então você não o sentirá mais. Você falará sobre ele, mas não o sentirá mais do que a sua própria respiração. Você sente sua respiração somente quando algo novo, ou errado, acontece a você; caso contrário, você não a sente. Você nem mesmo sente seu corpo, a menos que alguma enfermidade se insinue, a menos que você fique doente. Se você está completamente saudável, não sente o corpo: apenas o tem. Na verdade, seu corpo fica mais vivo quando você está saudável, mas você não o sente. Você não precisa senti-lo: você é um com ele.

O que acontece à visão religiosa e a outras manifestações de meditação profunda, quando o sahasrar *se abre?*

Todas essas coisas cairão. Todas as imagens cairão – visões, e tudo o mais – porque essas coisas surgem somente no início. Elas são bons sinais, mas desaparecerão.

Antes que a abertura do *sahasrar* aconteça, muitas visões virão a você. Elas não são irreais; as visões são reais, mas, com a abertura do *sahasrar* não haverá mais nenhuma visão. Elas não virão mais, porque essa "experiência de florescimento" é a experiência culminante para a mente, é a última experiência para a mente; para além disso, não haverá mente.

Tudo o que acontece antes está acontecendo à mente. Mas, no momento em que você transcender a mente, não haverá mais nada. Quando a mente cessar, não haverá nem *mudras* – expressões externas de transformações psíquicas – nem visões; nem flores, nem serpentes. Não haverá nada, absolutamente, porque além da mente não há nenhuma metáfora. Além da mente a realidade é tão pura que não há nenhuma alteridade; além da mente, a realidade é tão total que não pode ser dividida entre aquele que vive a experiência e a experiência em si.

Com a mente, tudo está dividido em dois. Você vive uma experiência – você pode dar a ela o nome que quiser, o nome não importa –, mas a divisão entre aquele que vive a experiência e a experiência em si, entre o conhecedor e o conhecido, permanece. A dualidade permanece.

Mas essas visões são bons sinais, porque vêm somente nos últimos estágios. Elas vêm somente quando a mente está para cair; vêm somente quando a mente está para morrer.

Especialmente os *mudras* e as visões são somente simbólicos – simbólicos no sentido de que indicam que se aproxima a morte da mente. Quando a mente morrer, não sobrará nada. Ou sobrará tudo, mas a divisão entre aquele que vive a experiência e a experiência em si não existirá mais.

Os *mudras*, as visões – especialmente as visões – são experiências. Eles indicam certos estágios. É exatamente como quando você diz "eu estava sonhando": podemos ter certeza de que você estava dormindo, porque sonhar indica sono.

E, se você diz "eu estava sonhando acordado", então também você terá caído numa espécie de sono, porque sonhar só é possível quando a mente, a mente consciente, foi dormir. Assim, sonhar é indicativo de sono; do mesmo modo, *mudras* e visões são indicativos de um estado determinado.

Você pode ter visões de certas figuras – você pode identificá-las – e também essas figuras, serão diferentes para indivíduos diferentes. A figura de Shiva não pode vir a uma mente cristã. Não pode vir, não há nenhuma possibilidade de vir; mas Jesus virá. Essa será a última visão para uma mente cristã, e isso é muito valioso.

A última visão a ser vista é a de uma figura religiosa central. Essa figura central será a última visão. Para um cristão – e por cristão eu quero dizer alguém que se embebeu da linguagem do cristianismo, dos símbolos do cristianismo, alguém em quem o cristianismo entrou no seu sangue e nos ossos desde a mais tenra infância –, a figura de Jesus na cruz será a última. O conhecedor, aquele que vivencia a experiência, ainda está presente, mas, precisamente no fim, haverá o salvador. Isso tem sido vivenciado; você não pode negar. No último momento da mente – da mente que morre –, no fim, Jesus está ali.

Mas, para o jainista, Jesus não pode vir; para um budista, Jesus não pode vir. Para um budista, a figura do Buda estará ali. No momento em que o *sahasrar* se abrir – com a abertura do *sahasrar*, Buda estará ali. Eis por que Buda é visualizado sobre uma flor. A flor jamais foi colocada ali para o Buda real – a flor nunca esteve ali, sob seus pés. Mas, nas estátuas, a flor está colocada ali, porque as estátuas não são réplicas reais de Gautama, o Buda. Elas são a representação da última visão que vem à mente. Quando a mente cai no eterno, Buda é visto desse jeito: sobre a flor.

Eis por que Vishnu é colocado sobre uma flor. Essa flor é simbólica do *sahasrar*, e Vishnu é a última figura a ser vista por uma mente hindu. Buda, Vishnu, Jesus são arquétipos – o que Jung chama de arquétipos.

A mente não pode conceber nada abstratamente; assim, o último esforço da mente para compreender a realidade será por meio do símbolo que tenha sido o mais importante para ela. Esse auge de experiência da mente é a última experiência da mente. O auge é sempre o fim: o auge quer dizer o começo do fim. O auge é a morte; assim, a abertura do *sahasrar* é o auge de experiência da mente, a possibilidade máxima da mente, a última coisa possível com a mente. A última figura – a figura mais central, a mais profunda, o arquétipo – virá.

E será real. Quando eu digo "visão", muitos negarão que seja real. Dirão que não pode ser real, porque pensam que a palavra "visão" quer dizer "ilusório", mas aquilo será mais real do que a própria realidade. Mesmo que todo mundo negue, você não poderá aceitar a negação. Você dirá: "É mais real para mim do que o mundo todo. Uma pedra não é tão real como a figura que eu vi. Ela é real: é perfeitamente real." Mas a realidade é subjetiva; a realidade está colorida por sua mente. A experiência é real, mas a metáfora é dada por você; assim, os cristãos darão uma metáfora, os budistas darão outra, os hindus darão outra ainda.

A transcendência vem com a abertura do sahasrar?

Não, a transcendência está além da abertura. Mas a iluminação tem duas conotações. Uma, a mente que morre – a mente que está terminando, a mente que vai morrer, a mente que chegou ao seu pico, a mente que chegou ao seu ponto máximo – concebe a iluminação. Mas surge uma barreira, e agora a mente não irá além disso. A mente sabe que está morrendo, e com o seu fim a mente também conhece o fim do sofrimento, conhece o fim da divisão, o fim do conflito que existia.

Tudo isso termina, e a mente o concebe como iluminação, mas ainda é a mente que o está concebendo. Assim, essa iluminação é concebida pela mente.

Quando a mente morre, então, a verdadeira iluminação vem. Agora então, você transcendeu, mas não pode falar sobre isso, não pode dizer nada sobre isso. Eis por que Lao Tzu diz: "Tudo o que pode ser dito não pode ser verdadeiro. O que pode ser dito não é verdadeiro, a verdade não pode ser dita. Somente este tanto pode ser dito, e somente este tanto é verdadeiro."

E essa é a última afirmação da mente. Essa última afirmação tem significado, muito significado, mas não é transcendental. O significado ainda é uma limitação da mente: ainda é mental, ainda é concebido pela mente.

É exatamente como uma chama, uma chama de uma vela que está se apagando. A escuridão vai descendo; a escuridão está vindo, formando um círculo cada vez mais e mais próximo, e a chama está morrendo, a chama chegou ao fim de sua existência. Ela diz "agora, é a escuridão", e sai da existência. Agora, então, a escuridão chegou inteira e completa. Mas a última afirmação da chama morrendo foi conhecida pela chama: a escuridão não estava completa, porque a chama estava ali, a luz estava ali. A escuridão foi concebida pela luz.

A luz não pode realmente conceber a escuridão: a luz só pode conceber suas próprias limitações e, para além disso, está a escuridão. A escuridão estava chegando cada vez mais e mais próximo, e a luz estava morrendo. Ela podia fazer sua última afirmação: "Eu vou morrer"; e, então, a escuridão estava ali. A escuridão estava vindo, vindo, vindo... Depois, a luz fez sua última afirmação e sumiu; e a escuridão estava completa. Assim, a afirmação era verdadeira, mas não era a verdade.

Há uma diferença entre verdadeiro e verdade. A verdade não é uma afirmação. A chama morre, e a escuridão aparece: isso é verdade. Agora, não há nenhuma afirmação: "há escuridão." A afirmação era verdadeira, não era não verdadeira. Era verdadeira: a escuridão estava chegando, se fechando, envolvendo. Mas, ainda assim, a afirmação foi feita pela luz, e uma afirmação feita pela luz sobre a escuridão pode, no máximo, ser verdadeira – mas não é a verdade.

Quando a mente não existe mais, a verdade é conhecida: quando a mente não existe, a verdade existe. E, quando a mente existe, você pode ser mais verdadeiro, mas não é a verdade; você pode ser menos não verdadeiro, mas não é a verdade. A última afirmação que a mente pode fazer será a menos não verdadeira, mas aquilo é tudo o que pode ser dito.

Assim, entre a iluminação como concepção da mente e a iluminação como tal, há muita diferença, embora não seja notável. Com uma chama que está morrendo, não há um único momento antes que ela morra; então, a chama morre, e, simultaneamente, a escuridão vem. Não há nem um único momento entre as duas condições, mas a diferença entre elas é grande.

Uma mente morrendo terá visões no fim – visões do que está vindo. Mas essas serão visões concebidas por meio de metáforas, figuras, arquétipos. A mente não pode conceber nada mais do que isso: a mente é treinada em símbolos, nada mais. Há símbolos religiosos, símbolos artísticos, estéticos, matemáticos e científicos, mas são todos símbolos. É assim que a mente é treinada.

Um cristão verá Jesus, mas um matemático que esteja morrendo, uma mente que tenha sido treinada na não-religiosidade, não pode ver nada no último momento além de uma fórmula matemática. Pode ser um zero ou pode ser um símbolo do infinito, mas não será Jesus, não será Buda. E um Picasso morrendo pode simplesmente ver um fluxo abstrato de cores no último momento. Isso será divino para ele; ele não pode conceber o divino de outro modo.

Assim, o fim da mente é o fim dos símbolos e, no fim, a mente usará o símbolo mais significativo que ela conheça. E, depois disso, como não há mais nenhuma mente, não haverá mais nenhum símbolo.

Esta é uma das razões por que nem Buda nem Mahavira falaram sobre símbolos. Eles diziam que não havia utilidade em falar sobre eles, já que todos estão abaixo da iluminação. Buda não falava sobre símbolos e, em função disso, disse que havia onze perguntas que não deveriam ser feitas a ele. Foi anunciado que ninguém deveria fazer aquelas onze perguntas; e elas não deviam ser feitas porque não podiam ser realmente respondidas: alguma metáfora teria de ser usada.

Buda dizia: "Eu não gostaria de usar nenhuma metáfora. Mas, se você perguntar, e eu não responder, você não se sentirá bem. Não será delicado; não será cortês. Assim, por favor, não façam essas perguntas. Se eu lhe responder, será cortês, mas não verdadeiro; assim, não me coloquem nesse dilema. "No que tange à verdade, não posso usar um símbolo; posso usar símbolos somente para a não-verdade aproximada ou para a verdade aproximada."

Assim, haverá pessoas que não usarão nenhuma metáfora, nenhuma visão. Negarão tudo, porque a verdade concebida pela mente não pode ser a iluminação propriamente dita. São duas coisas diferentes. As concepções da mente irão até onde a mente for, e então a iluminação ali estará, mas sem a mente.

Assim, a personalidade iluminada é sem mente – uma personalidade de não-mente, vivendo, mas sem quaisquer concepções; agindo, mas não pensando sobre aquilo; amando, mas sem o conceito de amor; respirando, mas sem qualquer meditação. Assim, viver será momento a momento e uno com o todo – mas a mente não estará no meio. A mente divide, e agora não haverá mais nenhuma divisão.

CAPÍTULO 8

INICIAÇÃO PARA UM MESTRE: A TÉCNICA SUPREMA

O homem existe como que dormindo. O homem *está* adormecido. O que quer que se conheça como estar acordado também é um sono. Iniciação significa estar em contato íntimo com aquele que está acordado. A menos que você esteja em contato íntimo com quem está acordado fica impossível sair do seu sono, porque a mente é até capaz de sonhar que está acordada. A mente pode sonhar que "agora não há mais sono".

Quando eu digo que o homem está adormecido, isso tem de ser compreendido. Estamos sonhando continuamente, 24 horas por dia. Durante a noite, estamos fechados para o mundo exterior, sonhando interiormente. Durante o dia, nossos sentidos estão abertos para o mundo exterior, mas o sonho continua no interior. Feche seus olhos por um momento, e você pode novamente estar num sonho: ele é uma continuidade interior. Você tem consciência do mundo exterior, mas essa consciência não acontece sem a mente sonhadora; ela é imposta sobre a mente sonhadora, mas interiormente o sonho continua. Eis por que não estamos vendo o que é real, mesmo quando estamos supostamente acordados. Impomos nossos sonhos sobre a realidade. Nunca vemos o que é; sempre vemos as nossas projeções.

Se eu olho para você e há um sonho em mim, você se tornará um objeto de projeção. Eu projetarei meu sonho sobre você, e o que quer que eu compreenda sobre você estará misturado com o meu sonho, com a minha projeção. Quando eu o amo, você me parece algo bem diferente; quando eu não o amo, você me parece completamente diferente. Você não é o mesmo, porque, simplesmente, eu o usei como uma tela e projetei minha mente sonhadora sobre você.

Quando eu o amo, o sonho é diferente; assim, você parece diferente. Quando eu não o amo, você é o mesmo – a tela é a mesma –, mas a projeção é diferente: agora, eu o estou usando como uma tela para outro sonho meu. Novamente, o sonho pode mudar. Novamente, eu posso tornar a amá-lo; então, você me parecerá diferente. Nunca vemos o que é. Sempre estamos vendo nossos sonhos projetados sobre o que realmente é.

Eu não sou o mesmo para cada um de vocês: cada um projeta em mim alguma coisa diferente. Sou um somente no que diz respeito a mim mesmo. E se eu próprio estiver sonhando, então, até para mim eu sou diferente a cada momento, porque a cada momento minha interpretação será diferente. Mas se estou acordado, então sou o mesmo. Buda disse que o teste de um iluminado é o fato de ele ser sempre o mesmo, exatamente como a água do mar: em qualquer lugar, em todo lugar, ela é salgada.

Você tem, em torno de você, um envoltório diáfano de projeções, idéias, noções, concepções, interpretações. Você é um projetor andando por aí, projetando coisas que não estão em parte alguma, a não ser dentro de você, e o todo se torna uma tela; assim, você nunca pode ficar consciente, por si mesmo, de que está num sono profundo.

Havia um santo sufi, Hijira. Um anjo apareceu em seu sonho e lhe disse que ele devia guardar o máximo de água possível de seu poço, porque na manhã seguinte toda a água do mundo ia ser envenenada pelo demônio, e todos que bebessem dela ficariam loucos.

Assim, durante toda a noite, o faquir guardou o máximo de água possível. E o fenômeno realmente aconteceu: todos ficaram loucos na manhã seguinte. Mas ninguém sabia que toda a cidade tinha ficado louca. Somente o faquir não estava louco, mas toda a cidade falava como se *ele* tivesse ficado louco. Ele sabia o que tinha acontecido, mas ninguém acreditava nele; assim, ele continuou bebendo da sua água e permaneceu sozinho.

Mas ele não podia continuar assim. Toda a cidade estava vivendo num mundo completamente diferente. Ninguém o ouvia. E, finalmente, surgiu um rumor de que ele ia ser capturado e enviado à prisão. Diziam que ele estava louco.

Certa manhã, vieram buscá-lo. Ou ele seria tratado como doente, ou teria de ir preso, mas não podia ficar em liberdade: ele tinha ficado absolutamente louco. O que ele dizia não podia ser compreendido – ele falava numa linguagem diferente.

O faquir não podia compreender aquilo. Ele tentou ajudar os outros a se lembrar de seu passado, mas eles tinham se esquecido de tudo. Eles não sabiam nada do passado, nada sobre o que existia antes daquela manhã enlouquecedora. Eles não conseguiram compreender; o faquir tinha se tornado incompreensível para eles.

Cercaram sua casa e prenderam-no. Então, o faquir disse: "Dêemme mais um momento. Vou me arrumar!" Ele correu até o poço comunitário, bebeu da água e voltou todo fagueiro. Agora, toda a cidade estava feliz: o faquir estava bem outra vez; não estava mais louco. Na verdade, ele tinha ficado louco, mas agora era parte integrante de um mundo comum.

Se todos os outros estiverem dormindo, você nunca ficará sequer consciente de que está dormindo. Se todos estão loucos e você está louco, você nunca ficará consciente disso.

Por iniciação, quer-se dizer que você se rendeu a alguém que está acordado. Você diz: "Eu não compreendo, não posso compreender. Faço parte do mundo que está louco e adormecido. Estou sonhando o tempo todo." Este sentimento pode vir até de uma pessoa adormecida, porque o sono não é sempre profundo. Ele ondula, fica muito profundo às vezes e, depois, fica bem superficial. Assim como o sono comum é uma flutuação de muitos níveis, de muitos planos, o sono metafísico do qual estou falando também flutua. Às vezes, você está bem na linha fronteiriça, muito próximo de um buda; então, você pode compreender alguma coisa do que o buda está falando, do que ele está dizendo. Nunca será exatamente o que está sendo dito, mas ao menos você teve um vislumbre da verdade.

Assim, uma pessoa que esteja na fronteira do sono metafísico desejará ser iniciada. Ela pode ouvir algo, pode compreender algo, ela vê alguma coisa. Tudo está como que dentro de uma névoa, mas ainda assim ela sente alguma coisa; assim, ela pode se aproximar de uma pessoa que está acordada e se render. Isso pode ser feito por uma pessoa adormecida. Essa rendição significa que ela compreendeu que algo bem diferente do seu sono está acontecendo. Em algum lugar ela sente isso. Ela não consegue saber exatamente, mas pode senti-lo.

Quando quer que um buda passe, aqueles que estão na fronteira do sono, podem reconhecer que há algo diferente naquele homem. Ele se comporta de modo diferente, ele fala de modo diferente, ele vive de modo diferente, ele anda de modo diferente – algo aconteceu a ele. Aqueles que estão na fronteira podem sentir isso; mas eles estão dormindo, e essa consciência fronteiriça não é permanente. Eles podem cair no sono a qualquer momento.

Assim, antes de caírem em profunda inconsciência, eles podem se render ao que está acordado. Isso é iniciação da parte do iniciado. Ele diz: "Eu mesmo não posso fazer nada. Estou desamparado, e sei que se não me render neste momento, posso cair em sono profundo novamente. Então será impossível me render." Assim, há momentos que não podem ser perdidos, e os que perdem esses momentos podem não ser capazes de os conseguir novamente por séculos, por vidas, porque não está nas mãos da pessoa estabelecer quando é que ela novamente chegará à linha fronteiriça. Isso acontece por muitas razões que estão além do seu controle.

Da parte do iniciado, a iniciação é um total relaxamento-entrega: uma confiança total, uma rendição total. Nunca pode ser parcial. Se você se entrega parcialmente, não está se entregando, está se enganando. Não pode haver entrega parcial, porque, numa entrega parcial, você está retendo alguma coisa, e essa retenção pode empurrá-lo de volta para dentro do sono. Aquela parte não rendida será fatal: a qualquer momento você pode novamente cair em sono profundo.

A entrega sempre deve ser total. Eis por que a confiança sempre foi e sempre será requerida na iniciação.

A confiança é requerida como uma condição total, como um requisito total. E, no momento em que você se entrega totalmente, as coisas começam a mudar; agora, você não pode retornar à sua vida de sonhos. Essa entrega despedaça toda a projeção, toda a mente projetora, porque essa mente projetora está acorrentada ao ego, não pode viver sem o ego. O ego é seu centro principal, a base. Se você se entrega, você entregou a própria base. Você desistiu completamente.

A iniciação é simplesmente uma pessoa que está dormindo pedindo ajuda para ser acordada. Ela se entrega a alguém que está acordado. É muito simples – a coisa não é muito complexa.

Quando você vai a um Buda, a um Jesus ou a um Maomé e se entrega, o que você está entregando é o seu sono, seus sonhos. Você não pode entregar nada mais, porque você não é nada mais. Você entrega isso. Seu sono, seu sonho, todo o absurdo do seu passado é o que você entrega.

Assim, por parte do iniciado é uma entrega do passado. E, daquele que o inicia, é uma responsabilidade pelo futuro. Ele se torna responsável – e somente ele pode ser o responsável: você jamais pode ser responsável. Como alguém que está dormindo pode ser responsável? A responsabilidade vem com o acordar.

Esta é realmente uma lei fundamental da vida: aquele que está dormindo não é responsável nem por ele mesmo, e aquele que está acordado é responsável até por outros. Se você vai a ele e se entrega a ele, então, ele se torna especialmente responsável por você. Assim, Krishna pode dizer a Arjuna: "Abandone tudo. Venha comigo; renda-se aos meus pés"; e Jesus pode dizer: "Eu sou a verdade, eu sou a porta, eu sou o portal. Venha a mim, passe através de mim. Eu serei a testemunha no último dia do seu julgamento. Eu responderei por você."

Isso é tudo analógico. Todo dia é o dia do julgamento, e todo momento é o momento do julgamento. Não vai haver nenhum "último dia". Esses são apenas termos que podiam ser compreendidos pelas pessoas a quem Jesus estava falando. Ele estava dizendo: "Eu serei responsável por você, e responderei por você quando o divino solicitar. Estarei lá como testemunha. Entregue-se a mim: eu serei sua testemunha."

Essa é uma grande responsabilidade. Ninguém que esteja dormindo pode assumi-la, porque até mesmo o ser responsável por si próprio se torna difícil no sono. Você pode ser responsável pelos outros somente quando você não mais precisa ser responsável por si mesmo, quando você está completamente descarregado, quando você não *existe* mais.

Assim, somente quem já não *existe* pode iniciar alguém; caso contrário, ninguém pode iniciar ninguém. Nenhum indivíduo particular pode iniciar alguém, e se isso acontece – e acontece tantas vezes, está acontecendo todos os dias, pessoas que estão elas mesmas adormecidas iniciam outras que estão adormecidas, o cego conduzindo o cego... –, ambos caem no fosso.

Ninguém que esteja dormindo pode iniciar outra pessoa, mas o ego quer iniciar. Essa atitude egóica provou-se fatal e muito perigosa. Toda a iniciação – todo o mistério dela, toda a beleza dela – torna-se feia, devido àqueles que não têm autoridade para iniciar. Somente aquele que não tem mais nenhum ego interiormente, que não tem nenhum sono interiormente, que não tem nenhum sonho interiormente pode iniciar; caso contrário, a iniciação é o maior pecado.

Nos tempos antigos, ser iniciado não era fácil: era a coisa mais difícil. A pessoa tinha de esperar durante anos para ser iniciada; até por toda a vida uma pessoa podia ter de esperar. Essa espera era um teste básico, era uma disciplina.

Por exemplo: os sufis só iniciam a pessoa quando ela já esperou por certo tempo. Você tinha de esperar, sem questionar, pelo momento em que o próprio professor dissesse que era a hora. O professor poderia ser um sapateiro. Se você quisesse ser iniciado, você teria de ajudá-lo durante anos na fabricação de sapatos. E nem mesmo a relevância de ficar fazendo sapatos poderia ser questionada. Assim, durante cinco anos você ficaria apenas esperando, ajudando o professor na fabricação de sapatos. Ele jamais falaria de oração ou de meditação, ele nunca falaria do que quer que fosse, a não ser de fabricação de sapatos. Você ficou esperando durante cinco anos... mas isso é uma meditação. E não se trata de uma meditação comum: você fica limpo por meio dela.

Essa simples espera, essa espera não questionada, deixava pronto o solo para a entrega total. Somente depois de uma longa espera, a iniciação acontecia, mas então a entrega era fácil e o mestre podia assumir a responsabilidade pelo discípulo.

Agora tudo ficou diferente. Ninguém está preparado para esperar. Nós nos tornamos tão conscientes do tempo que não podemos esperar nem por um único momento. E, devido a essa consciência do tempo, a iniciação se tornou impossível. Você não pode ser iniciado. Você passa correndo por Buda e lhe pergunta: "Você me iniciará?" Você está correndo; você encontra Buda na rua enquanto está correndo. Mesmo durante essa conversa de quatro ou cinco palavras, você está correndo.

Toda essa corrida da mente moderna é devida ao medo da morte. Pela primeira vez, o homem está tão temeroso da morte, porque, pela primeira vez, o homem ficou absolutamente inconsciente da imortalidade. Só temos consciência do corpo que vai morrer; não temos mais a consciência de que a consciência interior é imortal.

Nos tempos antigos, havia pessoas que tinham consciência do imortal e, devido à consciência que essas pessoas tinham da imortalidade, elas criavam uma atmosfera na qual não havia pressa. Então, a iniciação era fácil. Então, esperar era fácil; então, a entrega era fácil. Então, para o mestre assumir a responsabilidade pelo discípulo era fácil. Essas coisas se tornaram todas difíceis agora, mas ainda assim não há alternativa: a iniciação é necessária.

Se você tem pressa, eu lhe darei iniciação no seu estado apressado, porque de outro modo não haverá iniciação. Não posso pedir-lhe que espere, como uma precondição. Devo iniciá-lo primeiro, e depois prolongar a sua espera de muitos modos: por meio de muitos artifícios, eu o persuadirei a esperar. Se eu primeiro lhe disser "espere cinco anos e depois o iniciarei", você não poderá esperar; mas se eu o iniciar neste exato momento, serei capaz de criar artifícios para a sua espera.

Então, deixe que seja assim; não faz nenhuma diferença. O processo será o mesmo. Como você não pode esperar, eu mudo: deixarei que você espere depois. Criarei muitos artifícios, muitas técnicas apenas para fazê-lo esperar. Como você não pode esperar desocupado, eu criarei técnicas para você, eu lhe darei algo com que brincar. Você pode brincar com essas técnicas: isso se tornará uma espera. Então, você estará pronto para uma segunda iniciação, que teria sido a primeira nos tempos antigos. A primeira iniciação é formal; a segunda será informal, será como um acontecimento. Você não me pedirá, eu lhe darei. Acontecerá – no mais íntimo do ser, ela acontecerá. E você saberá quando acontecer.

Entrega da parte do discípulo, responsabilidade da parte do mestre: essa é a ponte. E quando quer que você seja capaz de se entregar, o mestre virá. O mestre estará ali. Os mestres sempre estiveram na existência. O mundo nunca careceu de mestres, ele sempre careceu de discípulos. Mas nenhum mestre pode começar nada a menos que alguém se entregue. Assim, quando quer que você tenha um momento de entrega, não o perca. Mesmo que você não encontre ninguém para se entregar, então simplesmente entregue-se para a existência. Mas sempre que houver um momento para se entregar, não o perca, porque você estará na linha da fronteira, você está entre o sono e o despertar. Simplesmente entregue-se!

Se você puder encontrar alguém a quem se entregar, será bom. Mas se não puder encontrar ninguém, simplesmente se entregue ao universo, e o mestre aparecerá, ele virá. Ele vem sempre que há entrega. Você fica cheio de espaço, você fica vazio, e a força espiritual corre na sua direção e o preenche.

Assim, sempre se lembre de que quando quer que você sinta o impulso para se entregar, não perca o momento. Ele pode não voltar novamente, ou pode voltar depois de séculos, depois de vidas terem sido perdidas sem necessidade. Quando quer que o momento surja, entregue-se.

Entregue-se ao divino, a qualquer coisa, até mesmo a uma árvore, porque a coisa real não é a quem você se entrega: a coisa real é a entrega. Entregue-se a uma árvore, e a árvore se tornará um mestre para você. Entregue-se a uma pedra, e a pedra se tornará um deus. A coisa real é a entrega. E quando quer que haja entrega, sempre aparece alguém que se torna responsável por você. É isso que se quer dizer com a iniciação.

CAPÍTULO 9

SÂNIAS: MORRER PARA O PASSADO

Para mim, o *sânias* não é uma coisa tão séria. A própria vida não é muito séria, e a pessoa que é séria é sempre morta. A vida é sempre uma energia transbordante sem nenhum propósito, assim, para mim, o *sânias* serve para conduzir a vida de modo despropositado. A vida como um divertimento, não como um trabalho. Se você puder levar esta vida inteira apenas como um divertimento, você é um *saniássin*: então, você renunciou. Renúncia não é deixar o mundo, mas mudar de atitude.

Eis por que eu posso iniciar qualquer um no *sânias*. Para mim, a iniciação em si é um divertimento. E eu não pedirei nenhuma qualificação – quer você seja qualificado, quer não – porque as qualificações são pedidas quando se trata de alguma coisa séria. Só por existir, cada um já é qualificado o bastante para se divertir e, mesmo que não seja qualificado para ser um *saniássin*, não faz nenhuma diferença, porque a coisa toda é apenas um divertimento.

Assim, eu não pedirei nenhuma qualificação. E meu *sânias* não envolve nenhuma obrigação tampouco. A partir do momento em que você se torna um *saniássin*, ou uma *saniássin*, você está totalmente em liberdade. Quer dizer que você tomou uma decisão: viver na indecisão, viver em liberdade.

No momento em que você é iniciado no *sânias*, está iniciado num futuro não mapeado, não planejado. Agora, você não está acorrentado pelo passado; você está livre para viver. Assim, um *saniássin*, para mim, é uma pessoa que decide viver no limite extremo, no ótimo, ao máximo. Momento a momento, você vive; momento a momento, você age. Cada momento é completo nele mesmo. Você não decide como agir; o momento chega a você, e você age. Não há predeterminação; não há nenhum planejamento.

Sânias quer dizer viver momento a momento, sem nenhum comprometimento com o passado. Se eu lhe dou um *mala*,* e se lhe dou novas roupas, isso é somente uma lembrança: para lembrar-lhe de que, agora, você não tem de tomar nenhuma decisão; que agora você não é mais o velho. Quando essa consciência se tornar tão profunda que você não precise mais se lembrar, então, tire a túnica, tire o *mala*. Mas não até que a consciência se torne tão profunda que, até no sono, você saiba que é um *saniássin*. Assim, um novo nome, uma nova túnica, um *mala* – esses são apenas artifícios para ajudá-lo na direção de ser totalmente, para ajudá-los na direção da ação total.

Sânias quer dizer que você chegou a perceber que você é uma semente, uma potencialidade. Agora, você tomou a decisão de crescer; e esta é a última decisão. Decidir crescer é uma grande renúncia – renúncia da segurança da semente, renúncia da "inteireza" da semente. Mas essa segurança tem um preço muito alto. A semente está morta: ela é só uma forma potencial de vida. A menos que ela se torne uma árvore, a menos que cresça, ela está morta – só uma forma potencial de vida. E, tanto quanto eu sei, os seres humanos, a menos que decidam crescer, a menos que dêem um salto no desconhecido, são como sementes: mortos, fechados.

Ser um *saniássin* é tomar a decisão de crescer, tomar a decisão de se mover na direção do desconhecido, tomar a decisão de viver na indecisão. É um salto no desconhecido. Não é uma religião e não está limitado a nenhuma religião – é a própria religiosidade.

---

* *Mala* – s.m. Palavra hindi que identifica um colar de 108 contas, significando os 108 métodos de meditação. Nesta iniciação, o *mala* tem um medalhão com o retrato de Osho. Atualmente, não mais faz parte do *sânias*. (N.T.)

À primeira vista, o sânias *parece ser algo que limita as atividades das pessoas. Por que a pessoa tem de usar só roupas vermelhas? Por que a pessoa tem de mudar sua aparência, já que o* sânias *é algo interior, e não exterior?*

O *sânias* não é negativo. A própria palavra denota negatividade, mas não se trata de pura negatividade. Ele significa deixar alguma coisa, mas só se está deixando alguma coisa porque se ganhou outra coisa. Alguma coisa tem de ser deixada. Não quer dizer que deixar alguma coisa seja propriamente significativo, mas isso cria um espaço para alguma coisa nova entrar. A negatividade está apenas criando um espaço – e, se você se dispôs a crescer, você precisa de espaço.

Do jeito que estamos, não temos espaço interior; vivemos muito cheios de coisas e pensamentos desnecessários. O *sânias*, no seu aspecto negativo, significa apenas criar espaço – jogar de lado o trivial, o inútil, o insignificante; assim, você pode crescer interiormente.

Crescimento é queda, mas crescimento também é positivo. E eu digo enfaticamente que o *sânias* é positivo. A negatividade é apenas a clareira: ela está limpando o terreno para o crescimento entrar. A negatividade é somente algo externo, algo do lado de fora, e o crescimento é interior. A positividade está no centro, e a negatividade está na periferia.

E, na verdade, não há nada que seja simplesmente negatividade ou simplesmente positividade. Isso é impossível, porque essas são duas polaridades. A existência está no meio: essas são as duas margens entre as quais flui a existência. Nenhum rio pode existir sem uma das margens, e tampouco a existência pode. Quando a ênfase é dada somente a um dos lados – ou a uma das margens ou a um dos pólos –, ela se torna falaciosa. Mas, quando você aceita o total, então, não há nenhuma ênfase sobre nada. Você simplesmente aceita as duas polaridades, e então cresce interiormente; e usa ambas como a dialética dentro da qual você se move.

O *sânias* é entendido como sendo negativo. Sua conotação se tornou negativa, porque você tem de começar com o negativo, você tem de começar a partir da periferia. Isso deve ser compreendido, porque o *sânias* é interior: algo tem de crescer interiormente; assim, por que você deve começar do lado de fora? Quando você tem de crescer interiormente, por que começar do lado de fora?

Mas você não pode começar a partir de dentro, porque, do jeito que você está, está na periferia, do lado de fora. Você tem de começar a partir do ponto onde está: não pode começar de onde você não está.

Por exemplo: a saúde é algo interior; ela cresce. Mas há enfermidades e doenças; assim, nós temos de começar com a sua enfermidade, não com a sua saúde; nós temos de negativar a enfermidade. Ao negativar a enfermidade, estamos somente criando espaço para a saúde crescer interiormente, mas o começo é negativo.

A ciência médica não tem nenhuma definição de saúde. Eles não podem tê-la; tudo o que podem ter é uma definição do que é a enfermidade e uma ciência de como negativá-la. A saúde permanece indefinível, e a enfermidade é negativamente definida, porque você tem de começar com a enfermidade: não se pode começar com a saúde. Quando há saúde, você não precisa começar nada, absolutamente.

Assim, se você tem um espaço interior, não precisa de *sânias*. O *sânias* é para negativar o *samsara*, o mundo – a enfermidade. Quando eu digo *samsara*, eu não quero dizer que o mundo é enfermidade; não: eu quero dizer que o mundo que você criou ao seu redor é a enfermidade. Todo mundo está vivendo num mundo de sua própria criação.

Eu não nego o mundo que existe exteriormente. Ele não pode ser negado; ele existe. Mas você tem um mundo de fantasia, um mundo de sonho ao seu redor, e esse mundo de sonho se tornou você. A periferia se tornou o seu centro, e você se esqueceu totalmente do centro real. Assim, quando a pessoa começa, tem de negar esse mundo de sonhos, já que essa negação é o começo. Isso se torna negativo, e o *sânias* então aparenta ser negativo. Nós lhe damos uma conotação negativa, porque ele significa negar esse mundo de sonhos. Assim, o *sânias* é realmente um remédio: ele é apenas um remédio para negativar a enfermidade. Quando a enfermidade está negativada, surge a possibilidade de crescimento interior. Assim, o *sânias* serve apenas para criar uma situação.

Você deve compreender claramente que, quando eu digo "negar o mundo", não quero dizer o mundo que existe, mas o mundo que cada indivíduo cria ao redor de si. Devido a esse mundo de sonhos, nós não podemos conhecer o mundo que realmente existe: esse sonho constante é uma barreira. Ele se torna uma dupla barreira: você não pode ir para dentro – há algo de existencial aí; você não pode sair – há algo de existencial aí também. Você fica travado na sua mente sonhadora e não pode agir em nenhum dos caminhos.

Um milagre acontece quando essa barreira sonhadora é aniquilada. Não há mais nenhuma enfermidade. Você começa a existir nos dois mundos simultaneamente, somente agora, eles já não são mais dois, porque era a barreira que os dividia. Você se torna existencial interior e exteriormente. Eis por que escolho uma abordagem negativa.

Como isso – a tomada do *sânias* – afeta o seu comportamento? Há duas possibilidades: uma é mudar o seu comportamento conscientemente; e a outra é mudar a sua consciência conscientemente. O comportamento não é nada mais que a consciência expressa, mas, se você começa com o comportamento, pode continuar com a velha consciência. Você pode ajustar qualquer novo comportamento à velha consciência, e então o comportamento muda externamente, mas nada muda realmente.

Por exemplo: sua consciência pode continuar a ser violenta, mas você pode ser não-violento no comportamento. Você pode ser não-violento no seu comportamento, mas sua consciência continua a ser a mesma que era quando seu comportamento era violento. Agora, você começa a suprimir sua consciência. Você tem de suprimi-la, porque precisa apresentar um comportamento que não está na consciência. A consciência tem de ser suprimida, e quando você suprime a consciência cria o inconsciente em si mesmo.

Quando você começa a se comportar de modos que a sua consciência não está pronta para assimilar, na verdade está negando parte de sua consciência, pondo-a de lado. Essa parte se torna o seu inconsciente, e ela fica mais poderosa do que a sua consciência, porque você tem de continuar negando o próprio comportamento. Você se torna falso: uma falsa personalidade é criada. Essa falsa personalidade existe somente até o ponto em que o inconsciente existe. Assim, se você tenta mudar seu comportamento diretamente, ficará cada vez menos consciente e cada vez mais inconsciente.

Uma pessoa que se tornou completamente orientada pelo comportamento, será simplesmente automática. Somente a consciência muito pequena que é necessária para trabalhar automaticamente existirá – de resto, toda a mente se tornará inconsciente. E essa mente inconsciente é a enfermidade da sua consciência.

Você pode começar por mudar seu comportamento como, mais ou menos, as pessoas "éticas" fazem comumente. As supostas religiões começam com a mudança do comportamento. Mas eu não começo com a mudança do seu comportamento: eu começo com a mudança da sua consciência, porque, na verdade, a consciência *é* o comportamento. Esse é o comportamento. Esse comportamento externo é insignificante. Assim, comece com a mudança da sua consciência.

Eis por que a minha ênfase é na meditação e não no comportamento. A meditação muda a sua consciência. Primeiramente, ela destrói a barreira entre o seu consciente e o seu inconsciente. Você fica mais fluido, começa a se mover de um modo menos fixo: você se torna um com a sua consciência. Assim, a meditação, primeiramente, tem de destruir a barreira interior; e a destruição da barreira significa a expansão da sua consciência.

Você deve se tornar mais consciente. Assim, a primeira coisa é ser mais consciente seja no que for que você esteja fazendo. Eu não estou interessado no conteúdo do seu fazer, mas na consciência do seu fazer. Seja mais consciente no fazer.

Por exemplo: se você é violento, as supostas pessoas moralistas e religiosas dirão: "seja não violento, cultive a não-violência." Eu não direi isso. Eu direi: "Seja violento, mas, agora, conscientemente violento. Não mude o seu comportamento." Fique consciente da sua violência e você descobrirá que você não pode ser violento conscientemente, porque quanto mais você se torna consciente, menor é a possibilidade de ser violento.

A violência tem um processo embutido: ela existe somente quando você não está consciente. A própria consciência muda tudo: você não pode ser violento se estiver consciente disso. A inconsciência é um imperativo para a violência existir, ou para a raiva ou para o sexo, ou para qualquer coisa que a pessoa queira mudar no seu comportamento.

Quanto maior o mecanismo embutido, mais você está inconsciente do que está fazendo, e há mais possibilidade de você fazer coisas que são más. Quando eu digo "uma coisa má", não me refiro ao conteúdo dela. Eu digo que uma coisa é má quando ela cria inconsciência desnecessariamente – essa é a minha definição. Eu não digo que a violência é má porque você matará alguém. Eu digo que a violência é má porque você não pode ser violento sem inconsciência. Essa inconsciência é o mal, porque essa inconsciência é o cenário, a base de toda a ignorância, de todos os sonhos, de todas as ilusões, de todo o absurdo que podemos criar. O mal não é nada mais do que uma mente inconsciente.

Assim, para alguém que é um *saniássin* – para alguém que tomou o *sânias* –, eu enfatizo que, no que quer que esteja fazendo, não mude seu comportamento, mude a sua consciência. O que quer que você fizer, faça conscientemente. Fique com raiva – a raiva não é nenhum motivo para se preocupar – mas fique com raiva conscientemente. Essa consciência se torna transformação, e todo o seu comportamento é mudado: você não pode permanecer o mesmo. E agora, essa mudança não é apenas uma mudança do seu comportamento: é uma mudança do seu ser, e não só do seu fazer.

Você não tem de criar uma falsa personalidade, uma máscara. Você pode ficar completamente à vontade consigo mesmo. Mas esse "ficar à vontade consigo mesmo" pode vir só quando você se tornar totalmente consciente.

A tensão existe porque você está vivendo com máscaras: você é violento e tem de ser não-violento; você tem raiva e não pode ter raiva; você é sexual e tem de ser não-sexual. Isso cria tensões, isso cria ansiedades. Esta é a angústia, toda a angústia: você deve ser algo que você não é; assim, você está fadado a estar em profunda ansiedade constantemente. Esse "ser algo que você não é" está murchando e dissipando toda a sua energia de vida nas tensões, nos conflitos. Realmente, o conflito nunca está com outra pessoa: ele está sempre com você mesmo.

Assim, eu enfatizo o "ficar à vontade consigo mesmo". E você só pode ficar à vontade consigo mesmo quando seu comportamento for consciente. Assim, seja consciente; medite e seja consciente no seu comportamento. Então, as coisas começarão a mudar com você sabendo disso. Você será diferente, por causa da sua consciência diferente.

Você pergunta por que eu enfatizo a mudança de roupa, a mudança de nome – essas coisas externas. Elas são muito externas, as coisas mais externas.

Do jeito que eu sei que o homem é, como ele existe, ele *é suas roupas*. Do jeito que o homem está, as roupas são muito significativas. Você dá um uniforme militar a uma pessoa, e até o rosto dela muda, sua própria atitude – alguma coisa diferente surge nela. Olhe para um policial quando ele está em roupas civis e quando ele está de uniforme: ele não é o mesmo homem absolutamente. Por quê? Coisas exteriores criam uma mudança interior, porque você não é nada mais que o lado exterior. Não existe essa coisa de "lado interior" neste momento.

Gurdjieff dizia uma coisa muito significativa: que, do jeito que você está agora, você não tem nenhuma alma. Ele estava certo e errado, as duas coisas. Você tem uma alma, mas não sabe nada sobre ela. Você está do lado de fora, e, assim, as roupas são muito significativas. Devido às roupas, uma pessoa se torna bela ou, devido às roupas, ela fica feia. Devido às roupas, a pessoa se torna respeitada; devido às roupas, ela não é respeitada. Um juiz tem de vestir certas roupas – a Suprema Corte tem de usar uma determinada túnica – e ninguém pergunta por quê. Com aquela túnica, ela é uma Suprema Corte de justiça; sem aquela túnica, não é nada.

É assim que o homem está. Quando eu olho para um homem, ele é mais suas roupas do que sua mente. E é assim que deve ser, porque ele pertence ao corpo, nós somos identificados com o corpo. Essa identificação com o corpo se torna uma identificação com as roupas.

Se eu peço a um homem que vista um vestido de mulher e ande pela rua, você acha que isso vai ser apenas uma mudança de roupa? Não é! Primeiramente, ele não estará pronto para fazer isso. Nenhum homem está pronto para fazer isso. Por que esse despreparo, por que essa resistência? Trata-se apenas de uma mudança de roupa, e a roupa não é nem macho nem fêmea. Como a roupa poderia ser macho ou fêmea? Mas, na verdade, a roupa não é simplesmente uma roupa: psicologicamente, as pessoas se identificaram ou com a roupa macho ou com a roupa fêmea. Que tipo de mente vocês têm, que até as roupas têm gênero?

Se você anda com roupa feminina, se sentirá feminino. Seus gestos serão diferentes, seu andar será diferente, seus olhos serão diferentes: sua própria consciência do que está acontecendo na rua será diferente. Você ficará consciente de coisas que nunca tinha visto antes, muito embora possa ter andado na mesma rua por toda a sua vida. Como tudo sobre você será diferente, os outros lhe parecerão diferentes – e você reagirá diferentemente aos seus olhares. Você não será a mesma pessoa.

Quando eu digo que as roupas são o nosso lado externo, elas apenas parecem estar do lado de fora: mas elas entraram profundamente em nós. Assim, eu enfatizo uma mudança de roupa. A disposição para mudar de roupa é a disposição para jogar fora a velha mente, que estava associada com a roupa. A disposição para fazer essa mudança é a disposição para mudar a sua identidade.

Quando alguém resiste à mudança nas roupas, eu sei por que ele está resistindo. Ele pergunta: "Por que você dá ênfase às roupas?" Mas eu não estou dando ênfase a elas – ele é que as está enfatizando. Ele continua perguntando: "Por que você tem de enfatizar as roupas? Elas são só o lado de fora. Qual é a diferença se eu continuo vestindo minhas velhas roupas?" Eu não estou dando ênfase às roupas, absolutamente – é *ele* ou *ela*, que está dando ênfase a elas. E a pessoa não está nem mesmo consciente de que está resistindo. Então, eu lhe pergunto: "Por que você está resistindo?" Se alguém vem até mim e não é resistente absolutamente, eu posso até nem lhe pedir para mudar suas roupas. Se eu lhe peço que mude as roupas e a pessoa diz "tudo bem", então eu posso não lhe pedir para mudar suas roupas, porque ela não está identificada com as roupas realmente.

Assim, eu posso dizer-lhe para mudar suas roupas: para usar determinado tipo de túnica, determinada cor. No momento em que você muda suas roupas, *você* muda; às vezes, você é esta cor, às vezes aquela outra cor. Se eu apenas lhe peço para mudar seu tipo de roupa sem especificar determinada cor, isso pode não ser uma mudança absolutamente, porque você tem mudado seu tipo de roupa muito freqüentemente. A mudança pode acontecer somente com uma túnica imutável: então, há realmente uma mudança. Se eu lhe dou uma túnica imutável, então, a mudança dentro de você pode acontecer.

Por que nós mudamos as roupas realmente? É uma coisa profunda, não apenas exterior. Por que ficamos entediados com um estilo, uma cor, um tipo de roupa? Por que ficamos entediados? A mente está sempre pedindo algo novo, algo diferente. Nós perguntamos como parar nossa mente da corrida contínua e, ainda assim, continuamos sempre alimentando-a com o novo. Nós perguntamos como parar nossa mente constante, instável – como trazê-la para a imobilidade, como ficar silenciosos –, mas continuamos a alimentá-la de modos sutis. Nós vamos mudando as roupas, vamos mudando as coisas – vamos mudando tudo. Ficamos entediados com tudo que permanece constante, mas quanto mais a mente alimenta as mudanças, mais ela própria é alimentada.

Com uma roupa que não muda, pela primeira vez sua mente tem de lutar diariamente, a cada momento, com a identidade que quer mudar. E, se você fica à vontade com a roupa que não muda, logo, logo ficará à vontade com um mundo que não muda. Isso é só o começo. Quanto mais você fica à vontade com algo imutável, mais a mente será capaz de parar.

Assim, a ênfase é para você ficar cada vez mais à vontade como o imutável: somente então você pode ir ao eterno. Com a mente que está pedindo por constante mudança, como você pode chegar ao eterno? Você tem de começar com o imutável.

Em algum ponto, com essa imutabilidade das roupas, você ficará consciente das roupas. Quando você usa a mesma túnica e a mesma cor, você logo, logo ficará consciente da vestimenta. Andando nas ruas, você ficará consciente das lojas de roupas; sua consciência dessas coisas simplesmente cairá, porque é a mente que as nota. E se sua mente está novamente olhando para as roupas e para as lojas, fique consciente disso. O que sua mente está pedindo?

Nós sentimos essa constante mudança das roupas por elas serem algo belo, mas numa túnica imutável você pode atingir a graça que nunca poderia ser atingida com uma túnica sempre diferente. Com uma túnica sempre diferente, você está escondendo a feiúra, nada mais, mas com uma túnica imutável, tudo sobre você, como você é, é revelado.

Quando você muda suas roupas, os outros ficam conscientes das suas roupas. Eis por que todos sempre perguntam sobre suas novas roupas. Mas quando você usa constantemente a mesma túnica, ninguém pergunta sobre suas roupas – a pergunta desaparece. Então, a pessoa olha para você, e não para as suas roupas.

Isso é algo que toda mulher sabe. Se ela veste enfeites e belas roupas, você fica consciente dos ornamentos e das roupas e se esquece da mulher. Isso é esconderijo. As roupas não são manifestações, mas esconderijos. E quanto mais precioso o ornamento, mais fundo você pode se esconder, porque os outros ficam mais atentos ao ornamento.

Com um diamante no meu dedo, meu dedo é escondido. O diamante tem tanto apelo, e o brilho dele de algum modo fica associado com o meu dedo, mas ele não faz parte do meu dedo absolutamente. Um dedo desprovido de ornamentos ou nu é exposto como ele é. Se ele é belo, então é belo; se ele é feio, então é feio.

Uma pessoa que não está escondendo sua feiúra tem uma beleza própria. Uma pessoa que não está escondendo nada tem certa graça, e essa graça vem somente quando se fica totalmente nu. Quando você fica à vontade, surge certa graça, e mesmo um rosto feio fica belo. Mas com o esconderijo, até um belo rosto fica feio.

Para mim, a beleza é ser como você realmente é: ser como você é e ficar totalmente relaxado nisso. Se você é feio, você é feio, fique à vontade com isso; então, uma beleza sutil começará a vir ao seu rosto. Quando se está relaxado e à vontade, um fluxo sutil começa a se manifestar. Isso não está vindo do diamante; agora está vindo do seu próprio ser.

A pessoa que não está à vontade consigo mesma não pode ficar à vontade com mais ninguém. E a pessoa que não se ama, que está se escondendo, não pode ser amada por mais ninguém. Ela está enganando os outros, e os outros a estão enganando. Então, nós nunca nos encontramos realmente: só os rostos estão se encontrando – rostos distantes. Eu vim com um rosto maquiado, e você também veio com um rosto maquiado. Eu estou me escondendo, e você está se escondendo. Dois rostos estão se encontrando nesta sala, mas em nenhum lugar há um encontro, em nenhum lugar está havendo um encontro autêntico e uma comunhão entre esses rostos.

Mas por que você muda seu rosto? Você o muda porque, se você não o fizer, não prestará bastante atenção ao rosto que está mostrando e o verdadeiro rosto poderá ser exposto. Eis por que uma namorada fica completamente diferente quando se torna sua esposa. Ela não é a mesma agora, porque ela não pode usar um novo rosto. Ela está tanto com você, que o real fatalmente se mostrará. De manhã, ela será simplesmente como ela é – e agora, então, ela é feia. Na praia, você simplesmente ficou fascinado, mas de manhã, na cama, depois da noite toda, ela será apenas como ela é. E uma vez que você tenha conhecido sua esposa de manhã, quando ela está simplesmente saindo da cama, você terá conhecido seu rosto feio. Mas seu rosto não é feio porque *ela* é feia: ele é feio porque agora nada está escondido. Você vê tudo, ela vê tudo.

Assim, quando eu digo que um *saniássin* deve permanecer com uma mesma túnica, isso quer dizer ficar livre da mudança de roupa e da mudança de identidade: para permanecer como você é e ser expressivo como você é – para simplesmente aceitar-se. No momento em que você se aceita, os outros começarão a aceitá-lo – mas isso é irrelevante. Quer as pessoas o aceitem ou não, é irrelevante. Se você pensa sobre as pessoas o aceitando, então criará outro rosto falso. Não há nada no que pensar: simplesmente acontece.

Assim, eu mudo o nome, eu mudo as roupas, só para ajudar uma pessoa que está vivendo na periferia.

CAPÍTULO 10

DESEJO TOTAL: O CAMINHO PARA A AUSÊNCIA DE DESEJO

A morte é mais importante do que a vida. A vida é apenas o trivial, apenas o superficial; a morte é mais profunda. Pela morte, você cresce para a vida real; pela vida, você apenas alcança a morte e nada mais.

Seja o que for que queiramos dizer com "vida", ela é simplesmente uma jornada em direção à morte. Se você consegue compreender que a sua vida toda é apenas uma jornada para a morte e nada mais, fica menos envolvido com a vida e mais envolvido com a morte. E, quando alguém fica mais envolvido com a morte, pode então mergulhar nas verdadeiras profundezas da vida; do contrário, permanecerá apenas na superfície.

Mas nós não estamos, absolutamente, envolvidos com a morte: fugimos dos fatos, estamos continuamente fugindo dos fatos. A morte existe, e a cada momento estamos morrendo. A morte não é algo muito distante. Está aqui e agora: nós estamos morrendo. Mas, enquanto estamos morrendo, continuamos nos inquietando com a vida. Essa inquietação com a vida, essa inquietação excessiva com a vida, é apenas uma fuga, apenas um medo. A morte está aí, lá no fundo – crescendo.

Mude a ênfase, inverta o seu foco de atenção. Se você ficar envolvido com a morte, sua vida lhe será revelada pela primeira vez, porque, no momento em que você fica à vontade com a morte, ganha uma vida que não pode morrer. No momento em que você conhece a morte, você sabe que a vida é eterna.

A morte é a porta da vida superficial, da suposta vida, a trivial. *Existe* uma porta. Se você passar através dessa porta, alcançará uma outra vida – mais profunda, eterna, sem morte, imortal. Assim, da suposta vida – que não é nada mais do que morrer –, a pessoa tem de passar pela porta da morte; somente então poderá alcançar uma vida que é realmente existencial e ativa – sem morte.

Mas a pessoa deve passar por essa porta muito conscientemente. Já morremos tantas vezes, mas sempre que alguém morre, essa pessoa fica inconsciente: você tem tanto medo da morte que no momento em que a morte vem, você fica inconsciente. Você passa pela porta num estado inconsciente da mente. Então, você nasce novamente, e começa todo o absurdo outra vez, e de novo você fica não envolvido com a morte.

A pessoa que está envolvida com a morte mais do que com a vida começa a passar pela porta conscientemente. É isso que significa meditação: passar pela porta da morte conscientemente. Morrer conscientemente *é* meditação. Mas você não pode esperar pela morte; não é preciso, porque a morte está sempre aí: é uma porta que existe dentro de você. Não se trata de alguma coisa que vá acontecer no futuro, não se trata de algo externo a você, que você tem de alcançar. Ela está dentro de você – uma porta.

No momento em que você aceita o fato da morte e começa a senti-la, a vivê-la, a ficar consciente dela, você começa a passar através da porta interior. A porta se abre e, através da porta da morte, você começa a ter vislumbres de uma vida eterna. Somente por meio da morte, a pessoa tem vislumbres da vida eterna: não há outra maneira. Assim, na verdade, tudo o que é conhecido como meditação é apenas uma morte voluntária, apenas um aprofundamento interior, um afogamento interior, um mergulho interior: é simplesmente um afastar-se da superfície em direção às profundezas.

É claro, as profundezas são escuras. No momento em que você deixar a superfície, se sentirá como se estivesse morrendo, porque você se identificou com a superfície da vida. Não é que as ondas da superfície sejam apenas ondas da superfície: você se identificou com elas, você *é* a superfície. Assim, quando você deixa a superfície, não se trata somente de estar deixando a superfície; você está deixando a si mesmo, sua identidade – o passado, a mente, a memória. Tudo o que você era, você tem de deixar: eis por que a meditação parece ser uma morte. Você está morrendo, e só se você estiver pronto para morrer esta morte voluntária – ir fundo além de si mesmo, deixar o eu e transcender a superfície – você chegará decerto à realidade, que é eterna.

Assim, para aquele que está pronto para morrer, essa própria disposição se torna a transcendência; essa própria disposição é a religiosidade. Quando dizemos que alguém é mundano, isso quer dizer que essa pessoa está mais envolvida com a vida do que com a morte; ou melhor, que ela está totalmente envolvida com a vida e não está, de forma nenhuma, envolvida com a morte; e quando a morte vier, essa pessoa estará inconsciente.

Uma pessoa religiosa é aquela que está morrendo a cada momento. A morte não está no fim: ela é o verdadeiro processo da vida. Um homem religioso é aquele que está mais envolvido com a morte do que com a vida, porque ele sente que, seja o que for que conheçamos como vida, vai ser levado embora. Já está sendo levado embora; a cada momento, você o está perdendo. A vida é exatamente como a areia numa ampulheta: a cada momento a areia vai se esvaindo e você não pode fazer nada quanto a isso. O processo é natural; nada pode ser feito, é irreversível.

O tempo é algo que não pode ser retido, não pode ser impedido, não pode ser revertido. Ele é unidimensional: não há retorno. E, definitivamente, o verdadeiro processo do tempo *é* a morte, porque você está perdendo tempo, você está morrendo. Um dia, toda a areia terá se esvaído e você estará vazio – apenas um eu vazio sem mais nenhum tempo disponível. Então, você morre.

Envolver-se mais com a morte – e com o tempo. Ela está exatamente aqui e agora, bem ali no canto – presente a todo momento. Uma vez que você comece a procurar por ela, você ficará consciente dela. Ela está aqui. Você só estava deixando passar esse fato; na verdade, nem mesmo deixando passar o fato, mas fugindo dele.

Assim, entre na morte, salte para dentro dela. Esta é a dureza da meditação, esta é a austeridade dela: a pessoa tem de saltar para dentro da morte.

Continuar amando a vida é uma profunda obsessão, e estar pronto para morrer de algum modo parece não natural. É claro, a morte é uma das coisas mais naturais, mas não parece natural estar pronto para morrer.

É assim que funciona o paradoxo, a dialética da existência: se você está preparado para morrer, esse próprio preparo o torna imortal; mas se você não está preparado para morrer, esse próprio despreparo, esse excessivo apego à vida e desejo de viver, faz de você um fenômeno mortal.

Quando assumimos qualquer atitude, sempre obtemos o oposto. Essa é a dialética profunda da existência. O esperado nunca vem; o ansiado nunca é alcançado; o desejo nunca é realizado. Quanto mais você deseja, mais você perde. Seja qual for a dimensão, não faz nenhuma diferença; a lei permanece a mesma. Se você pede qualquer coisa demasiadamente, pelo próprio fato de pedir você a perde.

Se alguém pede amor, não o conseguirá, porque o próprio pedir o torna menos amável, feio: o próprio fato de pedir se torna a barreira. Ninguém pode amá-lo se você está pedindo amor. Ninguém pode amá-lo. Você só pode ser amado quando não existe nenhuma súplica: o próprio fato de não suplicar o torna belo, relaxado.

É exatamente como quando você fecha o punho e perde o ar que estava no punho aberto. Num punho aberto há bastante ar, mas no momento em que você fecha o punho, no simples ato de fechar você está perdendo o ar. Você pode pensar que, quando fechou o punho capturou o ar, mas no momento em que você tenta capturá-lo, você o perde. Com o punho aberto, fica muito ar ali, e você é o mestre. Com o punho fechado, você é o perdedor: você perde tudo; você não tem, absolutamente, nenhum ar na sua mão.

E quanto mais fechado o punho, menor é a possibilidade de algum ar estar ali. Mas é assim que a mente funciona, esse é o absurdo da mente: se você sente que o ar não está ali, você fecha seu punho até mais. A lógica diz: "Feche mais; você perdeu todo o ar. E o perdeu porque não fechou bem o punho. Você não fechou realmente o punho como deveria: de algum modo você errou. Você fechou o punho de forma errada: eis por que o ar escapou. Assim, feche mais, feche mais!" – e no próprio ato de fechar você perde o ar. É assim que acontece.

Se eu amo alguém, eu me torno possessivo, eu começo a fechar. Quanto mais eu fecho, mais o amor é perdido. A mente diz: "Dê um jeito de fechar mais!" E ela faz mais arranjos, mas em algum lugar haverá um vazamento. Eis por que o amor é perdido. Quanto mais eu fecho, mais eu perco. Somente de mãos abertas o amor pode ser possuído; só com mãos abertas, só com uma mente não fechada o amor pode se tornar um florescimento. E assim acontece com tudo.

Se você ama demais a vida, você fica fechado: fica como uma pessoa morta, mesmo enquanto ainda está vivo. Assim, uma pessoa que está cheia de ânsia pela vida é uma pessoa morta – já está morta, simplesmente um cadáver. Quanto mais ela sente ser apenas um cadáver, mais anseia estar viva – mas ela não conhece a dialética. O próprio anseio é venenoso. Uma pessoa que, absolutamente, não tem ânsia de viver – uma pessoa como Buda, sem nenhuma ânsia de viver – vive ardentemente. Ela floresce em vida, perfeitamente, totalmente.

No dia em que Buda morreu, alguém lhe disse: "Agora você está morrendo. Nós sentiremos muito a sua falta, por eras e eras, por vidas e vidas."

Buda disse: "Mas eu morri há tanto tempo! Por quarenta anos não tive consciência de estar vivo. No dia em que eu alcancei o conhecimento, a iluminação, eu morri."

Mas ele estava *tão* vivo! E ele ficou realmente vivo somente depois que "morreu". No dia em que alcançou a iluminação interior, ele morreu exteriormente, mas, então, tornou-se muito vivo. Estava tão relaxado e tão espontâneo. Não tinha medo – nenhum medo da morte.

O medo da morte é o único medo. Ele pode tomar qualquer forma, mas esse é o medo básico. Uma vez que você esteja pronto, uma vez que você tenha morrido, não há mais nenhum medo. E somente numa existência destemida a vida pode chegar ao seu total florescimento.

Mesmo então, a morte vem; Buda morre. Mas a morte acontece somente a nós, não a ele, porque aquele que atravessou a porta da morte tem uma continuidade eterna, uma continuidade atemporal.

Assim, não fique envolvido com a vida, nem mesmo com a sua própria vida. E, se você não está envolvido com a vida, então não pode desejar nem mesmo a morte, porque desejo *é* vida. Se você fica interessado nela, e desejoso dela – da morte –, está novamente desejando a vida, porque não pode realmente desejar a morte. Desejar a morte é uma impossibilidade. Como você pode desejar a morte? Desejo em si quer dizer vida.

Assim, quando eu digo "não se envolva demais com a vida", eu não quero dizer "fique envolvido com a morte". Quando eu digo "não se envolva demais com a vida", então, você fica consciente de um fato... que é a morte. Mas você não pode desejá-la; não se trata de um desejo realmente.

Quando falo sobre um punho aberto, é bom que se compreenda: você tem de fechar o punho, mas você não tem de abri-lo. Abrir não é um esforço absolutamente: basta não fechá-lo, e ele está aberto. Abrir não é um esforço: não é algo positivo que tem de ser feito. Na verdade, se você estiver fazendo algum esforço para abrir o seu punho, isso será simplesmente um fechamento ao contrário. Pode parecer uma abertura, mas é simplesmente o reverso do fechamento.

A verdadeira abertura significa apenas "nenhum fechamento" – simplesmente nenhum fechamento. Trata-se de um fenômeno negativo. Se você não estiver fechando seu punho, então o punho está aberto. Agora, mesmo que ele esteja fechado, ele está aberto. O fechamento interior desapareceu; assim, mesmo que ele esteja fechado agora – semifechado ou o que quer que seja –, ele está aberto, porque o fechamento interior não existe mais.

Do mesmo modo, uma vida que não seja desejosa não está desejando o oposto. Não desejar não é o oposto de desejar. Se for o oposto, então você começou a desejar novamente. Não desejar é, antes, simplesmente a ausência de desejo.

Você deve *sentir* a distinção. Quando dizemos "não desejar" em palavras, isso se torna o oposto. Mas não desejar não é o oposto de desejar, é simplesmente a ausência de desejo, não o oposto. Se você o toma como o oposto, começa a desejar novamente – está desejando não desejar – e, quando isso acontece, você está de volta no mesmo círculo.

Mas é isso que acontece. Uma pessoa que ficou frustrada na vida começa a desejar a morte. Isso novamente se torna um desejo. Essa pessoa não está desejando a morte; está desejando alguma outra coisa que não a sua vida. Assim, mesmo uma pessoa que esteja cheia de ânsia pela vida, pode cometer suicídio, mas esse suicídio não é o não desejar: é, na verdade, desejar outra coisa. Este é um ponto muito interessante, um dos pontos definitivos de toda a busca. Se você se volta para a coisa oposta, então está na roda outra vez, em um círculo vicioso. E nunca sairá dele. Mas isso acontece.

Uma pessoa renuncia à vida, vai para a floresta, ou sai em busca do divino, ou em busca da libertação ou seja lá do que for. E novamente o desejo está presente. Essa pessoa apenas mudou o objeto do desejo, não o desejo em si. O objeto agora não é a riqueza; virou Deus. O objeto não é deste mundo; virou do outro mundo. Mas o objeto permanece: o desejar é o mesmo; a sede é a mesma – e a tensão e a angústia serão as mesmas. O processo todo simplesmente será repetido com um novo objeto. Você pode continuar mudando os objetos do seu desejo durante vidas e vidas, mas você permanecerá o mesmo, porque o desejar será o mesmo.

Assim, quando eu digo "não desejar", eu quero dizer "a ausência de desejo": não me refiro à futilidade do objeto, mas à futilidade do desejo em si. Não se trata da percepção de que este mundo é um absurdo, porque, então, você desejará outro mundo. Não é que esta vida seja inútil e por isso agora você deva desejar a morte, a aniquilação, a cessação, o *nirvana*. Não! Eu me refiro à futilidade do desejo em si. O próprio desejar desaparece. Nenhum objeto é colocado no lugar, substituindo-o. O desejo apenas se torna ausente. E essa ausência, ela mesma, se torna vida eterna.

Mas isso é um acontecimento: não é por causa do seu desejo. Trata-se de um resultado do não desejar, não se trata de um resultado conseqüencial. Isso acontece... mas você não pode fazer desse acontecimento o seu desejo. Se o fizer, você perderá o ponto.

Quando a mão está aberta, o punho está aberto, todo o ar está ali e você é o senhor daquilo tudo. Mas se você quiser abrir seu punho a fim de se tornar o senhor do ar, não será capaz de abri-lo, porque o próprio esforço, num sentido interior, será um fechamento. Esse domínio do ar não é realmente um resultado do seu esforço, mas, ao contrário, um acontecimento natural quando não há nenhum esforço.

Se eu simplesmente tentar não possuir uma pessoa, de modo que o amor possa florescer, esse "tentar não possuir" se tornará um esforço.

Um esforço somente pode possuir: mesmo na não-posse, ele será uma posse: eu estarei constantemente consciente de que não possuo a pessoa. Em essência, eu estou dizendo: "Me ame mais, porque eu não estou tentando possuir você." Então, fico me perguntando por que o amor não está vindo.

Esteve aqui uma pessoa. Ela vinha fazendo todos os esforços com relação à meditação há pelo menos dez anos, mas não estava chegando a lugar nenhum. Eu lhe disse: "Você já fez esforço suficiente – sinceramente, seriamente. Agora, não faça mais nenhum esforço. Sente-se, sem nenhum esforço."

Então ela me perguntou: "Eu posso alcançar a meditação com esse método, com 'nenhum esforço'?"

Eu lhe disse: "Se você ainda estiver pedindo resultados, então um esforço muito sutil estará continuamente presente. Você não estará apenas sentado: não poderá simplesmente estar sentado, se existir desejo. O desejo será um movimento sutil em você, e esse movimento continuará. Você poderá estar sentado como uma pedra ou como um buda, mas ainda assim, interiormente, a pedra estará se movendo. Desejo é movimento."

Você não pode permanecer simplesmente sentado se houver um desejo. Pode parecer que você está, todos podem dizer que você está simplesmente sentado. Você só pode "simplesmente sentar-se" quando o desejo está ausente. "Simplesmente sentar-se" não é um novo desejo, é apenas uma ausência. Todo o desejo tornou-se uma futilidade.

Você não está frustrado com a vida devido aos objetos. Os religiosos vivem dizendo aos outros que não há nada na mulher, que não há nada no mundo, que não há nada no sexo, que não há nada no poder. Mas esses são todos objetos. Eles ainda estão dizendo que não há nada nesses objetos. Eles não estão dizendo que na própria ação de desejar não há nada.

Você pode mudar os objetos e você pode criar novos objetos de desejo. Mesmo a vida eterna pode se tornar um objeto; novamente, o círculo se estabelece – o fato do desejar. Você desejou tudo, você já desejou demais.

Se puder sentir esse fato mesmo do desejar – que o desejar é fútil, sem sentido – então você não criará outro objeto para desejar; então, o desejar cessará. Torne-se consciente disso e ele cessará. Então, há uma ausência, e essa ausência é silenciosa, porque não há nenhum desejo.

Com o desejo, você não consegue ser silencioso: o desejo é o verdadeiro ruído. Mesmo que você não tenha nenhum pensamento – se tiver uma mente controlada e puder parar de pensar –, um desejo mais profundo continuará, porque você terá parado de pensar somente para alcançar alguma coisa. Um ruído sutil estará presente. Em algum lugar lá dentro, alguém está olhando e perguntando se a coisa desejada foi alcançada ou não. "Os pensamentos pararam. Onde está a realização divina, onde está Deus, onde está a iluminação?" Mas o desejar em si se tornará fútil se você puder ficar consciente disso.

Todo o truque da mente é você sempre ficar consciente de que algum objeto se tornou fútil. Então, você muda o objeto e, com a mudança, o desejo continua a apoderar-se de sua consciência. Sempre acontece que quando uma casa se torna inútil, outra casa se torna atraente; quando um homem se torna sem atrativos, repulsivo, então, outro homem se torna atraente. E isso continua... E, no momento em que você fica ciente da futilidade do que você está desejando, a mente continua indo para outros objetos.

Quando isso acontece, o intervalo é perdido. Quando alguma coisa se tornar fútil, inútil, sem atrativos, permaneça no intervalo... Fique atento se foi o objeto que se tornou fútil ou se é o desejar em si que se tornou fútil. E se você puder sentir a própria futilidade do desejo, de repente, algo desaparece em você. De repente, você está transformado para um novo nível de consciência. Isso representa um vazio, uma ausência, uma negatividade; não há início de nenhum novo círculo.

Neste momento, você está fora da roda do *samsara*, do mundo. Mas você não pode fazer do estar fora da roda, um objeto de seu desejo. Você sente a distinção? Você não pode fazer da ausência de desejo, um objeto.

O desejo de Buda pela realização não era um desejo?

Sim, era um desejo; Buda tinha o desejo. Quando Buda disse: "Eu não vou sair deste lugar; não vou sair a menos que alcance a iluminação", isso era um desejo. E com esse desejo, estabeleceu-se um círculo vicioso. Até mesmo para Buda, ele se estabeleceu.

Buda não pôde alcançar a iluminação durante um longo tempo, devido a esse desejo. Por causa disso, ele buscou e buscou durante seis anos. Ele fez tudo o que era possível ser feito, que podia ser feito. Ele fez tudo, mas não conseguiu nem mesmo uma polegada de proximidade: ele permanecia o mesmo, até mais frustrado. Tinha deixado o mundo, renunciado a tudo por amor à realização, e nada conseguira. Durante seis anos, continuamente, foi feito todo esforço, mas nada veio disso.

Então, certo dia, nas proximidades de *Bodh Gaya*, ele tomou um banho no Niranjana – o rio que existe lá. Ele estava tão fraco, devido a tanto jejum, que nem podia sair do rio. Ele simplesmente permaneceu ali, ao lado da raiz de uma árvore. Estava tão fraco, que não pôde sair do rio. Um pensamento chegou à sua mente: se ele tinha ficado tão fraco que nem podia atravessar um pequeno rio, então, como poderia atravessar o grande oceano da existência? Assim, naquele determinado dia, até o desejo de alcançar a realização se tornou fútil. Ele disse: "Basta!"

Ele saiu da água e sentou-se debaixo de uma árvore, a árvore *bodhi*. Nessa noite específica, o próprio desejo de alcançar tornou-se fútil. Ele havia desejado o mundo e descobrira que aquilo era apenas um sonho, e não somente um sonho – um pesadelo. Durante seis anos continuamente, ele havia desejado a iluminação, e isso também se mostrara somente um sonho. E não somente um sonho: havia se mostrado um pesadelo ainda mais profundo.

Ele estava completamente frustrado. Não havia mais nada para desejar. Ele tinha conhecido o mundo muito bem – tinha-o conhecido *muito* bem! – e não podia voltar para ele: não havia nada para ele lá. Ele conhecera o esforço das chamadas religiões, de todas as religiões que eram proeminentes na Índia; tinha praticado todas as suas técnicas, e nada tinha resultado daquilo tudo. Não havia nada mais para tentar agora, não restara nenhuma motivação; assim, ele simplesmente deixou-se cair no chão, perto da árvore *bodhi*, e durante a noite toda ficou ali – sem nenhum desejo. Não havia restado nada para desejar: o desejo em si tinha se tornado fútil.

De manhã, quando ele acordou, a última estrela estava se pondo. Ele olhou para a estrela, e pela primeira vez em sua vida seus olhos estavam sem nenhuma névoa, porque ele não tinha nenhum desejo. A última estrela estava se pondo, e, quando a estrela desapareceu, alguma coisa dentro dele murchou com ela: o si-mesmo, porque o si-mesmo não pode existir sem desejar. E ele se iluminou.

Essa iluminação chegou em um momento em que não havia mais nenhum desejo. E isso tinha sido evitado por seis anos de desejo. Realmente, o fenômeno acontece somente quando você está fora do círculo. Assim, até mesmo Buda, devido ao desejo de iluminação, teve de perambular inutilmente durante seis anos. Esse momento de transformação – esse saltar para fora do círculo, para fora da roda da vida – só vem, só acontece quando não há nenhum desejo. Buda disse: "Eu o atingi quando não havia mais nenhuma mente desejosa; eu o descobri quando não havia mais nenhuma busca. Isso aconteceu somente quando não havia mais nenhum esforço."

Isso, novamente, é uma coisa muito difícil de compreender, porque, com a mente, não podemos compreender nada que seja sem esforço. Mente significa esforço. A mente pode atracar-se a qualquer coisa, pode manobrar qualquer coisa que possa ser "feita", mas a mente não pode sequer conceber algo que "acontece" e que não pode ser feito. A faculdade da mente é a de fazer alguma coisa: ela é um instrumento do fazer. A própria faculdade da mente é a de atingir alguma coisa, realizar algum desejo.

Assim como é impossível ouvir com os olhos ou ver com as mãos, é impossível para a mente conceber ou sentir aquilo que acontece quando você não está fazendo nada. A mente não tem nenhuma memória de nada assim. Ela conhece somente as coisas que podem ser feitas e as que não podem ser feitas; ela conhece somente as coisas nas quais ela tem sucesso e aquelas nas quais ela fracassa. Mas não conhece nada que aconteça quando nada é feito. Assim, o que fazer?

Comece com o desejo. Esse desejo não vai conduzi-lo até o ponto do acontecimento, mas esse desejo pode conduzi-lo à futilidade desse desejo. A pessoa tem de começar com o desejo; é impossível começar sem nenhum desejo. Se você pudesse começar sem nenhum desejo, então, o acontecimento ocorreria neste exato momento; então, nenhuma técnica, nenhum método seria necessário. Se você pudesse começar sem nenhum desejo, neste exato momento aconteceria. Mas isso é impossível.

Você não pode começar com o não-desejo. A mente tornará esse não-desejar também um objeto desejado. A mente dirá: "Tudo bem, tentarei não desejar." Ela dirá: "Realmente, parece fascinante. Eu tentarei fazer alguma coisa, de modo que esse 'não desejar' aconteça." Mas a mente está fadada a ter algum desejo. Ela só pode começar com o desejo, mas não pode terminar no desejo.

A pessoa tem de começar com o desejo por algo que não pode ser alcançado pelo desejo. Mas se você estiver ciente desse fato – se você está ciente do fato de que você está desejando alguma coisa que não pode ser desejada –, isso ajuda. Essa consciência do fato ajuda; agora, a qualquer momento, você pode dar o salto. E, quando você der o salto, não haverá nenhum desejar.

Você tem desejado o mundo; agora, deseje o divino. É assim que a pessoa tem de começar. O começo é errado, mas você tem de começar desse jeito, devido a esse processo embutido na mente. Esse é o único caminho para mudá-lo.

Por exemplo: eu lhe digo que você não pode passar através da parede para chegar ao lado de fora; que você tem de passar pela porta. E quando eu digo "pela porta", 'porta' quer dizer somente "o lugar onde não há parede". Assim, quando eu digo que você tem de passar pela "não-parede" para chegar ao lado de fora, é porque você não pode passar através da parede. A parede não pode ser a porta, e, se você tentar sair através da parede, ficará frustrado.

Mas você não conhece nada parecido com uma porta. Você nunca esteve do lado de fora; assim, como você pode reconhecer o que é uma porta? Você sempre esteve nesta sala – a sala da mente, a sala dos desejos. Você esteve sempre nesta sala; assim, você conheceu somente "esta parede", você nunca conheceu a porta. Mesmo que a porta esteja presente, ela lhe parecia uma parte da parede – ela era uma parede para você. A menos que a abra, você não pode saber que aquilo é uma porta.

Assim, eu lhe digo: "Você não pode sair através da parede. Não pode fazer nada com uma parede; ela não o conduzirá para fora. Você precisa de uma porta." Mas você não sabe nada sobre a porta; conhece somente a parede. Até mesmo a porta lhe parece ser parte da parede. Então, o que se pode fazer?

Eu digo: "Tente a partir de algum lugar, mas comece." Você ficará frustrado. Você irá ao redor da sala toda, tentará daqui e dali – em todo lugar. Você ficará frustrado, porque a parede não pode se abrir, mas a porta está em algum lugar, e você pode topar com ela. Esse é o único caminho: comece com a parede, porque esse é o único começo possível. Comece com a parede, e você topará com a porta. É um fato que há uma porta, que a porta não é uma parede, e que você não pode passar através da parede, você tem de passar através da porta. Esse próprio fato tornará a topada mais fácil. Na verdade, sempre que você fica frustrado com a parede, a porta se torna mais uma possibilidade, mais um potencial. Sua busca vai ficando mais profunda por meio disso.

Mente é desejar. A mente não pode fazer nada sem desejo. Você não pode transcender a mente por meio do desejar, porque a mente *é* o desejar. Assim, a mente tem de desejar até mesmo aquilo que é encontrado somente quando não há mais nenhum desejo. Mas comece com a parede. Conheça o desejo, e você topará com a porta. Até Buda teve de começar com um desejo, mas ninguém lhe disse – o fato não era conhecido por ele – que a porta se abre somente quando não há mais nenhum desejo.

Do modo como eu entendo, lutar contra o desejo é a enfermidade. Desistir da luta é a liberdade. Essa é a única morte verdadeira: quando você simplesmente desiste. Se você puder simplesmente deitar-se e morrer sem nenhuma luta para viver, sem nem mesmo uma indicação de luta, essa morte pode se tornar uma realização. Se você simplesmente se deitar e aceitar – sem nenhum movimento interior, sem nenhum desejo, sem nenhuma ajuda a ser procurada, sem nenhum caminho a ser buscado – se você simplesmente se deitar e aceitar, essa aceitação será uma grande coisa.

Não é tão fácil assim. Mesmo que você esteja deitado, a luta ainda está presente. Você pode estar exausto: isso é outra coisa. Isso não é aceitação, isso não é prontidão; em algum lugar na mente, você está ainda lutando. Mas, realmente, deitar-se e morrer sem nenhuma luta faz a morte tornar-se um êxtase. A morte se torna *samadhi*; a morte se torna realização. E, então, você diz: "É claro!"

Você pode não ter o desejo de sair da sala. O desejo de sair pode vir somente de dois modos. O primeiro é que de algum modo você teve um vislumbre de alguma coisa pertencente ao lado de fora, através de um buraco na parede, ou de uma janela – de algum modo você teve um vislumbre; ou, de algum modo, por algum modo misterioso, em algum momento, a porta se abriu e você teve um vislumbre. Isso acontece e continua acontecendo: em algum momento misterioso, a porta se abre apenas por um único instante, como um clarão de luz, e então se fecha novamente. Você provou alguma coisa do lado de fora; agora vem o desejo.

O desejo surge: você está no escuro, e há um súbito clarão de luz. Num momento, num único momento, num momento simultâneo, as coisas ficam claras: a escuridão desaparece. E, então, novamente, surge a escuridão: tudo é perdido, mas agora você não pode mais ser o mesmo. Aquilo se tornou parte de sua experiência.

Em alguns momentos de silêncio, em alguns momentos de amor, em alguns momentos de sofrimento, em alguns momentos de acidentes súbitos, a porta se abre de repente e você tem uma prova. Essas coisas *não podem* ser arranjadas: elas são acidentais. Quando alguém está em profundo amor, uma porta se abre por um momento; essa abertura é realmente um acontecimento. Em profundo amor, de algum modo, seus desejos cessam. O próprio momento é o bastante: não há mais nenhum desejo para o futuro. Se eu amo alguém, então, naquele exato momento de amor, a mente some. Aquele momento é a eternidade. Para mim, agora naquele momento, não há nenhum futuro – eu não estou envolvido com o futuro, absolutamente – e não há nenhum passado. Eu não estou me importando com isso. Todo o processo de pensamento parou naquele momento da existência. Tudo parou e, de repente, nesse momento de não-desejo, uma porta se abre.

Assim, o amor tem muitos vislumbres do divino. Se você já amou realmente, mesmo por um momento, então, você não pode permanecer "neste aposento" por muito tempo. Então, você provou algo que é do além.

Mas, novamente, a mente começa a criar truques. Ela diz: "Aquele momento aconteceu, por causa dessa pessoa que eu amo. Tenho que possuir essa pessoa para sempre, caso contrário, essa coisa não acontecerá novamente." E quanto mais você possui, mais você se torna envolvido com o futuro. Então, aquele momento não voltará. Nem com a mesma pessoa acontecerá de novo, porque, com a expectativa, a mente estará tensa outra vez. O momento acontece quando não há nenhuma expectativa. E, assim, os amantes vão se condenando mutuamente – "Você não está me amando tanto como me amava antes" –, porque o momento não está acontecendo.

Aquele momento, aquele vislumbre, não está nas mãos de ninguém, e o amante não pode fazer nada a esse respeito. Seja o que for que tente fazer, simplesmente será uma destruição da coisa toda. Ele não pode fazer, porque não era um fazer dele, absolutamente: foi apenas um fenômeno espontâneo. Isso aconteceu, e a porta se abriu.

Isso pode acontecer de muitos modos. Uma pessoa que você ama morreu, e a morte acometeu como uma adaga na sua mente. O passado e o futuro se separam: a morte se tornou como uma adaga em você. Todo o passado parou e, em seu profundo sofrimento, não há nenhum futuro; parou tudo. Você pode ter um sabor do divino, do "lado de fora". Mas, então, sua mente começa a criar truques. Ela começa a chorar, ela começa a fazer alguma coisa: ela começa a pensar que "eu estou sofrendo, porque alguém morreu". A mente passa a ficar ligada no outro.

Mas se, no momento da morte, você puder permanecer exatamente no momento, então, às vezes acontece; então, você pode vislumbrar alguma coisa do além. Em algum acidente, pode acontecer. Num acidente de carro, pode acontecer. As coisas param de repente. O tempo pára. Você não pode desejar, porque não há nenhum tempo-espaço para o desejo entrar. Seu carro está caindo numa ribanceira; enquanto ele cai, você não consegue se lembrar do passado, você não consegue desejar o futuro. O momento tornou-se tudo. Nesse momento, acontece.

Assim, há dois modos pelos quais é criado o desejo de ir além. O primeiro é que de algum modo você teve uma prova do além. Mas isso não pode ser planejado: você a tem ou você não a tem. Contudo, uma vez que você tenha tido essa prova, você começa a desejá-la. O desejo pode tornar-se um obstáculo – ele *se torna* um obstáculo –, todavia é assim que as coisas começam: primeiramente, você tem de desejar o não-desejar.

Ou acontece de outro modo. O outro modo é que você não tem nenhuma prova do além – nenhuma! Você não conheceu nada do além, absolutamente, mas "este aposento" se tornou um sofrimento; você não mais o pode tolerar. Você não conhece o além absolutamente, mas, seja o que for que ele possa ser, você está pronto para escolhê-lo, embora ele seja desconhecido, porque "este aposento, este próprio aposento", tornou-se uma miséria, um inferno. Você não sabe o que é o além – se há alguma coisa ou não, se o além existe ou não –, mas você não mais pode permanecer "neste aposento": ele se tornou um sofrimento, um inferno. Então você tenta – então, você começa a desejar o desconhecido, o além. Então, novamente, há desejo: o desejo de escapar "daqui". Mas você tem de começar com um desejo por aquilo que não pode ser desejado, por aquilo que não pode ser atingido pelo desejar.

Lembre-se deste fato continuamente: continue a fazer o que quer que esteja fazendo, constantemente se lembrando de que só por fazer, aquilo não pode ser atingido. E há tantos métodos para ajudá-lo a fazer isso. Um deles é se lembrar de que você não pode obter aquilo; somente Deus pode dá-lo a você. Essa é uma forma simples de fazê-lo ficar consciente de que seus esforços são insignificantes – somente a graça resolverá. Esse é um modo. Ele está dizendo a mesma coisa de um modo mais metafórico, numa linguagem que pode ser compreendida mais facilmente: está dizendo que você não pode fazer nada.

Mas isso não quer dizer que você não deve fazer nada. Você deve fazer tudo – mas lembre-se: não vai acontecer simplesmente pelo seu fazer. Alguma coisa acontece a você, alguma coisa desconhecida; a graça desce sobre você. Seus esforços o farão mais receptivos à graça, isso é tudo; mas não é como um resultado direto dos seus esforços que a graça desce sobre você.

É desse modo que as pessoas religiosas têm tentado expressar esse mesmo fenômeno. Um Buda, ou um tipo de mente parecida com a mente de Buda, expressará isso mais cientificamente. Buda não teria usado a palavra "graça", porque ele teria dito que você ansiaria até pela graça, desejaria a graça. A pessoa pode mesmo desejar a graça, e ir aos templos e se lamentar e chorar e pedir pela graça. Assim, Buda disse: "Não funcionará. Não existe tal coisa, a graça. Quando você está num estado de mente de não-desejar, acontece."

Assim, depende. Depende! Isso pode ser significativo para alguém na medida em que essa pessoa compreenda que a graça não pode ser pedida, não pode ser requerida, não pode ser exigida, não pode ser persuadida – porque, se você puder persuadir, então, não se trata de graça: tornou-se parte de seu esforço. Nada pode ser feito quanto à graça: você tem simplesmente de esperar. Se você pode compreender que a graça vem somente na espera e que você não tem de fazer nada, então, vá fazendo qualquer coisa, tudo, sabendo muito bem que nada irá acontecer pelo seu fazer – acontecerá somente em um momento de não-fazer. Então, o próprio conceito de graça pode ser auxiliar. Mas se você começa a pedir pela graça e reza pela graça, ela não acontecerá, absolutamente. Então, é melhor lembrar-se de que estamos em um círculo vicioso que tem de ser quebrado em algum lugar.

Comece desejando, comece fazendo. Lembre-se constantemente do fato de que aquilo não pode ser feito, e continue fazendo.

Tome um exemplo: você não está sentindo o sono chegando em você. O que fazer? – o sono não está vindo. Realmente, você não pode fazer nada, porque o próprio fazer será uma perturbação. Se você fizer alguma coisa, então, devido ao fazer, o sono não virá. O sono precisa de uma mente que nada esteja fazendo; ele desce sobre você só quando você não está fazendo nada. Mas diga a uma pessoa que está insone para não fazer nada que o sono virá e, então, o próprio estar deitado na cama será uma tensão. "Não fazer nada" se tornará um fazer. Diga-lhe "relaxe e o sono virá", e a pessoa tentará relaxar, mas isso será um esforço e, com esforço, não há nenhum relaxamento. Então, o que fazer?

Eu uso outro método. Eu lhe digo para fazer tudo que possa fazer para trazer o sono. "Faça qualquer coisa que queira fazer: salte, corra, faça tudo o que gostar. Faça tudo que puder." Eu lhe digo: "O sono não virá pelo seu fazer – mas faça!"

O próprio fazer, logo, logo se torna fútil. A pessoa corre, vai solucionando muitos problemas automáticos, resolve quebra-cabeças, repete mantras, vai fazendo... E eu digo: "Faça-o com dedicação." Eu sei muito bem que o acontecimento não virá pelo seu fazer, mas o fazer será exaurido, e a pessoa sentirá que aquilo é tolice. Nesse momento, quando o fazer se torna fútil, de repente, ela dormirá. Esse sono não vem devido ao seu fazer, absolutamente, mas o fazer ajudou de muitos modos: ele ajudou porque fez a pessoa ficar consciente de que aquilo tudo era fútil.

Assim, continue desejando, fazendo alguma coisa pelo além, constantemente se lembrando de que ele não virá pelo seu fazer. Mas não pare esses esforços, porque seus esforços vão ajudar de certo modo. Eles o tornarão tão frustrado com o próprio fato de desejar, que, de repente, você se sentará e ficará simplesmente sentado, sem nada fazer, e então a coisa acontece! E há um salto – a explosão.

Assim, eu faço algo muito contraditório: eu sei que com nenhuma técnica pode ser possível e, ainda assim, continuo criando técnicas. Eu sei que você não pode fazer nada e, ainda assim, eu insisto: "Faça alguma coisa!"

Você me compreende?

CAPÍTULO 11

O QUE É A ALMA?

O que é isso que você chama de atma, *alma? Essa alma é a própria consciência ou é algo individual?*

Realmente, não importa de que a chamemos, nós a perderemos. Qualquer conceituação nos fará perder o real – *qualquer* conceituação. Assim, seja o que for que tenha sido conhecido como o si-mesmo, a alma, o *atma*, não é a coisa real. Não pode ser. Todos aqueles que a definiram, definiram-na com uma condição: de que eles estavam tentando alguma coisa que é absurda. Eles estão dizendo aquilo que não pode ser dito: eles estão fazendo uma teoria sobre aquilo que não pode ser definido.

Houve três atitudes sobre isso.

Primeiramente, houve os místicos, os que sabem, que permaneceram totalmente silenciosos sobre esse assunto. Eles não darão nenhuma definição: eles dizem que definição é fútil. Então, houve outro grupo de místicos – o grupo maior – que disse: "Mesmo um esforço que seja fútil pode ajudar. Às vezes, até a teoria não verdadeira conduz à verdade; às vezes, até os erros podem se tornar acertos; às vezes até um passo errado pode conduzir ao fim correto – ele pode parecer falso no momento, ou no fim ele pode até se mostrar falso, mas, ainda assim, falsos artifícios podem ajudar."

Este segundo grupo sente que, a pessoa permanecendo em silêncio, ainda assim ela está dizendo alguma coisa que não pode ser dita. E esse segundo tipo de místico tem uma particularidade: as definições pertencem a ele.

Então, há um terceiro tipo que não são nem os que silenciaram, nem os que definiram. Eles simplesmente negaram a coisa toda, a fim de que você não fique de modo algum obcecado por isso.

Buda pertence a esse terceiro tipo. Se você perguntar a ele se há uma alma, se há Deus, se há uma existência além da vida, ele simplesmente negará isso. Mesmo à beira da morte, quando alguém lhe perguntou: "Você existirá além da morte?", ele negou.

Ele disse: "Não! Não existirei. Eu sairei da existência exatamente como uma chama que se apaga."

Pode-se perguntar onde a chama está quando se apaga; ela simplesmente cessa. Eis por que Buda diz que *nirvana* significa "cessação da chama", não simplesmente *moksha* – não simplesmente liberação. Buda diz: "Isto é liberação: cessar completamente. Ser é ser em algum lugar, de algum modo, na escravidão." Esse é o terceiro tipo.

Esses três tipos sempre discordaram, porque a pessoa que fala está fadada a sentir que aqueles que permaneceram em silêncio não são suficientemente compassivos, que eles deviam ter dito alguma coisa para aqueles que não podem compreender o silêncio. E os que definiram o fizeram de tantos modos que há discórdias sobre aquilo – a discordância está destinada a existir.

Todas as definições são artifícios. A pessoa pode definir de qualquer modo; Mahavira define de um modo e Shankara vai definir de outro modo, porque todas as definições são igualmente falsas ou verdadeiras. Isso não faz nenhuma diferença. Como cada um define depende do tipo de pessoa que se é. Há tantas definições, e essas definições se tornaram muitas religiões, muitos sistemas filosóficos. Elas deixaram a mente do homem tão confusa, que, realmente, às vezes, parece que aqueles que permaneceram em silêncio foram mais compassivos. As definições se tornaram conflitos. Uma definição não permite a outra, caso contrário ela se contradiz.

Mahavira tentou dizer que toda definição possui alguma verdade, mas somente alguma – então, alguma coisa permanece falsa sobre toda definição. Mas foi impossível para Mahavira ter um caudal de seguidores, porque, se você não define claramente, a mente confusa fica ainda mais confusa. Se você diz "todo caminho é certo", está dizendo "não há nenhum caminho", e a pessoa que veio para descobrir o caminho fica simplesmente aturdida. Você não vai conseguir nenhuma ajuda de mim se eu digo: "Todo caminho é certo: aonde quer que você vá, você vai para o divino. Vá aonde for, faça o que fizer, tudo tem alguma verdade." Isso é verdadeiro, mas ainda assim não ajuda.

Se você define de um determinado modo e torna a definição absoluta, todas as outras definições se tornam falsas. Como Shankara tem de definir as coisas exatamente, ele pode dizer: "Buda não está certo, ele está errado." Mas quando se faz Buda parecer errado, isso simplesmente cria confusão. Como pode Buda estar errado? Como pode Cristo estar errado? É somente Shankara que está certo? Então, há conflitos.

Até mesmo a terceira atitude, a atitude budista de negar, não ajudou. Ela não ajudou porque, pela negação, a própria busca é perdida e, sem a busca, não há nenhuma necessidade da negação. Muito poucas pessoas são capazes de compreender o que é a cessação total. A sede de viver é tão profundamente enraizada que nós até andamos procurando por um deus, que seja parte da nossa sede de viver: nós andamos procurando por mais vida, realmente. Mesmo que estejamos procurando por *moksha*, não estamos procurando pela morte total. Queremos existir de algum modo.

Perguntaram a Buda, e perguntaram continuamente durante quarenta anos, somente uma questão: "Se vamos cessar completamente, então, por que todo esse esforço? Parece sem significado! Basta cessar? Simplesmente não ser? Por que todo esse esforço?" E, contudo, as pessoas ao redor de Buda sentiam que ele não tinha cessado: realmente, ele tinha se tornado mais... – era essa a sensação. Buda tinha se tornado algo mais, mas ainda assim ele continuava negando e negando...

Como é que se pode definir alguma coisa que não pode ser definida? No entanto, ou você ficará em silêncio, ou terá de definir.

Quanto a mim, não caio em nenhum desses grupos: eis por que não posso ser consistente. Cada um desses três tipos pode ser consistente, mas eu não estou interessado no conceito de alma, absolutamente. Estou sempre interessado no questionador, na pessoa que perguntou. Como ela pode ser ajudada? Se acho que ela pode ser ajudada pela fé positiva, então eu a proclamo; se sinto que ela pode ser ajudada pelo silêncio, então permaneço em silêncio; se sinto que ela pode ser ajudada pela definição, então dou a definição. Para mim, tudo é apenas um artifício. Não há nada sério quanto a isso: é simplesmente um artifício.

Uma definição pode não ser verdadeira; na verdade, se eu tenho de torná-la significativa para você, ela não pode ser realmente verdadeira. Você não conheceu o que é a alma; não conheceu o que é a explosão que chamamos de *Brahman*, o divino. Não conhece o significado, conhece apenas as palavras. As palavras que você ainda não experienciou são simplesmente sons insignificantes. Você pode criar o som "deus", mas, a menos que você tenha conhecido Deus, isso é apenas um som.

"Coração" é uma palavra significativa, "vaca" é uma palavra significativa, porque você mesmo já vivenciou o que elas significam. Mas "deus" é apenas uma palavra para você, "alma" é apenas uma palavra. Se eu tenho de ajudá-lo, só posso fazê-lo com uma falsa definição, porque você não tem nenhuma experiência de Deus, nenhuma experiência da alma. E, a menos que eu defina isso a partir de alguma coisa que você conheça, uma definição será inútil.

Para uma pessoa que jamais conheceu uma flor, mas que conheceu um diamante, eu devo definir as flores por meio dos diamantes. Não há outro meio. Uma flor não tem nada a ver com diamantes, mas ainda assim alguma coisa pode ser indicada por meio deles. Eu posso dizer: "As flores são diamantes vivos: diamantes *vivos*!" A coisa toda é falsa – os diamantes são irrelevantes –, mas, se eu digo "as flores são diamantes vivos, diamantes que crescem", eu criei um desejo em você de os vivenciar. Uma definição existe somente para ajudar a ir para a experiência. Todas as definições são assim.

Se você ainda não conheceu diamantes, se ainda não conheceu alguma coisa positiva por meio da qual eu possa definir, então tenho de definir pelo negativo. Se você ainda não teve nenhuma sensação positiva de quaisquer coisas, eu definirei por meio das negativas. Eu direi: "A sua miséria não faz parte da alma. A *dukkha*, a sua angústia, não faz parte da alma." Eu tenho de definir negativamente, nos termos de algumas coisas pelas quais você está sendo deformado, a partir das quais você está morrendo: nos termos de alguma coisa com a qual você está sobrecarregado, que se tornou um inferno para você. Eu tenho de definir negativamente, dizendo: "Não é isso, é exatamente o oposto."

Assim, comigo, depende. Depende. Eu não tenho nenhuma resposta absoluta, eu tenho só artifícios – só respostas psicológicas. E a resposta não depende de mim, ela depende de você: por sua causa, eu devo dar determinada resposta.

Eis por que eu não posso ser um guru – jamais! Buda pode se tornar um guru, mas eu não posso jamais. Porque vocês são muito consistentes, cada indivíduo é muito diferente, como eu posso me tornar consistente? Eu não posso. E eu não posso criar uma seita, porque, para isso a consistência é muito necessária. Se você quer criar uma seita, você deve ser consistente, tolamente consistente: você deve negar todas as inconsistências. Elas existem, mas você deve condená-las, caso contrário, você não pode atrair seguidores. Assim, eu sou menos um guru e mais como um psiquiatra – algo mais. Para mim, *você* é significativo. Se você não puder compreender isso, então algo mais tem de ser dito.

Com "consciência" eu quero dizer um movimento em direção à vivacidade total. Vocês nunca estão totalmente vivos; às vezes, você está mais vivo – isso você sabe – e, às vezes, você está menos vivo. E quando você está mais vivo, se sente feliz. Felicidade não é nada mais que uma interpretação da sua maior vivacidade. Se você ama alguém, então fica mais vivo com essa pessoa, e essa maior vivacidade lhe dá a sensação de felicidade. Então, você vai projetando as razões da sua felicidade na outra pessoa.

Quando vocês encontram a natureza, ficam mais vivos; quando vocês estão nas montanhas, ficam mais vivos; e, quando estão simplesmente vivendo com as máquinas, ficam menos vivos, devido a toda a associação. Com as árvores, vocês ficam mais vivos porque uma vez vocês já foram árvores. Lá no fundo, nós somos apenas árvores que andam – com raízes no ar, não na terra. E, quando vocês vêem o oceano, se sentem mais vivos porque a primeira vida nasceu no oceano. Na verdade, no nosso corpo ainda temos a mesma composição de água como o oceano, a mesma quantidade de sal como tem o oceano.

Quando você está com uma mulher, se você é do sexo oposto, começa a se sentir mais vivo do que quando está com um homem. Com um homem, você se sente menos vivo, porque nada o está puxando para fora. Você está incluído, a energia oposta o puxa para fora: a chama lateja, você pode ser mais vivo. E sempre que você comece a se sentir mais vivo começa a se sentir feliz.

Quando usamos a palavra "alma", queremos dizer vivacidade – total vivacidade, não com alguma outra pessoa, mas com você mesmo; total vivacidade sem quaisquer causas externas. O oceano não está ali, e você se torna oceânico; o céu não está ali, e você se torna o espaço todo; o amado não está ali, e você é simplesmente amor, nada mais.

O que eu quero dizer é que você começa a ser vivo independentemente. Não há nenhuma dependência de nada ou de ninguém: você está liberado. E, com essa liberação, essa liberação interior, sua felicidade não pode ser perdida. Ela é vivacidade total, é consciência total. Ela não pode ser perdida.

Com essa vivacidade total, muitas coisas que não podem realmente ser compreendidas – a menos que tenham acontecido – acontecem. Mas, como uma tentativa, posso lhe dar uma definição da alma como: ser totalmente consciente, totalmente vivo, totalmente bem-aventurado, sem ser barrado por nada. Se você começa a amar, ou se você consegue ser feliz sem uma razão, então você é alma, não um corpo. Por quê?

Por corpo eu quero dizer a parte da sua alma que sempre existe em relação ao lado exterior da existência. Você começa a se sentir triste quando alguma causa de tristeza existe, ou você começa a se sentir bem quando alguma causa de felicidade existe, mas você nunca se sente de determinado modo sem que alguma outra coisa exista. Essa sensação, esse estado em que nada está presente mas você está em sua total vivacidade, em sua total consciência, é a alma.

Mas isso é uma tentativa de definição. Eu simplesmente indico: isso não define nada, só mostra. Muito mais existe, mas isso é apenas um dedo apontando para a lua. Nunca confunda o dedo com a lua. O dedo não é a lua, é apenas uma indicação. Esqueça-se do dedo e olhe para a lua. Mas todas as definições são como esta.

Você pergunta se a alma é individual. É uma pergunta significativa, mas é pertinente por sua causa. É como uma pergunta que um cego faça.

Um cego anda com seu cajado. Ele não pode se mover sem ele: ele busca, tateia no escuro com ele. Se nós lhe falamos sobre operar seus olhos para curá-los, de modo que ele possa ver, o cego pode perguntar, com muita pertinência: "Quando eu tiver meus olhos, ainda serei capaz de tatear no escuro com meu cajado?"

Se lhe dissermos: "Você não precisará do cajado", ele não vai acreditar nisso. Ele dirá: "Sem meu cajado não posso existir, não posso viver. O que você está dizendo não é aceitável. Eu não posso conceber isso. Sem meu cajado, não existo. Assim, o que será do meu cajado? Primeiro me diga isso!"

Realmente, essa individualidade é como o cajado do cego. Você está tateando no escuro com um ego, porque você não tem nenhuma alma: esse ego, esse "eu", é simplesmente um tateante, porque você não tem olhos. No momento em que você se torna totalmente vivo, o ego é simplesmente perdido. Ele faz parte da sua cegueira, parte da sua não-vivacidade ou da sua vivacidade parcial, parte da sua inconsciência, parte da sua ignorância. Ele simplesmente cai.

Não é que você seja indivíduo ou que você não seja indivíduo; ambas as coisas se tornam irrelevantes. A individualidade não é relevante, mas as perguntas continuam, porque a fonte do questionamento permanece a mesma.

Quando Maulingaputta foi até Buda pela primeira vez, fez muitas perguntas. Buda disse: "Você está perguntando para resolver as questões, ou está perguntando só para obter respostas?"

Maulingaputta disse: "Eu vim para lhe perguntar, e você já começou a me responder! Deixe-me ponderar sobre isso, eu devo pensar sobre isso." Ele pensou sobre aquilo e no segundo dia disse: "Realmente, eu vim para resolvê-las."

Buda lhe disse: "Você já fez essas mesmas perguntas a qualquer outra pessoa também?"

Maulingaputta disse: "Eu tenho perguntado a todo mundo continuamente, durante trinta anos."

Buda disse: "Perguntando durante trinta anos, você deve ter conseguido muitas respostas – muitas, muitas. Mas nenhuma se mostrou ser *a* resposta?"

Maulingaputta disse: "Nenhuma!"

Então, Buda disse: "Eu não lhe darei nenhuma resposta. Em trinta anos de questionamento, muitas respostas foram dadas; eu posso acrescentar mais uma, mas isso não vai ajudar. Assim, eu lhe darei a solução, e não uma resposta."

Maulingaputta disse: "Tudo bem."

Buda disse: "Ela não pode ser dada por mim, tem de crescer dentro de você. Assim, permaneça durante um ano comigo, em silêncio. Não será permitida nem uma única pergunta. Fique totalmente calado, fique comigo e, depois de um ano, você pode perguntar; então, eu lhe darei a resposta."

Sariputta, o chefe dos discípulos de Buda, estava sentado ali perto sob uma árvore. Ele começou a rir. Maulingaputta perguntou: "Por que Sariputta está rindo? O que há para rir nisso?"

Sariputta disse: "Pergunte agora mesmo, se você tem de perguntar; não espere um ano. Nós estamos sendo enganados – isso aconteceu comigo também –, porque depois de um ano nós nunca perguntamos. Se você ficar totalmente calado durante um ano, então a própria fonte do questionamento desaparece. E esse homem é enganoso! Esse homem é muito enganoso", disse Sariputta. "Depois de um ano, ele não lhe dará nenhuma resposta."

Assim, Buda disse: "Eu permanecerei com a minha promessa, Sariputta. Eu permaneci com a minha promessa com você também. Não é minha culpa que você não tenha perguntado."

Um ano se passou e Maulingaputta permaneceu em silêncio: tranqüilamente, fazendo meditação e ficando cada vez mais silencioso, exterior e interiormente. Então ele ficou silencioso como um poço, sem nenhuma vibração, nenhuma ondulação. Ele se esqueceu de que havia passado um ano. O dia em que ele tinha de perguntar chegou, mas ele mesmo se esqueceu.

Buda disse: "Havia um homem aqui chamado Maulingaputta. Onde ele está? Ele tem de fazer uma pergunta. O ano já passou, o dia chegou; assim, ele deve vir a mim." Havia dez mil monges ali, e todos tentaram descobrir quem era Maulingaputta. E Maulingaputta também tentou descobrir onde estava!

Buda o chamou e disse: "Por que você está procurando ao redor? Você é o homem. E eu tenho de cumprir minha promessa; assim, pergunte, e eu lhe darei a resposta."

Maulingaputta disse: "Aquele que estava perguntando está morto; eis por que eu estava procurando ao redor, para ver quem era esse homem, Maulingaputta. Eu também ouvi seu nome, mas ele já se foi há muito tempo."

A fonte original deve ser transformada, do contrário continuaremos perguntando; e há pessoas que nos suprirão com respostas. Você se sente bem em perguntar, elas se sentem bem em responder, mas o que está se passando é só uma ilusão mútua.

CAPÍTULO 12

LSD E MEDITAÇÃO

O LSD pode ser usado como um auxílio na meditação?

O LSD pode ser usado como um auxílio, mas o auxílio é muito perigoso; isso não é tão fácil assim. Se você usar um mantra, mesmo isso pode se tornar algo difícil de ser dispensado, mas, se você usar ácido, LSD, será ainda mais difícil dispensá-lo.

Quando está numa viagem de LSD, você não está no controle. A química assume o controle, e você não é mais o mestre, e, uma vez que você não é mais o mestre, fica difícil recuperar essa posição. A química não é a escrava agora, *você* é o escravo. Agora, controlar não será escolha sua. Quando toma LSD como auxílio, você está fazendo do mestre um escravo, e toda a química do seu corpo será afetada por isso.

Seu corpo começará a implorar por LSD. Agora, então, a súplica não será apenas da mente, como acontece quando você fica apegado a um mantra. Quando você usa ácido como auxílio, a súplica se torna parte do corpo; o LSD atinge as próprias células do corpo. Ele as modifica. Sua estrutura química interna se torna diferente. Então, todas as células do corpo começam a suplicar pelo ácido, e será difícil abandoná-lo.

O LSD pode ser usado para levar a pessoa à meditação, mas só quando o corpo foi preparado para isso. Assim, se você perguntar se ele pode ser usado no Ocidente, eu direi que ele não é para o Ocidente, absolutamente. Ele pode ser usado apenas no Oriente – se o corpo estiver totalmente preparado para isso. A ioga o usou, o tantra o usou, há escolas de tantra e de ioga que têm usado o LSD como auxílio, mas eles preparam o corpo antes. Há um longo processo de purificação do corpo. O corpo fica tão puro e você se torna tão senhor dele que nem mesmo a química pode ser seu mestre agora. Assim, a ioga o permite, mas de um modo muito específico.

Primeiramente, seu corpo deve ser purificado quimicamente. Então, você terá tamanho controle do corpo que até mesmo a química do corpo pode ser controlada. Por exemplo, há certos exercícios de ioga: se você tomar veneno, por meio de determinado exercício ióguico, pode ordenar a seu sangue que não se misture com ele – e o veneno passará através do corpo e sairá na urina sem absolutamente se misturar com o sangue. Se você pode fazer isso, se você pode controlar a química do corpo, então pode usar qualquer coisa, porque você permanece o mestre.

No tantra, principalmente no tantra "esquerdista", eles usam o álcool para ajudar na meditação. Isso parece absurdo; não é. O buscador tomará álcool em certa quantidade e, então, tentará ficar alerta. A consciência não deve ser perdida. Pouco a pouco, a quantidade de álcool será aumentada, mas a consciência deverá permanecer alerta. A pessoa tomou álcool, ele foi absorvido pelo corpo, mas a mente permanece acima disso: a consciência não é perdida. Então, a quantidade de álcool é aumentada, cada vez mais alta. Por meio dessa prática, chega-se a um ponto em que qualquer quantidade de álcool pode ser dada, e a mente permanecerá alerta. Só então o LSD pode ser um auxílio.

No Ocidente, não há práticas para purificar o corpo ou para aumentar a consciência por meio de mudanças na química do corpo. No Ocidente, o ácido é tomado sem nenhuma preparação. Isso não será de auxílio; antes, ao contrário, irá destruir toda a mente.

Há muitos problemas. Quando está numa viagem de LSD, você tem um vislumbre de algo que jamais conheceu, de algo que você nunca sentiu. Se você começa a praticar meditação, isso é um longo processo. Mas o LSD não é um processo. Você o toma, e o processo está terminado; então, o corpo começa a funcionar. A meditação é um longo processo – você tem de praticá-la durante anos, e só então os resultados virão. E, quando você experimentou um atalho, ficará difícil seguir um processo longo. A mente suplicará para voltar a usar a droga.

Assim, é difícil meditar quando você já conheceu vislumbres por meio da química; empreender algo que é um processo longo será difícil. A meditação precisa de mais vigor, de mais confiança, de mais espera, e isso será difícil, porque agora você pode comparar.

Em segundo lugar, qualquer método é ruim se você não está no controle o tempo todo. Quando está meditando, você pode parar a qualquer momento. Se quiser, você pode parar neste exato momento. Pode sair daquilo. Você não pode parar uma viagem de LSD: uma vez tomado o LSD, você tem de completar o círculo. Agora, você não é mais o mestre.

Qualquer coisa que faça de você um escravo não vai ajudá-lo no campo espiritual, porque a espiritualidade, basicamente, significa ser o mestre de si mesmo. Assim, eu não sugeriria atalhos. Não sou contra o LSD, posso ser a favor dele às vezes, mas então uma longa preparação é necessária. Então você será o mestre. Mas, nesse caso, o LSD não será um atalho. Levará até mais tempo do que a meditação. A *hatha*-ioga leva anos para preparar um corpo – vinte anos, 25 anos, então o corpo está preparado; desse modo você pode fazer uso de qualquer ajuda química e isso não será destrutivo para o seu ser. Mas então o processo é muito mais longo.

Nesse caso, o LSD pode ser usado; eu sou a favor dele. Se você está disposto a despender vinte anos na preparação de seu corpo, para tomar o LSD, então ele não será destrutivo. Mas a mesma coisa pode ser feita em dois anos com a meditação. Porque o corpo é mais rude, a mestria é mais difícil. A mente é mais sutil; assim, a mestria é mais fácil. O corpo está muito distante do seu ser, portanto há um intervalo maior; com a mente, o intervalo é menor.

Na Índia, o método primitivo de preparar o corpo para deixá-lo apto para a meditação era a *hatha*-ioga. Leva tanto tempo para preparar o corpo que algumas vezes a *hatha*-ioga tinha de inventar métodos para prolongar a vida, de modo que o processo pudesse continuar. Era um processo tão longo que sessenta anos podiam não ser suficientes... – setenta anos podiam não ser suficientes! E há um problema: se a mestria não é alcançada nesta vida, então, na próxima vida você terá de começar do zero, porque terá um novo corpo. Todo o esforço se perde. Você não terá uma mente nova na sua próxima vida, a velha mente continua. Assim, o que quer que seja alcançado por meio da mente permanece com você, mas o que quer que seja alcançado por meio do corpo é perdido em cada morte. Assim, a *hatha*-ioga teve de inventar métodos para prolongar a vida até duzentos anos, trezentos anos, de modo que a mestria pudesse ser alcançada.

Se a mestria é da mente, então você pode mudar de corpo. Mas a preparação do corpo pertence somente ao corpo. A *hatha*-ioga inventou muitos métodos, de modo que o processo pudesse ser completado. Mas métodos ainda maiores foram descobertos: como controlar a mente diretamente – *raja*-ioga. Com esses métodos, o corpo pode ser de certo auxílio, mas não há nenhuma necessidade de ficar muito interessado nisso. Assim, os adeptos da *hatha*-ioga disseram que o LSD pode ser usado, mas a *raja*-ioga não pode dizer que o LSD pode ser usado, porque a *raja*-ioga não tem nenhuma metodologia para preparar o corpo. É usada a meditação direta.

Às vezes, acontece – somente às vezes, raramente – de, se você tem um vislumbre por meio do LSD e não fica viciado, aquele vislumbre se tornar uma sede em você, para buscar algo mais além. Portanto, experimentar uma vez é bom, mas é difícil saber onde parar e como parar. A primeira viagem é boa, ficar nela uma vez é bom; você fica consciente de um mundo diferente e, então, começa a buscar, começa a procurar por causa disso; mas, então, fica difícil parar. Esse é o problema. Se você consegue parar, então tomar o LSD uma vez é bom. Mas esse "se" é muito importante.

Mulla Nasruddin costumava dizer que ele nunca tomava mais do que um copo de vinho. Muitos amigos faziam objeção a essa afirmação, porque eles costumavam vê-lo tomando um copo atrás do outro. Ele disse: "O segundo copo é tomado pelo primeiro; 'eu' tomo somente um. O segundo é tomado pelo primeiro, e o terceiro, pelo segundo. Então, eu não sou mais o mestre. Sou o mestre somente para o primeiro. Então, como posso dizer que tomo mais de um? 'Eu' tomo somente um – sempre somente um!"

Com o primeiro você é o mestre; com o segundo, você não é. O primeiro tentará tomar um segundo. E isso irá assim continuamente.

Então, não estará mais nas suas mãos. Começar qualquer coisa é fácil, porque você é o mestre, mas terminar é difícil, porque então você não é mais o mestre.

Assim, não sou contra o LSD, e, se eu for contra, será condicionalmente. Esta é a condição: se você pode continuar sendo o mestre, então está perfeito. Use qualquer coisa, mas continue sendo o mestre. Mas, se você não pode continuar sendo o mestre, então, absolutamente, não entre numa estrada perigosa. Não entre, de jeito nenhum; será melhor.

CAPÍTULO 13

INTUIÇÃO: UMA NÃO-EXPLICAÇÃO

A intuição pode ser explicada cientificamente? Ela é um fenômeno da mente?

A intuição não pode ser explicada cientificamente, porque o próprio fenômeno é não-científico e irracional. O próprio fenômeno da intuição é irracional. Na linguagem, parece normal perguntar: "A intuição pode ser explicada?" Quer dizer: a intuição pode ser reduzida ao intelecto? Todavia, intuição significa algo além do intelecto, algo que não é do intelecto, algo vindo de algum lugar onde o intelecto é totalmente inconsciente. Assim, o intelecto pode senti-la, mas não pode explicá-la.

A transição brusca pode ser sentida, porque há um intervalo. A intuição pode ser sentida pelo intelecto – pode-se notar que algo aconteceu –, mas não pode ser explicada, porque explicação quer dizer causalidade. Explicação significa: "De onde veio?", "Por que veio?", "Qual é a causa?" E ela vem de algum outro lugar, não do próprio intelecto. Assim, não há nenhuma causa intelectual; não há nenhuma razão, nenhum elo, nenhuma continuidade no intelecto.

Por exemplo: Maomé era uma pessoa iletrada. Ninguém o conhecia; ninguém jamais pensou que uma coisa tão grandiosa como o *Alcorão* poderia vir dele. Não se conhecia nem um único ato, um único pensamento que fosse especial relacionado a ele: ele era simplesmente um homem comum, absolutamente comum. Ninguém jamais imaginou que alguma coisa extraordinária pudesse vir dele. Então, de repente, essa parábola é registrada:

Um anjo apareceu a Maomé e disse: "Leia!"

Maomé disse a ele: "Como vou ler? Eu não sei ler; não posso ler, sou analfabeto."

O anjo repetiu novamente: "Leia!"

Maomé disse outra vez: "Mas como posso ler!? Não sei nada sobre leitura."

Então, o anjo disse: "Leia! Pela graça de Deus, você será capaz." E Maomé começou a ler. Isso é intuição.

Ele retornou à casa tremendo, tremendo porque não podia conceber o que tinha acontecido. Ele podia ler! E tinha lido algo inconcebível. O primeiro *ayat** do Alcorão tinha sido dado a ele. Ele não podia compreendê-lo, porque nada em todo o seu passado tinha relação com aquilo. Não podia sentir o significado daquilo; ele tinha se tornado veículo para algo que absolutamente não tinha relação com o seu passado. Algo do desconhecido o tinha penetrado. Poderia estar relacionado com alguma outra coisa, com alguma outra pessoa, mas não tinha relação com Maomé, absolutamente. Isso é penetração.

Ele foi para casa tremendo. Ele se sentia febril. Só pensava: "O que aconteceu!?" Não podia compreender o que tinha acontecido e, durante três dias, ficou em profunda febre, tremendo, porque não via nenhuma causa para o que tinha ocorrido. Não podia sequer juntar coragem para dizer alguma coisa a alguém. Ele era um analfabeto! Quem iria acreditar nele? Ele mesmo não podia acreditar no que tinha acontecido – aquilo era inacreditável.

Depois de três dias de profunda febre, de coma, de inconsciência, ele reuniu coragem para contar à sua esposa, mas somente sob a condição de que ela não dissesse a mais ninguém. "Parece que eu fiquei louco!", ele disse. Mas a esposa era mais velha do que ele e mais instruída. Tinha 40 anos e Maomé tinha 26. Ela era uma mulher rica, uma viúva rica. Ela sentiu que algo real tinha acontecido, e foi a primeira pessoa convertida por Maomé.

---

* *Ayat* – palavra da língua árabe usada para especificar cada afirmação de Maomé no *Alcorão*. (N.T.)

Somente então Maomé pôde reunir a força para falar a alguns amigos e parentes. Sempre que falava, ele tremia, suava, porque o que estava acontecendo era inconcebível. Eis por que Maomé insistia – e isso se tornou um dogma, um dogma fundamental do islã – em dizer: "Eu não sou divino; não sou nada especial. Não sou extraordinário, sou apenas um veículo."

É isso o que significa entrega e nada mais – nada mais! O carteiro simplesmente entrega a mensagem a você; você mesmo não pode nem compreendê-la.

Isso é intuição. É uma esfera diferente de acontecimento, que não tem relação com o intelecto, absolutamente, embora possa penetrar o intelecto. Isso deve ser compreendido: que uma realidade superior pode penetrar uma realidade mais baixa, mas a mais baixa não pode penetrar a mais alta. Assim, a intuição pode penetrar o intelecto, porque ela é mais elevada, mas o intelecto não pode penetrar a intuição, porque ele é mais baixo. Assim também a sua mente pode penetrar seu corpo, mas seu corpo não pode penetrar a mente. Seu ser pode penetrar a mente, mas a mente não pode penetrar o ser. É por isso que, se você vai para dentro do ser, tem de se separar do corpo e da mente, de ambos. Eles não podem penetrar um fenômeno mais elevado.

À medida que você entra numa realidade mais elevada, o mundo mais baixo dos acontecimentos tem de ser abandonado. Não há nenhuma explicação do mais alto no mais baixo, porque os próprios termos de explicação não são existenciais ali: não têm significação. Mas o intelecto pode sentir a brecha, pode conhecer o intervalo, pode vir a sentir que "alguma coisa aconteceu que está para além de mim". Se ao menos esse tanto puder ser feito, o intelecto já fez muito.

Mas o intelecto também pode rejeitar. É isso o que significa uma mente com fé ou uma mente sem fé. Se você sente que o que não pode ser explicado pelo intelecto não existe, então você é um descrente. Então você continuará nessa existência inferior – acorrentado a ela. Então você não admite o mistério, não admite que a intuição fale a você; é isso o que uma mente racionalista significa. O racionalista nem mesmo verá que algo do além chegou.

Maomé foi escolhido. Havia eruditos ao redor, muitos eruditos, mas Maomé – uma pessoa realmente analfabeta – foi escolhido porque ele tinha fé. O mais alto pôde penetrar; ele pôde permitir que o mais alto entrasse nele. Se você é treinado racionalmente, não permitirá o mais alto; você o negará e dirá: "Isso não pode ser. Deve ser minha imaginação; deve ser meu sonho. A menos que eu possa provar isso racionalmente, não o aceitarei."

Uma mente racional fica fechada, fechada dentro das fronteiras do raciocínio, e a intuição não pode penetrar. Mas você pode usar o intelecto sem estar fechado; então pode usar a razão como um instrumento, mas permanece aberto, permanece receptivo para o mais alto. Se vier algo, você estará receptivo. Então, você pode usar seu intelecto como um auxiliar: ele anota que "algo que está além de mim aconteceu". Ele pode ajudá-lo a compreender esse intervalo.

Além disso, o intelecto pode ser usado para a expressão – não para a explicação, mas para a expressão. Um buda é totalmente não-explicativo; é expressivo, mas não explicativo. Todos os *Upanishads* são expressivos sem quaisquer explicações. Eles dizem: "Isto é assim, isto é desse jeito; isto é o que está acontecendo. Se você quiser, entre; não fique do lado de fora. Nenhuma explicação do lado de dentro é possível para o lado de fora; assim, entre. Torne-se um incluído." Mesmo que você venha para dentro, as coisas não lhe serão explicadas; você virá para conhecê-las e senti-las. O intelecto pode tentar entender, mas está fadado a fracassar. O mais alto não pode ser reduzido ao mais baixo.

A intuição vem à pessoa por meio de ondas de pensamento, semelhante às ondas de rádio?

Isso, novamente, será muito difícil de explicar. Se a intuição vem por meio de algumas espécies de ondas, então, mais cedo ou mais tarde, o intelecto será capaz de explicá-la.

Ela vem sem nenhum meio – esse é o caso. Ela vem sem um veículo! Viaja sem nenhum veículo – eis por que se trata de um salto, de um salto súbito. Se algumas ondas existem e a intuição vem até você por meio dessas ondas, então não é um salto, não um salto súbito.

Ela é um salto de um ponto a outro, sem nenhuma interconexão entre os dois: por isso é um salto. Se eu vou a você passo a passo, não se trata de um salto; somente se eu for a você sem qualquer passo é que é um salto. E um verdadeiro salto é até mais profundo: ele significa que algo existe no ponto A e, então, existe no ponto B e, entre os dois, não existe nada. Esse é um salto real.

A intuição é um salto. Não se trata de algo vindo a você; isso é um erro lingüístico. Não é algo que vem a você: trata-se de algo acontecendo a você, não vindo a você – algo acontecendo a você sem causalidade em parte alguma, sem uma fonte em parte alguma. Esse acontecimento súbito quer dizer intuição. Se não for súbito, se não for completamente descontínuo em relação ao que vinha antes, então a razão descobrirá o caminho. Levará tempo, mas será feito. Se alguns raios X, algumas ondas ou qualquer outra coisa estiverem levando-a até você, a razão será capaz de conhecer, compreender e de controlar. Então, qualquer dia desses um instrumento poderá ser desenvolvido – exatamente como o rádio ou a TV –, no qual as intuições possam ser recebidas.

Se a intuição vem por meio de raios ou ondas, então podemos criar um instrumento para recebê-la. Então Maomé não é necessário. Mas, como eu vejo, Maomé *será* necessário. Nenhum instrumento pode captar a intuição, porque ela não é um fenômeno ondulatório. Não é, absolutamente, um fenômeno: é simplesmente um salto do nada para o ser.

Intuição significa simplesmente isso. Eis por que a razão a condena. A razão a condena porque é incapaz de se defrontar com ela; a razão só consegue se defrontar com os fenômenos que podem ser divididos em causa e efeito.

Segundo a razão, há duas esferas de existência: o conhecido e o desconhecido. E o desconhecido significa aquilo que ainda não é conhecido, mas *será* conhecido um dia. Mas a religião diz que há três reinos: o conhecido, o desconhecido e o incognoscível. Por incognoscível, a religião quer dizer aquilo que nunca poderá ser conhecido.

O intelecto está envolvido com o conhecido e o desconhecido, não com o incognoscível; e a intuição trabalha com o incognoscível, com aquilo que não pode ser conhecido. Não é apenas uma questão de tempo antes de ser conhecido; "incognoscibilidade" é a qualidade intrínseca. Não é que seus instrumentos não sejam suficientemente refinados ou que sua lógica ainda não esteja desenvolvida ou que sua matemática seja primitiva – essa não é a questão. A qualidade intrínseca do incognoscível é a incognoscibilidade – ele sempre existirá como o incognoscível. Esse é o reino da intuição.

Quando alguma coisa do incognoscível chega a ser vivenciada, é um salto. É um salto! Não há nenhum encadeamento, não há nenhuma passagem, não há nenhum ir de um ponto a outro. Mas isso parece inconcebível; assim, quando eu digo: "Você pode sentir, mas não pode compreender", quando digo tais coisas, sei muito bem que estou dizendo um absurdo. Absurdo quer dizer apenas "aquilo que não pode ser compreendido por nossos sentidos". E a mente é um sentido, o mais sutil... e a sabedoria é um sentido.

A intuição é possível porque existe o incognoscível. A ciência nega a existência do divino, porque diz: "Há somente uma divisão: o conhecido e o desconhecido. Se há algum Deus, nós o descobriremos pelos métodos laboratoriais. Se ele existe, a ciência o descobrirá."

A religião, por outro lado, diz: "O que quer que se faça, algo na própria base da existência permanecerá incognoscível – um mistério." E, se a religião não está certa, então eu acho que a ciência irá destruir toda a significação da vida. Se não há nenhum mistério, toda a significação da vida é destruída e toda a beleza é destruída. O incognoscível é a beleza, a significação, a aspiração, a meta. Por causa do incognoscível, a vida tem significado. Quando tudo é conhecido, então tudo é insípido. Você fica farto, entediado. O incognoscível é o segredo; ele é a vida em si.

Eu direi isto: que a razão é um esforço para conhecer o desconhecido e que a intuição é o acontecimento do incognoscível. Penetrar o incognoscível é possível, mas explicá-lo não é. A sensação é possível; a explicação não é.

Quanto mais você tentar explicá-lo, mais fechado você ficará; assim, não tente. Deixe a razão trabalhar no seu próprio campo, mas lembre-se continuamente de que há reinos mais profundos. Há razões mais profundas que a razão não pode compreender, razões mais altas que a razão é incapaz de conceber.

CAPÍTULO 14

A CONSCIÊNCIA, A OBSERVAÇÃO E A PERCEPÇÃO

Qual é a diferença entre percepção e observação?

Há muita diferença entre a percepção e a observação. A observação ainda é um ato: você o está fazendo, o ego está presente. Assim, o fenômeno da observação é dividido entre o sujeito e o objeto.

A observação é um relacionamento entre o sujeito e o objeto. A percepção é absolutamente destituída de qualquer subjetividade ou objetividade. Não há ninguém que esteja observando, na percepção; não há nada que esteja sendo observado. A percepção é um ato total, integrado; o sujeito e o objeto não estão relacionados nisso: estão dissolvidos. Assim, a percepção não significa que alguém está consciente, nem significa que qualquer coisa esteja sendo observada.

A percepção é total – total subjetividade e total objetividade como um único fenômeno –, enquanto na observação existe uma dualidade entre o sujeito e o objeto. Percepção é não-fazer; observação pressupõe um agente. Porém, pela observação a percepção é possível, porque a observação significa que é um ato consciente – é um ato, mas consciente. Você pode fazer alguma coisa e ficar inconsciente – nossa atividade habitual é inconsciente – mas, se você se torna consciente dela, isso passa a ser observação. Assim, entre a atividade inconsciente habitual e a percepção, há um intervalo que pode ser preenchido pela observação.

A observação é uma técnica, um método para alcançar a percepção. Ele não é a percepção, mas, se comparada à atividade comum, a atividade inconsciente, ela é um passo mais elevado. Alguma coisa mudou:

a atividade se tornou consciente, a inconsciência foi substituída pela consciência. Mas algo mais ainda tem de ser mudado, isto é: a atividade tem de ser substituída pela inatividade. Esse será o segundo passo.

É difícil saltar da ação comum inconsciente para a percepção. É possível, mas árduo; assim, um passo entre os dois é útil. Se a pessoa começa observando a atividade consciente, então, o salto fica mais fácil – o salto para dentro da percepção sem nenhum objeto consciente, sem nenhum sujeito consciente, sem absolutamente nenhuma atividade consciente. Isso não significa que a percepção não seja consciência; ela é pura consciência, mas ninguém está consciente disso.

Há ainda uma diferença entre consciência e percepção. Consciência é uma qualidade da mente, mas ela não é a sua mente total. Sua mente pode ser ambas, consciente e inconsciente, mas, quando você transcende a mente, não há mais inconsciência nem consciência correspondente. Há percepção.

Percepção significa que a mente toda se tornou pura consciência. Agora, a velha mente não existe mais, mas existe a qualidade de ser consciente. A percepção se tornou a totalidade; a própria mente agora faz parte da percepção. Não podemos dizer que a mente esteja consciente; significativamente, só podemos dizer que a mente é a percepção. Percepção significa transcendência da mente; assim, não é a mente que está consciente. É somente por meio da transcendência da mente, quando se vai além da mente, que a percepção se torna possível.

Consciência é uma qualidade da mente, percepção é a transcendência: é ir além da mente. A mente, como tal, é o meio transmissor da dualidade; assim, a consciência não pode nunca transcender a dualidade. Ela está sempre consciente de algo, e há sempre alguém que está consciente. Assim, a consciência é parte essencial da mente, e a mente, como tal, é a fonte de toda a dualidade, de todas as divisões, quer elas sejam entre sujeito e objeto, atividade ou inatividade, consciência ou inconsciência. Todo tipo de dualidade é mental. A percepção é não-dual; assim, percepção significa o estado de não-mente.

Então, qual é o relacionamento entre consciência e observação? A observação é um estado, e consciência é um meio em direção à observação. Se você começa a ficar consciente, atinge a observação. Se você começa a ficar consciente dos seus atos, consciente dos acontecimentos diários, consciente de tudo que o cerca, então começa a observar.

A observação vem como uma conseqüência da consciência. Você não pode praticar a observação; você só pode praticar a consciência. A observação vem como uma conseqüência, como uma sombra, como um resultado, como um subproduto. Quanto mais você fica consciente, mais você entra na observação, mais você se torna um observador. Assim, consciência é um método para se atingir a observação. E o segundo passo é que a observação se torna um método para atingir a percepção.

Assim, há três passos: consciência, observação, percepção. Mas nós vivemos no nível mais baixo, ou seja, na atividade inconsciente. A atividade inconsciente é o estado da nossa mente.

Por meio da consciência, você pode chegar à observação; e, por meio da observação, você pode chegar à percepção; e, por meio da percepção você pode chegar à "não-obtenção". Por meio da percepção você pode obter tudo o que já está obtido. Depois da percepção, não há nada: a percepção é o fim.

A percepção é o fim do progresso espiritual; a não-percepção é o começo. Não-percepção significa um estado material de existência. Assim, não-percepção e inconsciência não são a mesma coisa. Não-percepção significa matéria. Matéria não é inconsciente: ela é não-percepção.

A existência animal é uma existência inconsciente; a existência humana é um fenômeno mental – 99% inconsciente e 1% consciente. Esse 1% de consciência significa que você é 1% consciente dos 99% de inconsciência. Mas, se você se torna consciente da sua própria consciência, então, o 1% irá aumentando, e os 99% irão diminuindo.

Se você se torna 100% consciente, você se torna um observador, *sakshi*. Se você se torna *sakshi*, chegou ao ponto do salto – de onde o salto para dentro da percepção se torna possível. Na percepção, você perde o observador e somente a observação permanece: você perde o agente, você perde a subjetividade, você perde a consciência egocêntrica. Então, a consciência permanece, sem o ego. A circunferência permanece sem o centro.

Essa circunferência sem o centro é a percepção. A consciência sem qualquer centro, sem qualquer fonte, sem qualquer motivação, sem qualquer fonte de onde proceda – uma consciência "sem fonte" –, é a percepção.

Assim, você se move da existência de não-percepção, que é a matéria, *prakriti*, em direção à percepção. Você pode chamá-la de o divino, o sagrado ou do que for. Entre a matéria e o divino, a diferença é sempre de consciência.

CAPÍTULO 15

A DIFERENÇA ENTRE *SATORI* E *SAMADHI*

Qual é a diferença na experiência entre satori *– segundo o zen, um vislumbre da iluminação – e o* samadhi, *a consciência cósmica?*

Samadhi começa como um intervalo, mas nunca termina. Um intervalo sempre começa e termina – ele tem fronteiras: um começo e um fim –, mas o *samadhi* começa como um intervalo e, então, se eterniza. Não há nenhum fim para ele. Assim, se o acontecimento vem como um intervalo e não tem fim, trata-se de *samadhi*, mas, se ele é um intervalo completo – com um começo e um fim –, então, é *satori*, e isso é diferente. Se for apenas um vislumbre, simplesmente um intervalo, e o intervalo for perdido novamente, se alguma coisa for posta entre parênteses e o parêntese se fechar – você dá uma olhadela lá dentro e volta –, se alguma coisa acontecer e novamente for perdida, trata-se de *satori*. Ele é um vislumbre, um vislumbre do *samadhi*, mas não o *samadhi*.

Samadhi quer dizer começo do saber, sem término.

Na Índia, não temos nenhuma palavra que corresponda a "*satori*"; assim, às vezes, quando o intervalo é grande, a pessoa pode confundir *satori* como *samadhi*. Mas ele nunca o é: é apenas um vislumbre. Você chega ao cósmico, olha para ele e, depois, tudo some novamente. É claro, você não será o mesmo: agora, você jamais será o mesmo novamente. Alguma coisa penetrou lá dentro de você, algo lhe foi acrescentado, você nunca mais poderá ser o mesmo novamente. Mas, ainda assim, aquilo que o mudou não está com você. Fica apenas uma lembrança, uma memória. É só um vislumbre.

Se você puder se lembrar da experiência – se você puder dizer "eu conheci o momento" –, então, trata-se somente de um vislumbre, porque no momento em que o *samadhi* acontece, você não estará presente para se lembrar. Então, você nunca poderá dizer "eu o conheci", porque no conhecer o conhecedor é perdido. Somente no vislumbre o conhecedor permanece.

Assim, o conhecedor pode manter esse vislumbre como uma memória – pode lembrar dele com carinho, ansiar por ele, desejá-lo, empenhar-se para vivenciá-lo novamente –, mas *"ele"* ainda estará presente. Aquele que teve um vislumbre, aquele que olhou, está presente. Aquilo se tornou uma memória; e agora essa memória irá persegui-lo, irá acompanhá-lo e exigirá o fenômeno novamente.

No momento em que o *samadhi* acontece, você não está mais presente para se lembrar daquilo. O *samadhi* nunca se torna parte da memória, porque a pessoa que existia não existe mais. Como se diz no zen: "O homem velho não existe mais, e o novo chegou..." – e esses dois nunca se encontraram; assim, não há nenhuma possibilidade de haver qualquer memória. O velho se foi, e o novo chegou, e não houve nenhum encontro entre os dois, porque o novo pode vir somente quando o velho se foi. Então, não se trata de memória; não há nenhuma obsessão, nenhum anseio por aquilo, não há nenhum desejo por aquilo. Então, como você é, você está à vontade e não há nada a desejar. Não é que você tenha matado o desejo – não! É estado de ausência de desejo, no sentido de que a pessoa que podia desejar não existe mais. Não é um estado de nenhum desejo; é estado de ausência de desejo, porque a pessoa que podia desejar não existe mais. Então, não há nenhum anseio, não há nenhum futuro, porque o futuro é criado pelos nossos anseios – ele é a projeção de nossos desejos.

Se não há nenhum desejo, não há nenhum futuro. E, se não há nenhum futuro, não há nenhuma necessidade do passado, porque o passado é sempre um cenário contra o qual, ou mediante o qual, o futuro é desejado.

Se não há nenhum futuro, se você sabe que neste exato momento você vai morrer, não há nenhuma necessidade de se lembrar do passado. Então, não há nenhuma necessidade nem mesmo de se lembrar do seu nome, porque o nome tem um significado somente se há um futuro. Ele pode ser necessário; mas, se não há nenhum futuro, você simplesmente queima todas as suas pontes com o passado. Não há mais nenhuma necessidade delas; o passado se tornou absolutamente sem significado. É somente contra o futuro ou para o futuro que o passado é significativo.

No momento em que o *samadhi* acontece, o futuro se torna não existencial. Ele não existe; só existe o momento presente. Ele é o único tempo, não há nem mesmo o passado. O passado sumiu e o futuro também, e uma existência única e momentânea se torna a existência total. Você está nela, mas não como uma entidade que seja diferenciada dela. Você não pode ser diferente, porque você só se torna diferente da existência total devido a seu passado e a seu futuro. O passado e o futuro cristalizados ao seu redor são a única barreira entre você e o momento presente que está acontecendo. Assim, quando o *samadhi* acontece, não há nenhum passado e nenhum futuro. Então, não é que você esteja no presente: você *é* o presente, você se torna o presente.

Samadhi não é um vislumbre, *samadhi* é uma morte. Mas o *satori* é um vislumbre, não uma morte. E o *satori* é possível por muitos modos. Uma experiência estética pode ser uma possível fonte para o *satori*; a música pode ser uma possível fonte para o *satori*; o amor pode ser uma possível fonte para o *satori*. Em qualquer momento intenso no qual o passado se torne insignificante, em qualquer momento intenso em que você esteja vivendo no presente – um momento de amor, ou de música, ou de sentimento poético, ou de qualquer fenômeno estético no qual o passado não interfira, no qual não haja nenhum desejo pelo futuro –, o *satori* se torna possível. Mas isso é apenas um vislumbre. Esse vislumbre é significativo porque, por meio do *satori*, você pode sentir pela primeira vez o que o *samadhi* pode significar. O primeiro sabor ou o primeiro perfume distinto do *samadhi* vem por meio do *satori*.

Assim, o *satori* auxilia; mas qualquer coisa que auxilie pode se tornar uma barreira se você se agarrar a ela e sentir que aquilo é tudo. O *satori* tem uma bem-aventurança que pode enganar a pessoa; ele tem uma bem-aventurança que é própria dele mesmo. Como você não conheceu o *samadhi*, esse é o bem supremo que vem até você, e você se agarra a ele. Mas, se você se agarra a ele, pode transformar aquilo que era auxiliar, que era amistoso em algo que se torna uma barreira e um inimigo.

Assim, a pessoa tem de estar consciente do possível perigo do *satori*. Se você estiver consciente disso, então a experiência do *satori* será de auxílio. Um vislumbre momentâneo, único, é algo que jamais pode ser conhecido por outros meios. Ninguém pode explicá-lo; nenhuma palavra – nenhuma comunicação – pode funcionar sequer como um sinal daquilo. O *satori* é significativo, mas simplesmente como um vislumbre, como uma brecha, como uma brecha única, momentânea, dentro da existência, dentro do abismo. Você ainda nem sequer conheceu o momento, nem mesmo ficou consciente dele, e ele já se fechou para você. Exatamente como o clique de uma câmera – um clique, e tudo acabou. Então, um anseio será criado; você arriscará tudo por aquele momento. Mas não anseie por ele, não o deseje; deixe-o adormecer na memória. Não faça dele um problema: simplesmente esqueça-o. Se você puder se esquecer daquele momento e não se agarrar a ele, esses momentos virão a você cada vez mais, os vislumbres virão a você cada vez mais.

Uma mente reivindicadora se torna fechada, e o vislumbre fica vedado. Ele sempre vem quando você não está consciente dele, quando você não está procurando por ele – quando você está relaxado, quando não está nem pensando nele, quando nem mesmo está meditando. Até quando você está meditando, o vislumbre se torna impossível, mas, quando você não está meditando, quando está simplesmente num momento de entrega – sem fazer nada, sem nem mesmo esperar por qualquer coisa –, nesse momento relaxado, o *satori* acontece.

Começará a acontecer cada vez mais, mas não pense nele; não anseie por ele. E nunca o confunda com o *samadhi*.

Que espécie de preparação é necessária para vivenciar o satori*?*

O *satori* se torna possível para um grande número de pessoas, porque, algumas vezes, ele não precisa de nenhuma preparação; às vezes, ele acontece por acaso. A situação é criada, mas sem nenhuma intenção. Há muitas pessoas que já o conheceram. Elas podem até não conhecer aquilo como *satori*, podem não ter interpretado como *satori*, mas o conheceram. O surgimento de um grande amor pode criá-lo.

Até mesmo com o uso de drogas químicas, o *satori* é possível. Ele é possível com a mescalina, o LSD, a maconha, porque, mediante uma mudança química, a mente se expande, de modo que há um vislumbre. Afinal, todos nós temos corpos químicos – a mente e o corpo são unidades químicas. Assim, por meio da química, também, pode ser possível um vislumbre.

Às vezes, um perigo súbito pode penetrar tanto em você que o vislumbre se torna possível; às vezes, um grande choque leva-o tanto para o momento que o vislumbre se torna possível. E, para aqueles que têm alguma sensibilidade estética, que têm um coração poético, que têm uma atitude sensível em direção à realidade, e não uma atitude intelectual, o vislumbre pode ser possível.

Para uma personalidade racional, lógica, intelectual, o vislumbre é impossível. Algumas vezes, ele pode acontecer a uma pessoa intelectual, mas somente por meio de uma tensão intelectual intensa – quando, de repente, a tensão é relaxada. Aconteceu a Arquimedes. Ele estava num *satori*, quando saiu nu para as ruas, diretamente de sua banheira, e começou a gritar: "Heureca, descobri!" Foi uma liberação súbita da tensão constante que ele mantinha em relação a um problema. O problema estava resolvido; assim, a tensão que existia devido ao problema, foi, de repente, completamente liberada. Ele saiu correndo nu, pelas ruas, gritando: "Heureca, descobri!"

Para uma pessoa intelectual, se um grande problema – que estava exigindo sua mente de forma total, levando-o ao cume de uma tensão intelectual – é resolvido, isso pode levá-la a um momento de *satori*. Mas para as mentes estéticas é mais fácil.

Você quer dizer que até mesmo uma tensão intelectual pode ser um meio de atingir o satori*?*

Pode ser, pode não ser. Se você ficar intelectualmente tenso durante esta discussão e a tensão não for levada ao extremo, ela será uma barreira. Mas se você fica totalmente tenso e, então, de repente, algo é compreendido, essa compreensão será uma liberação, e o *satori* poderá acontecer.

Ou, se esta discussão não for tensa, absolutamente, se estivermos apenas fofocando – totalmente relaxados, totalmente sem seriedade – até mesmo esta discussão pode ser uma experiência estética. Não são somente as flores que são estéticas: até as palavras podem sê-lo. Não são somente as árvores que são estéticas; os seres humanos também podem sê-lo. Não é só quando você está observando as nuvens passando que aquele *satori* se torna possível... Mas é necessária ou uma participação relaxada, ou uma participação muito tensa. Você pode estar relaxado para começar, ou o relaxamento pode vir a você devido à sua tensão ter sido levada ao máximo e, então, liberada. Quando um dos dois casos acontece, até um diálogo, uma discussão podem ser fontes de *satori*. Qualquer coisa pode se tornar a fonte do *satori*: depende de você. Nunca depende de alguma outra coisa. Você está simplesmente passando por uma rua: uma criança está rindo... e o *satori* pode acontecer.

Existe um haicai que conta uma história mais ou menos assim: um monge está cruzando uma rua, e uma flor muito comum está saindo de uma parede – uma florzinha muito comum, uma flor banal, que tem em todo lugar. Ele olha para ela. É a primeira vez que ele olha para ela, porque ela é tão comum, tão óbvia. Pode-se sempre encontrá-la em algum lugar; assim, ele nunca se dera ao trabalho de olhar para ela antes, realmente. Ele olha para ela – e o *satori* acontece.

Uma flor comum nunca é olhada. É tão comum que você se esquece dela. Assim, o monge nunca tinha visto aquela flor realmente antes. Pela primeira vez na sua vida, ele a tinha *visto*, e o evento se tornou fenomenal. Esse primeiro encontro com a flor, com essa florzinha comum, torna-se único. Agora, ele lamenta aquilo. Ela sempre estivera ali esperando por ele, mas ele jamais olhara para ela. Ele lamenta muito isso, pede perdão... e a coisa acontece.

A flor está ali, e o monge está ali, dançando. Alguém pergunta: "O que você está fazendo?"

Ele diz: "Eu vi algo incomum em uma flor muito comum. A flor esteve sempre esperando; eu nunca olhei para ela antes – mas, hoje, aconteceu um encontro." A flor não é mais comum agora. O monge penetrou a flor, e a flor penetrou o monge.

Uma coisa comum, até mesmo um seixo, pode ser uma fonte. Para uma criança, um seixo é uma fonte, mas para nós ele não é uma fonte, porque se tornou muito familiar. Qualquer coisa incomum, qualquer coisa rara, qualquer coisa que entre na sua visão pela primeira vez pode ser uma fonte para o *satori*; e se você estiver disponível – se você estiver ali, se sua presença existir –, o fenômeno acontece.

O *satori* acontece a quase todo mundo. Ele pode não ser interpretado como tal, você pode nunca ter ouvido falar que aquilo é *satori*, mas ele acontece. E esse acontecimento é a causa de toda a busca espiritual; de outro modo, a busca espiritual não seria possível. Como você pode estar em busca de alguma coisa da qual você não teve nem mesmo um vislumbre? Primeiramente, alguma coisa deve ter vindo até você, algum raio deve ter vindo até você – um toque, uma aragem – alguma coisa deve ter vindo até você, gerando a busca.

Uma busca espiritual só é possível se alguma coisa aconteceu a você sem o seu conhecimento. Pode ter sido no amor, pode ter sido na música, pode ter sido na natureza, pode ter sido na amizade – pode ter sido em qualquer estado de comunhão. Alguma coisa aconteceu a você e foi uma fonte de bem-aventurança; e agora é apenas uma lembrança, uma memória. Pode até não ser uma memória consciente. Pode ser inconsciente, pode ter ficado esperando como uma semente em algum lugar bem fundo, lá dentro de você. Essa semente se tornará a fonte de uma busca e você continuará procurando por alguma coisa que você não conhece. O que você está procurando? Você não sabe. Mas, ainda assim, em algum lugar, mesmo desconhecida por você, alguma experiência – algum momento de bem-aventurança – se tornou parte essencial da sua mente. Aquilo se tornou uma semente e, agora, essa semente está funcionando por conta própria, e você está em busca de algo que você não pode nomear, que você não pode explicar.

O que você está procurando? Se uma pessoa espiritual for sincera e honesta, ela não pode dizer "eu estou procurando Deus", porque ela não sabe nem se Deus existe ou não. E a palavra "Deus" é absolutamente insignificante, a menos que você o tenha conhecido. Assim, você não pode procurar Deus ou *moksha*, liberação – você não pode. Um buscador sincero terá de voltar-se para si mesmo. A busca não é por alguma coisa exterior, é por algo interior. Em algum lugar, alguma coisa é conhecida, algo que foi vislumbrado, que se tornou uma semente, e agora essa coisa o está impulsionando, empurrando-o em direção a algo desconhecido.

A busca espiritual não é uma atração que vem de fora: é um impulso vindo de dentro. É sempre um impulso. E se for uma atração, o buscador é insincero, inautêntico. Então, não se trata de nada mais do que uma busca por uma nova espécie de gratificação, um novo movimento para os seus desejos. A busca espiritual é sempre um impulso em direção a algo profundo dentro de você, do qual você já teve um vislumbre. Você não interpretou aquilo; você não o conheceu conscientemente. Pode ser uma memória de um *satori* na infância, que está lá no fundo do inconsciente. Pode ser um momento bem-aventurado de *satori* no útero de sua mãe, uma existência bem-aventurada sem nenhuma preocupação, sem nenhuma tensão, com um estado completamente relaxado da mente. Pode ser uma profunda sensação inconsciente, uma sensação que você não conheceu conscientemente, que o está impulsionando.

Os psicólogos concordam que todo o conceito de busca espiritual vem da experiência bem-aventurada no útero da mãe. Ele é tão bem-aventurado, tão escuro... – não há nem mesmo um único raio de tensão. Com o primeiro vislumbre de luz, a tensão começa a ser sentida, mas a escuridão é o absoluto relaxamento. Não há nenhuma preocupação, nada a fazer. Você nem mesmo tem de respirar – sua mãe respira por você. Você existe exatamente como se interpreta que alguém existe quando *moksha* é alcançado. Tudo simplesmente *é*... e ser é bem-aventurança. Nada tem de ser feito para alcançar esse estado – ele simplesmente *é*.

Assim, pode ser que haja uma semente inconsciente, profunda dentro de você, que já vivenciou o relaxamento total. Pode ser alguma experiência da infância, de bem-aventurança estética, um *satori* infantil. Toda infância é cheia de *satori*, mas nós a perdemos. O Paraíso é perdido, e Adão é jogado para fora do Paraíso. Mas a lembrança está presente, a memória desconhecida que o impele adiante.

O *samadhi* é diferente disso. Você não conheceu o *samadhi*, mas, por meio do *satori*, há a promessa de que algo maior é possível. O *satori* se torna uma promessa que conduz a pessoa em direção ao *samadhi*.

O que devemos fazer para atingi-lo?

Você não deve fazer nada. Somente uma coisa: você deve ficar consciente, você não deve resistir – não deve haver nenhuma resistência a isso. Mas há resistência. Há uma resistência inconsciente. Se alguma coisa começa a acontecer ao *brahma randhra*, isso começa a fazer que a morte do ego se aproxime. Parece tão doloroso que surge uma resistência interior. Essa resistência pode tomar duas formas: ou você irá parar de fazer meditação, ou irá perguntar o que pode ser feito para transcender isso, para ir além disso.

Nada pode ser feito. Essa pergunta também é uma espécie de resistência. Deixe que aquilo faça o que está fazendo. Basta ficar consciente e aceitá-lo totalmente. Fique com aquilo: deixe que faça o que quer que esteja fazendo, e seja cooperativo com isso.

Eu devo ser apenas um observador disso?

Não seja apenas um observador, porque ser apenas um observador desse processo criará barreiras. Não seja um observador. Coopere; seja um com aquilo. Simplesmente coopere com aquilo, renda-se totalmente – entregue-se àquilo – e lhe diga: "Faça o que for para ser feito, faça o que quer que seja necessário." E simplesmente coopere.

Não resista e não dê atenção àquilo, porque até sua atenção será uma resistência. Simplesmente fique com aquilo e deixe que faça o que for necessário. Você não pode saber o que é necessário e não pode planejar o que deve ser feito. Você só pode se render àquilo e deixá-lo fazer o que for necessário. O *brahma randhra* tem sua própria sabedoria, e se nós ficarmos muito atentos a ele, uma perturbação será criada.

No momento em que fica consciente de qualquer um dos funcionamentos internos do seu corpo, você cria uma perturbação, porque cria tensão. Todo o funcionamento do corpo, o funcionamento interno, é inconsciente. Por exemplo: uma vez que você tenha comido o seu alimento, não deve ficar atento a ele; deve deixar seu corpo fazer o que quiser. Se você ficar atento ao estômago, então você o perturbará – todo o funcionamento será perturbado, e todo o estômago adoecerá.

Do mesmo modo, quando o *brahma randhra* estiver funcionando, não fique atento a ele, porque sua atenção funcionará contra ele, você funcionará contra ele. Você ficará face a face com ele, e esse enfrentamento, essa confrontação será uma perturbação; então, o processo será desnecessariamente prolongado.

Assim, a começar de amanhã, simplesmente fique com ele, ande com ele, sofra com ele, e deixe-o fazer o que queira fazer. Você deve ficar totalmente entregue, dar-se inteiramente a ele. Essa entrega é *akarma*, não-atividade. É mais *akarma* do que ficar atento, porque sua atenção é karma, ação – é uma atividade.

Assim, simplesmente fique com o que quer que esteja acontecendo. Isso não quer dizer que por estar com ele você não estará consciente, mas simplesmente que você não estará atento. Você estará consciente e essa é a diferença. Enquanto você estiver com ele, haverá percepção, uma consciência difusa. Você saberá o tempo todo que algo está acontecendo, mas, agora, você estará com aquilo, e não haverá nenhuma contradição entre sua consciência e o acontecimento.

A meditação conduzirá ao samadhi*?*

No começo, o esforço será necessário. A menos que você esteja além da mente, o esforço será necessário. Uma vez que você esteja além da mente, não há mais nenhuma necessidade de esforço e, se ele ainda for necessário, isso significa que você não está além da mente. Uma bem-aventurança que necessita de esforço é da mente. Uma bem-aventurança que não necessita de nenhum esforço, tornou-se natural, é do ser; então, ela é como a respiração. Nenhum esforço é necessário – não só nenhum esforço, mas nenhum estado de alerta é necessário. Aquilo continua. Agora, não é algo acrescentado a você: *é* você. Então, torna-se *samadhi*.

Dhyan, meditação, é esforço; *samadhi* é um estado de ausência de esforço. Meditação é esforço; êxtase é ausência de esforço. Então, você não precisa fazer nada a esse respeito. Eis por que eu digo que a menos que você chegue a um ponto em que a meditação se torne inútil, você não atingiu a meta. O caminho deve se tornar inútil. Se você alcançou a meta, se você chegou à meta, o caminho é inútil.

CAPÍTULO 16

A ENERGIA SEXUAL E O DESPERTAR DA *KUNDALINI*

Como a pessoa supera a atração em direção ao sexo, de modo que a kundalini *possa subir?*

A energia tem ido para baixo, passando através do centro sexual continuamente, durante muitos nascimentos; assim, quando qualquer energia é criada, ela primeiramente tentará descer. Eis por que a meditação às vezes irá criar mais sexualidade em você do que você já sentia antes. Você se sentirá mais sexual, porque gerou mais energia do que tinha antes. Quando você conservou algo, a passagem antiga, habitual, está pronta para liberar aquilo. O mecanismo está pronto, a velha passagem está pronta. Sua mente só conhece uma passagem – a mais baixa, a passagem sexual –; assim, quando você está meditando, o primeiro movimento de sua energia vital será para baixo. Simplesmente fique consciente disso.

Não lute contra isso; simplesmente fique consciente disso. Fique consciente da passagem habitual, fique consciente das imagens sexuais – deixe-as vir. Fique consciente delas, mas não faça nada a respeito da situação: simplesmente fique consciente dela. A passagem sexual não pode operar sem sua cooperação, mas, se você coopera com ela, mesmo que por um único momento, ela pode começar a funcionar. Assim, não coopere com ela: simplesmente fique consciente dela.

O mecanismo do sexo é um fenômeno tão momentâneo que só funciona naquele instante exato: se você não cooperar no momento certo, ele pára. No momento certo, sua cooperação é necessária, caso contrário, ele não pode funcionar. É apenas um mecanismo momentâneo, e, se você não cooperar com ele, ele irá parar por si só.

Repetidamente, a energia é criada por meio da meditação. Ela continua se movendo para baixo, mas agora você está consciente disso. A velha passagem está fechada – não reprimida. A energia existe e precisa ser liberada, mas a porta inferior está fechada: não reprimida – fechada. Você não cooperou com ela, eis tudo. Você não a reprimiu de modo positivo: você apenas, de modo negativo, não cooperou com ela.

Você simplesmente ficou consciente do que está acontecendo à sua mente, ao seu corpo. Você ficou consciente; então a energia é conservada. Então, a quantidade de energia fica cada vez mais intensa, e um empurrão para cima se torna necessário. Agora, a energia irá para cima: pela própria força dela, uma nova passagem será aberta.

Quando a energia for para cima, você ficará mais sexualmente atraente para os outros, porque a energia vital, indo para cima, cria uma grande força magnética. Você ficará mais atraente sexualmente para os outros; assim, você deve ficar consciente disso. Agora, você atrairá as pessoas sem saber, e a atração não será só física: a atração será etérea.

Até mesmo um corpo repulsivo, um corpo sem atrativos, irá se tornar atraente com a ioga. A atração é etérea; e ela é tão magnética que a pessoa tem de estar constantemente consciente disso, constantemente consciente. Você será atraente... e o sexo oposto será irresistivelmente atraído para você. Há sutis vibrações que são criadas pelo seu corpo etéreo: você deve ficar consciente delas. O tipo de atração que será sentido pelo sexo oposto, diferirá – ela tomará muitas formas diferentes –, mas, basicamente, será sexual: na sua raiz, será sexual.

Mas você pode ajudar essas pessoas. Mesmo que elas sejam atraídas por você sexualmente, elas foram atraídas por uma energia sexual que está se movendo para cima. E elas também não são seres sexuais comuns: a energia sexual subindo se tornou uma atração, um magneto. Assim, você pode ajudá-las: se você não se envolver, então você pode ajudá-las.

No acordar da kundalini, *na abertura da passagem, não há um aumento do poder sexual?*

O aumento do poder sexual e a abertura da passagem da *kundalini* são simultâneos – não são o mesmo, mas simultâneos. O aumento do poder sexual será o empurrão para abrir os centros mais acima; assim, o poder sexual aumentará. Se você puder ficar consciente disso e não usá-lo sexualmente – se você não permitir que ele seja liberado sexualmente – ele se tornará tão intenso que o movimento para cima começará.

Primeiramente, a energia tentará ao máximo ser liberada sexualmente, porque essa é a saída usual, seu centro usual. Assim, a pessoa deve primeiramente ficar consciente das "portas" que ficam para baixo. Somente a consciência as fecha; somente a não-cooperação as fechará. O sexo não é tão poderoso quanto sentimos que seja. Ele é poderoso apenas momentaneamente: não é algo que funciona 24 horas, é um desafio momentâneo.

Se você puder ser não-cooperativo e consciente, ele se vai. E você sentirá mais felicidade do que quando a energia sexual é liberada pela passagem para baixo. A conservação da energia é sempre algo venturoso: o desperdício de energia é somente um alívio, não é venturoso. Você liberou uma carga; você se aliviou de algo que o estava perturbando. Agora, você ficou descarregado, mas você também ficou esvaziado.

A sensação de vazio que está tomando conta de toda a mente ocidental é simplesmente devido ao desperdício sexual. A vida parece ser vazia. A vida nunca é vazia, mas parece ser vazia, porque você tem vivido simplesmente se descarregando, sempre se aliviando. Se algo é conservado, isso se torna uma riqueza: se sua porta para cima é aberta e a energia vai para cima, você não apenas se sente aliviado, não apenas o ponto de tensão é aliviado, mas agora ele não fica vazio. De certo modo, ele fica preenchido – ele se torna transbordante.

A energia foi para cima, mas o centro básico não ficou vazio. Ele está transbordante, e a energia transbordante vai para cima, para cima em direção ao *brahma randhra*. Então, perto do *brahma randhra*, não há nem movimento para cima, nem movimento para baixo. Agora, a energia vai para o cósmico: vai para o todo; vai para o *brahman* – a suprema realidade. Eis por que o sétimo *chakra* é conhecido como *brahma randhra* – a porta para o *brahman*, a porta para o divino. Então, não haverá nenhum "para cima" e nenhum "para baixo". Isso será sentido como se algo estivesse penetrando, impelindo para cima – e virá um momento em que a pessoa se sentirá como se algo já não estivesse ali, tivesse ido embora. Agora, está transbordando dentro da passagem.

As pétalas do *sahasrar* são apenas um símbolo para as sensações que ocorrem quando a energia transborda. O transbordamento é um desabrochar, exatamente como uma flor em si é um transbordamento. Você sentirá que algo se tornou uma flor: a porta está aberta, e ela irá para fora.

Isso não será sentido interiormente. Será sentido exteriormente. Algo se abriu como uma flor, como uma flor de mil pétalas. Isso é apenas uma sensação, mas a sensação corresponde à verdade. A sensação é uma tradução e uma interpretação. A mente não pode conceber, mas a sensação é exatamente a de um desabrochar. A coisa mais perto, mais próxima que podemos dizer é que é como um botão de flor se abrindo. É sentido assim. Eis por que concebemos a abertura do *sahasrar* como um lótus de mil pétalas.

Tantas pétalas – tantas! E elas vão se abrindo, vão se abrindo... o desabrochar é infinito. É uma realização: é um florescimento do ser humano. Então, você se torna exatamente como uma árvore, e tudo que existia em você floresceu.

Então, tudo o que você pode fazer é oferecer essa flor ao divino.

Temos oferecido tantas flores, mas são flores abatidas. Somente esta flor pode ser uma oferenda real.

CAPÍTULO 17

A MANIFESTAÇÃO DO *PRANA* NOS SETE CORPOS

O que é prana *e como ele é manifestado em cada um dos sete corpos?*

Prana é energia – a energia viva em nós, a vida em nós. Essa vida se manifesta, no que tange ao corpo físico, como a entrada e a saída do ar, a respiração. Essas são duas coisas opostas. Nós as tomamos como uma só. Dizemos "respiração" – mas a respiração tem duas polaridades: a entrada e a saída do ar.

Toda energia tem polaridades, toda energia existe em dois pólos opostos. Não pode existir de outro modo. Os pólos opostos, com sua tensão e harmonia, criam energia – assim como os pólos magnéticos.

A inspiração é bem contrária à expiração, e esta é bem contrária à inspiração. Em um único momento, a inspiração é bem parecida com o nascimento, e a expiração é bem parecida com a morte. Em um único momento, as duas coisas estão acontecendo: quando você inspira, você nasce; quando você expira, você morre. Em um único momento há nascimento e morte. Essa polaridade é energia vital entrando e saindo.

No corpo físico, a energia vital assume essa forma de manifestação. A energia vital nasce e, depois de setenta anos, morre. Essa também é uma grande manifestação do mesmo fenômeno: a inspiração e a expiração... o dia e a noite.

Em todos os sete corpos – o físico, o etéreo, o astral, o mental, o espiritual, o cósmico e o *nirvânico* – haverá um fenômeno correspondente de entrada e de saída. No que tange ao corpo mental, pensamento entrando e pensamento saindo é a mesma espécie de fenômeno, semelhante à respiração entrando e saindo. A todo momento um pensamento entra na sua mente e um pensamento sai.

O próprio pensamento é energia. No corpo mental, a energia se manifesta como entrada de pensamento e saída de pensamento; no corpo físico ela se manifesta como inspiração e expiração. Eis por que você pode mudar seu pensamento com a respiração. Existe uma correspondência.

Se você parar de inspirar, o pensamento será impedido de entrar. Pare de inspirar no corpo físico, e, no corpo mental, o pensamento irá parar. E, à medida que o corpo físico se sentir mal, seu corpo mental se sentirá mal. O corpo físico ansiará por inspirar; o corpo mental ansiará por pensar.

Assim como a inspiração é tomada de fora e o ar existe do lado de fora, do mesmo modo um oceano de pensamentos existe do lado de fora de você. Os pensamentos entram e saem. Sua respiração pode se tornar minha respiração em outro momento, e seus pensamentos podem se tornar meus pensamentos. Toda vez que você expele o ar, do mesmo modo você está expelindo seus pensamentos. Assim como o ar existe, do mesmo modo existe o pensamento; assim como o ar pode ser contaminado, do mesmo modo o pensamento pode ser contaminado; assim como o ar pode ser impuro, do mesmo modo o pensamento pode ser impuro.

A respiração em si não é o *prana*. *Prana* significa energia vital, que se manifesta por essas duas polaridades de entrada e saída. A energia que leva a respiração para dentro é o *prana*, não a respiração em si. A energia que leva a respiração para dentro, que a sustenta, essa energia que está levando o ar para dentro e jogando-o para fora, é *prana*.

A energia que leva o pensamento para dentro e joga o pensamento para fora, essa energia também é *prana*. Em todos os sete corpos existe esse processo. Estou falando agora somente do físico e do mental, porque esses dois são nossos conhecidos; podemos compreendê-los facilmente. Mas em cada camada do seu ser acontece a mesma coisa.

Nosso segundo corpo, o corpo etéreo, tem seu próprio processo de entrada e saída. Você sentirá esse processo em cada um dos sete corpos, mas sentirá exatamente como a inspiração e a expiração, porque você só está familiarizado com o corpo físico e seu *prana*. Então, você sempre terá uma compreensão incorreta.

Sempre que alguma sensação vem a você de outro corpo ou de seu *prana*, você primeiramente a compreenderá como a entrada e a saída da respiração, porque essa é a única experiência que você conhece. Você só conheceu essa manifestação do *prana*, da energia vital. Mas, no plano etéreo, não há nem respiração nem pensamento, mas influência – simplesmente influência entrando e saindo.

Você entra em contato com alguém que você não conhecia antes. Essa pessoa nem ao menos falou com você, mas alguma coisa relacionada a ela entra. Ou você a recebe, ou você a manda para fora. Há uma influência sutil: você pode chamá-la de amor, ou pode chamá-la de ódio – o atrativo ou o repulsivo. Quando você sente repulsa ou é atraído, isso vem do seu segundo corpo. E a todo momento o processo está acontecendo; não pára nunca. Você está sempre recebendo influências e expelindo-as. O outro pólo sempre existirá. Se você amou alguém, então, em certo momento, você sentirá repulsa. Se você amou alguém, a respiração foi levada para dentro: agora ela será jogada fora e você sentirá repulsa.

Assim, todo momento de amor será seguido por um momento de repulsa. A energia vital existe na polaridade. Ela nunca existe em um só pólo. Não pode! E sempre que você tenta fazer que ela fique em um só pólo, você tenta o impossível.

Você não pode amar alguém sem odiá-lo em algum momento. O ódio existirá, porque a força vital não pode existir em um único pólo. Ela existe em polaridades opostas; assim, um amigo está destinado a ser um inimigo – e isso seguirá assim. Essa entrada e essa saída acontecerão até o sétimo corpo. Nenhum corpo pode existir sem esse processo – a entrada e a saída. Não pode, exatamente como o corpo físico não pode existir sem a entrada e a saída do ar.

No que tange ao corpo físico, nunca tomamos essas duas coisas como opostas; assim, não nos perturbamos com isso. A vida não faz nenhuma distinção entre inspiração e expiração. Não há nenhuma distinção de ordem moral. Não há nada a ser escolhido: ambas são o mesmo. O fenômeno é natural.

Mas, no que tange ao segundo corpo, o ódio não deve estar lá e o amor deve estar lá. Então, você começou a escolher. Você começou a escolher, e essa escolha criará perturbações. Eis por que o corpo físico é comumente mais saudável do que o segundo corpo, o etéreo. O corpo etéreo está sempre em conflito, porque a escolha de ordem moral fez disso um inferno.

Quando o amor vem a você, você sente um bem-estar, mas, quando o ódio vem a você, você se sente doente. Mas ele está destinado a vir – assim, uma pessoa que sabe, uma pessoa que compreendeu as polaridades não fica desapontada quando ele vem. Uma pessoa que conheceu as polaridades, fica à vontade, em equilíbrio. Ela sabe que aquilo está destinado a acontecer; assim, nem tenta amar quando não está amando, nem cria nenhum ódio. As coisas vêm e vão: ela não é atraída para o que entra nem sente repulsa pelo que sai. Ela permanece simplesmente um observador. Ela diz: "É exatamente como a inspiração e a expiração."

O método de meditação budista do *"Anapana-sati Ioga"* está voltado para isso. Ele diz para você ser apenas um observador da sua respiração. Seja um observador, e comece pelo corpo físico. Os outros seis corpos não são referidos no *Anapana-sati*, porque eles virão por si mesmos, pouco a pouco.

Quanto mais você ficar familiarizado com essa polaridade – com esse morrer e viver simultaneamente, com esse nascimento e morte simultâneos – mais ficará consciente do segundo corpo. Com respeito ao ódio, então, Buda diz: "Tenha *upeksha*" – seja indiferente. Quer seja ódio, ou amor, seja indiferente. E não se apegue a ninguém, porque, se você ficar apegado, o que acontecerá ao outro pólo? Então, você ficará num estado enfermo de desassossego. A doença existirá; você não ficará sossegado.

Buda diz: "A chegada da amada é bem-vinda, mas a ida da amada é lamentada. O encontro com aquele que é repulsivo é um sofrimento, e a partida do repulsivo é uma bem-aventurança. Mas, se você continuar se dividindo entre essas polaridades, ficará no inferno, viverá em um inferno."

Se você simplesmente se torna um observador dessas polaridades, então diz: "Isto é um fenômeno natural. É natural no que concerne a este 'corpo'" – isto é, a um dos sete corpos. "O corpo existe por causa disso; de outro modo, não poderia existir." E, no momento em que você fica consciente disso, você transcende o corpo. Se você transcende seu primeiro corpo, então, você toma consciência do seu segundo corpo. Se você transcende seu segundo corpo, então você fica consciente do terceiro...

A observação está sempre além da vida e da morte. A inspiração e a expiração são duas coisas e, se você se torna um observador, então você não é nenhuma das duas. Então, uma terceira força passou a existir. Agora, você não é as manifestações do *prana* no corpo físico: agora, você *é* o *prana*, o observador. Agora, você vê que a vida se manifesta no nível físico devido a essa polaridade e, se essa polaridade parar, o corpo físico não existirá, não poderá existir. Ele precisa de tensão para existir – essa constante tensão da entrada e da saída, essa constante tensão do nascimento e da morte. Ele existe devido a isso. A cada momento ele se move entre os dois pólos; caso contrário, ele não existiria.

No segundo corpo, "amor e ódio" é a polaridade básica. Ela se manifesta de muitos modos. A polaridade básica é esse gostar e desgostar e, a todo momento, seu gostar se torna desgostar e seu desgostar se torna gostar – a todo momento! Mas você nunca vê isso. Quando seu gostar se torna desgostar, se você reprimir seu desgostar e continuar se enganando e achando que continuará gostando das mesmas coisas sempre, estará apenas se enganando duplamente. E, quando você desgosta de alguma coisa, continua não gostando dela, nunca se permitindo ver os momentos em que gostou dela. Suprimimos nosso amor por nossos inimigos, e suprimimos nosso ódio por nossos amigos. Vivemos suprimindo! Permitimos somente um movimento, somente um pólo, mas, como ele sempre volta, ficamos à vontade. Ele retorna; assim, ficamos à vontade. Mas isso é descontínuo; nunca é contínuo. Não pode ser.

A força vital se manifesta como gosto e desgosto no segundo corpo. Mas isso é exatamente como a respiração: não há nenhuma diferença. A influência é o meio aqui; o ar é o meio no corpo físico. O segundo corpo vive na atmosfera das influências. Não é simplesmente que alguém entra em contato com você e você começa a gostar dessa pessoa. Mesmo que ninguém entre e você esteja sozinho na sala, você estará gostando/desgostando, gostando/desgostando. Não fará nenhuma diferença: o gostar e o desgostar continuarão se alternando continuamente.

É por meio dessa polaridade que o corpo etéreo existe – ela é a respiração dele. Se você se torna um observador disso, então pode apenas rir. Então, não há nenhum inimigo e nenhum amigo. Então, você sabe que isso é apenas um fenômeno natural.

Se você fica consciente e se torna um observador do segundo corpo – do gostar e desgostar –, então pode conhecer o terceiro corpo. O terceiro corpo é o corpo astral. Exatamente como as "influências" do corpo etéreo, o corpo astral tem "forças magnéticas". O magnetismo é sua respiração. Num momento você está poderoso e no momento seguinte você está sem poder; num momento você está esperançoso e no momento seguinte você está desesperançado; num momento você está confiante e no momento seguinte você perde toda a confiança. Isso é a entrada do magnetismo em você e a saída do magnetismo de você. Há momentos em que você pode desafiar até Deus, e há momentos em que você tem medo até de uma sombra.

Quando a força magnética está em você, quando ela está entrando em você, você é grande; quando ela se vai, você é simplesmente um ninguém. E isso vai mudando, indo e vindo, exatamente como o dia e a noite: o círculo gira, a roda gira. Assim, mesmo uma pessoa como Napoleão tinha seus momentos de impotência e mesmo uma pessoa covarde tem seus momentos de bravura.

No judô, há uma técnica para saber quando uma pessoa está enfraquecida. Esse é o momento de atacá-la. Quando ela está poderosa, você está destinado a ser derrotado; assim, você precisa saber o momento em que o poder magnético dela vai sair, e então atacá-la; e você deve incitá-la a atacá-lo quando a sua força magnética está entrando.

Essa entrada e saída da força magnética corresponde à respiração. Eis por que, quando tem de fazer alguma coisa difícil, você prende a respiração. Por exemplo, se você for levantar uma pedra pesada, não pode pegá-la quando a respiração está saindo. Você não pode fazer isso assim! Mas, quando a respiração está entrando, ou quando a respiração está presa, você pode fazê-lo. Sua respiração corresponde ao que está acontecendo no terceiro corpo. Assim, quando a respiração está saindo – a menos que a pessoa tenha sido treinada para enganá-lo –, esse é o momento em que a força magnética está saindo; esse é o momento de atacar. E esse é o segredo do judô. Mesmo uma pessoa mais forte que você pode ser derrotada se você souber o segredo de quando ela está amedrontada e enfraquecida. Quando a força magnética está fora dela, ela fatalmente está enfraquecida.

O terceiro corpo vive numa esfera magnética, parecida com o ar. Há forças magnéticas por todo lado: você as está inspirando e expirando. Mas, se você fica consciente dessa força magnética que está entrando e saindo, então você não é nem poderoso nem fraco. Você transcende essas duas coisas.

Então, há o quarto corpo, o corpo mental: pensamento puxado para dentro e pensamento jogado para fora. Mas esse "pensamento entrando" e "pensamento saindo" têm paralelos também. Quando um pensamento lhe vem enquanto você inspira, é somente nesses momentos que nasce o pensamento original. Quando você expira, esses são os momentos de impotência – nenhum pensamento original pode nascer nesses momentos. Nos momentos em que há algum pensamento original, a respiração chega a parar. Quando algum pensamento original nasce, a respiração pára. Isso é só um fenômeno correspondente.

No pensamento que sai, nada nasce. Ele está simplesmente morto. Mas, se você fica consciente dos pensamentos entrando e saindo, então pode conhecer o quinto corpo.

Até o quarto corpo, as coisas não são difíceis de compreender, porque temos alguma experiência que pode se tornar a base para a compreensão. Além do quarto, as coisas vão ficando muito estranhas – mas, ainda assim, alguma coisa pode ser compreendida. E, quando transcender o quarto corpo, você compreenderá mais.

No quinto corpo... como dizer isso? A atmosfera para o quinto corpo é a vida – assim como o pensamento, assim como a respiração, assim como a força magnética, assim como o amor e o ódio são as atmosferas para os corpos inferiores.

Para o quinto corpo, a própria vida é a atmosfera. Assim, no quinto, a entrada é um momento de vida, e a saída é um momento de morte. Com o quinto, você se torna consciente de que a vida não é algo que está em você. Ela entra em você e sai de você. A vida em si não está em você; ela apenas entra e sai, exatamente como a respiração.

Eis por que a respiração e o *prana* se tornam sinônimos – devido ao quinto corpo. No quinto corpo, a palavra "*prana*" é significativa. Ela é vida que está chegando e vida que está saindo. E é por isso que o medo da morte está sempre nos seguindo. Você sempre está ciente de que a morte está por perto, esperando num canto. Ela está sempre ali, esperando. Essa sensação de que a morte está sempre esperando por você – essa sensação de insegurança, de morte, de escuridão – está ligada ao quinto corpo. É um sentimento muito sombrio, muito vago, porque você não está inteiramente consciente dele.

Quando chega ao quinto corpo e fica consciente dele, então você sabe que a vida e a morte são apenas respirações para o quinto corpo – entrando e saindo. E, quando fica consciente disso, você sabe que não pode morrer, porque a morte não é um fenômeno inerente; nem a vida. Ambas, vida e morte, são fenômenos exteriores acontecendo a você. Você nunca esteve vivo, você nunca esteve morto: você é alguma coisa que transcende completamente as duas coisas. Mas a sensação de transcendência só pode vir quando você fica consciente da força da vida e da força da morte no quinto corpo.

Freud disse em certa ocasião que de algum modo ele teve um vislumbre disso. Ele não era um adepto da ioga, caso contrário ele teria compreendido. Ele chamou a isso de "pulsão de morte", e disse que todo homem, às vezes, está ansiando profundamente pela vida e, às vezes, está ansiando profundamente pela morte. Há dois desejos opostos no homem: um desejo de viver e um desejo de morrer. Para a mente ocidental, isso era totalmente absurdo: como esses dois desejos contraditórios existiriam em uma só pessoa? Mas Freud disse que, se o suicídio é possível, deve haver o desejo de morrer.

Nenhum animal pode cometer suicídio, porque nenhum animal pode ficar consciente do quinto corpo. Os animais não podem cometer suicídio, porque não podem ficar conscientes, não podem saber que estão vivos. Para cometer suicídio, uma coisa é necessária: ter consciência da vida – e eles não estão conscientes da vida. Mas outra coisa também é necessária: para cometer suicídio, você deve também estar inconsciente da morte.

Os animais não podem cometer suicídio, porque não estão conscientes da vida, mas nós podemos cometer suicídio, porque estamos conscientes da vida, mas inconscientes da morte. Se a pessoa se torna consciente da morte, então ela não pode cometer suicídio. Um buda não pode cometer suicídio, porque o suicídio é desnecessário: é absurdo. Ele sabe que você não pode realmente se matar, você pode somente fingir que se mata. O suicídio é simplesmente uma pose, porque na verdade você não está nem vivo nem morto.

A morte está no quinto plano, no quinto corpo. Ela é uma saída de determinada energia e uma entrada de determinada energia. Você é aquele no qual a entrada e a saída acontecem. Se você se identificar com a primeira, pode perpetrar a segunda. Se você se identificar com o viver, e se a vida se tornar impossível, você pode dizer "cometerei suicídio". Esse é o outro aspecto do seu quinto corpo se afirmando. Não há um único ser humano que não tenha pensado alguma vez em cometer suicídio... porque a morte é o outro lado da vida. Esse outro lado pode se tornar ou suicídio ou assassinato: pode se tornar um dos dois.

Se você é obcecado pela vida, se você está tão apegado a ela que quer negar a morte completamente, você pode matar outra pessoa. Ao matar outra pessoa, você satisfaz seu desejo de morte: "a pulsão de morte". Com esse truque, você a satisfaz; e pensa que agora então não terá de morrer, porque outra pessoa morreu.

Todas aquelas pessoas que têm cometido grandes assassinatos – Hitler, Mussolini... – ainda estão com muito medo da morte. Elas estão sempre com medo da morte; assim, projetam essa morte nos outros. A pessoa que pode matar outra pessoa sente que é mais poderosa do que a morte: ela pode matar os outros. De um "modo mágico", com uma "fórmula mágica", ela pensa que, por poder matar, ela transcende a morte, que uma coisa que ela pode fazer aos outros não pode ser feita a ela. Isso é uma projeção da morte, mas isso pode voltar para você. Se você mata tantas pessoas e no fim comete suicídio, é a projeção retornando a você.

No quinto corpo, com a vida e a morte vindo a você – com a vida entrando e saindo –, a pessoa não pode ficar apegada a ninguém. Se você está apegado, não está aceitando a polaridade em sua totalidade, e ficará doente.

Até o quarto corpo, não é tão difícil, mas conceber a morte e aceitá-la como outro aspecto da vida é o ato mais difícil. Conceber a vida e a morte como paralelas – como exatamente o mesmo, como dois aspectos da mesma coisa – é o ato mais difícil. Mas no quinto corpo, essa é a polaridade. Essa é a existência *prânica* no quinto corpo.

Com o sexto corpo, as coisas ficam ainda mais difíceis, porque o sexto já não é vida. Para o sexto corpo... o que dizer? Depois do quinto, o "eu" some, o ego some. Então, não há nenhum ego; você se torna um com o todo. Agora, então, não é o seu "alguma coisa" que entra e sai, porque o ego não existe. Tudo se torna cósmico e, como se torna cósmico, a polaridade toma a forma de criação e destruição – *srishti* e *pralaya*. Eis por que fica mais difícil com o sexto corpo: a atmosfera é "a força criativa e a força destrutiva". Na mitologia hindu, eles chamam essas forças de Brahma e Shiva.

Brahma é a deidade da criação, Vishnu é a deidade da manutenção, e Shiva é a deidade da grande morte – da destruição ou dissolução, quando tudo volta à fonte original. O sexto corpo está nessa vasta esfera de criatividade e destrutividade: a força de Brahma e a força de Shiva.

A todo momento, a criação vem a você e, a todo momento, tudo entra em dissolução. Assim, quando um iogue diz: "Eu vi a criação e vi o *pralaya*, o fim; eu vi a chegada do mundo no ser e vi o retorno do mundo no não-ser", ele está falando sobre o sexto corpo. O ego não existe: tudo o que está entrando e saindo é você. Você se torna um com isso.

Uma estrela está nascendo: é o seu nascimento que está vindo. A estrela está desaparecendo: é você desaparecendo. Assim, diz-se na mitologia hindu que uma criação é uma respiração de Brahma – só uma respiração! É a força cósmica respirando. Quando ele, Brahma, inspira, a criação entra na existência: uma estrela nasce, as estrelas saem do caos, tudo passa a existir. E, quando sua respiração sai, tudo sai, tudo cessa: uma estrela morre... a existência se move para dentro da não-existência.

Eis por que estou dizendo que no sexto corpo é muito difícil. O sexto corpo não é egocêntrico: ele é cósmico. E no sexto corpo, tudo sobre a criação torna-se conhecido – tudo o que todas as religiões do mundo falam a respeito. Quando alguém fala sobre criação, está falando sobre o sexto corpo, e esse conhecimento diz respeito a ele. E quando alguém está falando do grande dilúvio, do fim, está falando sobre o sexto corpo.

No grande dilúvio da mitologia judeu-cristã ou babilônica, ou da mitologia siríaca, ou no *pralaya* dos hindus, há uma respiração que sai – aquela do sexto corpo. Essa é uma experiência cósmica, não uma experiência individual. É uma experiência cósmica. Você não está ali.

A pessoa que está no sexto corpo – aquela que chegou ao sexto corpo – verá tudo o que está morrendo como a sua própria morte. Um Mahavira não pode matar uma formiga não devido a algum princípio de não-violência, mas devido àquilo ser a sua própria morte. Tudo o que morre é a sua própria morte.

Quando você fica consciente disso, da criação e da destruição – das coisas entrando na existência a cada momento e das coisas saindo da existência a cada momento –, a consciência é do sexto corpo. Quando quer que uma coisa esteja saindo da existência, alguma outra coisa está entrando; um sol está morrendo, outro sol está nascendo em outro lugar; esta terra morrerá, uma outra terra virá. Ficamos apegados até no sexto corpo. "A humanidade não deve morrer!" – mas tudo o que nasce deve morrer, até mesmo a humanidade deve morrer. Bombas de hidrogênio serão criadas para destruí-la. E, no momento em que criamos bombas de hidrogênio, no mesmo momento criamos um anseio profundo de irmos para outro planeta, porque a bomba significa que a terra está perto de sua morte. Antes de esta terra morrer, a vida começará a evoluir em algum outro lugar.

O sexto corpo é a sensação da criação e da destruição cósmica – criação/destruição... inspiração/expiração. Eis por que a "respiração de Brahma" é usada. Brahma é uma personalidade do sexto corpo: você se torna Brahma no sexto corpo. Na verdade, você fica consciente de ambos, de Brahma e de Shiva, das duas polaridades. E Vishnu está além das polaridades. Eles formam a *trimurti*, a trindade: Brahma, Vishnu e Manesh – ou Shiva.

Essa trindade é a trindade da observação. Se você fica consciente de Brahma e Shiva – o criador e o destruidor –, se você fica consciente dos dois, então conhece o terceiro, que é Vishnu. Vishnu é a sua realidade no sexto corpo. Eis por que Vishnu se tornou o mais proeminente dos três. Brahma é lembrado, mas embora ele seja o deus da criação, é adorado somente talvez em um ou dois templos. Ele obrigatoriamente deveria ser adorado, mas não é realmente adorado.

Shiva é adorado até mais do que Vishnu, devido ao medo da morte. A adoração por ele vem do nosso medo da morte. Mas dificilmente alguém adora Brahma, o deus da criação, porque não há nada o que temer nele: você já está criado; assim, você não se interessa por Brahma. Eis por que nem um único grande templo foi dedicado a ele. Ele é o criador; assim, todo templo deveria ser dedicado a ele, mas não é.

Shiva tem o maior número de adoradores. Ele está em todo lugar, porque muitos templos dedicados a ele foram construídos. E basta uma pedra para simbolizá-lo; de outro modo, teria sido impossível criar tantas imagens dele. Assim, basta uma pedra... Simplesmente ponha uma pedra em algum lugar, e Shiva estará ali. Como a mente tem muito medo da morte, você não pode fugir de Shiva: ele deve ser adorado – e tem sido adorado.

Mas Vishnu é a divindade mais substancial. Eis por que Rama é uma encarnação de Vishnu, Krishna é uma encarnação de Vishnu, todo *avatar* – encarnação divina – é uma encarnação de Vishnu. E até mesmo Brahma e Shiva adoram Vishnu. Brahma pode ser o criador, mas ele cria para Vishnu; Shiva pode ser o destruidor, mas ele destrói para Vishnu. Esses são os dois aspectos da respiração de Vishnu, a inspiração e a expiração: Brahma é a inspiração e Shiva é a expiração. E Vishnu é a realidade no sexto corpo.

No sétimo corpo, as coisas ficam ainda mais difíceis. Buda chamou o sétimo corpo de *nirvana kaya*, o corpo da iluminação, porque a verdade, o absoluto, está no sétimo corpo. O sétimo corpo é o último corpo; assim, não há nem mesmo criação e destruição, mas, em vez disso, ser e não-ser. No sétimo, a criação é sempre de alguma outra coisa, não é da pessoa. A criação será de alguma outra coisa e a destruição será de alguma outra coisa, não da pessoa, ao passo que o ser é da pessoa, e o não-ser é da pessoa.

No sétimo corpo, ser e não-ser – existência e não-existência – são os dois aspectos da respiração. A pessoa não deve ficar identificada com nenhum dos dois. Todas as religiões são iniciadas por aqueles que alcançaram o sétimo corpo; e, no fim, a linguagem pode, no máximo, ser estendida a duas palavras: ser e não-ser. Buda fala a linguagem do não-ser, da expiração; ele diz: "O nada é a realidade"; enquanto Shankara fala a linguagem do ser e diz que Brahma é a suprema realidade. Shankara usa termos positivos, porque ele escolhe a inspiração, e Buda usa termos negativos porque escolhe a expiração. Mas essas são as únicas escolhas no que tange à linguagem.

A terceira escolha é a realidade, que não pode ser dita. No máximo, podemos dizer "ser absoluto" ou "não-ser absoluto". Isso ainda pode ser dito, porque o sétimo corpo está além disso. A transcendência ainda é possível.

Posso dizer algo sobre esta sala se você sair. Se eu transcender esta sala e chegar a uma outra sala, posso lembrar-me desta sala, posso dizer algo sobre ela. Mas, se eu sair desta sala e cair num abismo, então não poderei dizer nada nem sobre esta sala. Até aqui, com cada corpo, um terceiro ponto pôde ser capturado em palavras, simbolizado, porque o corpo além dele existia. Você podia ir lá e olhar em retrocesso. Mas isso só é possível até o sétimo corpo. Além do sétimo corpo, nada pode ser dito, porque o sétimo é o último corpo; além dele só há a "incorporeidade".

No sétimo corpo, a pessoa tem de escolher o ser ou o não-ser – ou a linguagem da negação, ou a linguagem da positividade. E só há essas duas escolhas. Uma é a escolha de Buda: ele diz: "Nada permanece"; e a outra é a escolha de Shankara, ele diz: "Tudo permanece."

Nas sete dimensões – nos sete corpos –, no que tange ao homem e no que tange ao mundo, a energia da vida se manifesta dentro de reinos multidimensionais. Em todo lugar, onde quer que se encontre a vida, o processo de entrada e saída estará presente. Onde quer que haja vida, o processo existirá. A vida não pode existir sem essa polaridade.

Portanto, *prana* é energia, energia cósmica, e o nosso primeiro contato com ela é no corpo físico. Ela se manifesta primeiramente como respiração, e a partir daí vai se manifestando como respiração em outras formas: influências, magnetismo, pensamentos, vida, criação, ser. Ela continua, e se ficamos conscientes dela, sempre a transcenderemos para chegar a um terceiro ponto. No momento em que chega ao terceiro ponto, você transcende esse corpo e entra no próximo corpo. Você entra no segundo corpo a partir do primeiro, e assim por diante.

Se você continuar transcendendo, até o sétimo ainda há um corpo, mas, além do sétimo, só há incorporeidade. Então, você se torna puro. Não está mais dividido; não há mais polaridades. Então, é *adwait*, não dois: é a unidade.

APÊNDICE

TÉCNICAS TRADICIONAIS REINVENTADAS POR OSHO

ANAPANA-SATI IOGA

Uma flor que nunca conheceu o sol e uma flor que encarou o sol não são as mesmas. Não podem ser. Uma flor que nunca conheceu o alvorecer, nunca conheceu o sol nascendo dentro de si própria, está morta: ela é apenas uma potencialidade. Nunca conheceu seu próprio espírito. Mas uma flor que viu o alvorecer também viu algo surgir dentro de si mesma. Ela conheceu sua própria alma. Agora, a flor já não é apenas uma flor: ela conheceu uma interioridade profunda e instigante.

Como podemos criar essa interioridade dentro de nós mesmos? Buda inventou um método, um dos mais eficazes métodos, para se criar um sol interior de percepção. E não somente para criá-lo: o método é de tal ordem que não só cria essa consciência interior, mas simultaneamente permite que a consciência penetre até as próprias células do corpo, até o ser total da pessoa. O método que Buda usou é conhecido como *"Anapana-sati Ioga"* – o ioga da consciência da respiração que entra e sai.

Nós vivemos respirando, mas é uma respiração inconsciente. Respiração é *prana*, respiração é o elã vital – a vitalidade, a própria vida – e, ainda assim, é inconsciente: você não tem consciência dela. E, se tivesse de ficar consciente da respiração para respirar, você morreria. Mais cedo ou mais tarde, você se esqueceria, pois não pode se lembrar de nada continuamente.

A respiração é um elo entre nossos sistemas voluntário e involuntário. Podemos controlar nossa respiração até certo ponto, podemos até parar de respirar por alguns instantes, mas não podemos pará-la permanentemente. Ela continua sem nós – não depende de nós. Mesmo que você esteja em coma durante meses, continuará respirando: trata-se de um mecanismo inconsciente.

Buda usava a respiração como um veículo para fazer duas coisas simultaneamente: uma, criar consciência, e outra, permitir que a consciência penetre até as células do corpo. Ele disse: "Respire continuamente." Isso não significa fazer *pranayama* – respiração ióguica –; trata-se apenas de fazer da respiração um objeto da consciência, sem mudá-la.

Não há nenhuma necessidade de mudar sua respiração. Deixe-a como ela é, natural – não a mude. Mas, quando você inspirar, inspire conscientemente: deixe sua consciência se mover com a entrada do ar. E, quando o ar sair, deixe sua consciência mover-se para fora com ele.

Mova-se com a respiração. Deixe sua atenção ficar com a respiração; flua com ela. Não esqueça nem uma única respiração. Diz-se que Buda afirmava que, se puder ficar consciente da sua respiração por uma hora que seja, você já estará iluminado. Mas nem uma única respiração deve ser perdida.

Uma hora é suficiente. Parece um fragmento de tempo muito pequeno, mas não é. Quando você está tentando ficar consciente, uma hora parece um milênio, porque, normalmente, você não consegue ficar consciente por mais de cinco ou seis segundos. Só uma pessoa muito alerta consegue ficar consciente por tanto tempo. Você pode começar ficando consciente do ar entrando, mas, assim que ele entra, não demora muito e você já está em outro lugar. De repente você se lembra de que o ar está saindo. Ele já saiu, e você estava noutro lugar.

Ficar consciente da respiração significa que nenhum pensamento pode ser permitido, porque os pensamentos distrairão sua atenção. Buda nunca disse: "Pare de pensar." Ele diz: "Respire conscientemente." Automaticamente, o ato de pensar vai parar; você não pode fazer os dois, pensar e respirar conscientemente. Quando um pensamento entra na sua mente, sua atenção é arrastada para longe da respiração. Basta um único pensamento, e você já se tornou inconsciente do processo de respiração.

Buda usava essa técnica. Ela é simples, mas muito vital. Ele dizia a seus *bhikkhus*, seus monges: "O que quer que esteja fazendo, não se esqueça de uma coisa simples: lembre-se da entrada e da saída do ar. Mova-se com ele, flua com ele."

Quanto mais você tentar fazer isso, quanto mais você se empenhar nisso, mais consciente você ficará. É árduo, é difícil, mas uma vez que consiga fazê-lo, você terá se tornado uma pessoa diferente, um ser diferente em um mundo diferente.

Isso funciona de outro modo também. Quando respira conscientemente para dentro e para fora, pouco a pouco você chega ao seu centro, porque a sua respiração toca o próprio centro do seu ser. Toda vez que o ar entra, toca o centro do seu ser.

Psicologicamente, você pensa que a respiração serve apenas para a purificação do sangue, que é apenas uma função corporal. Mas, se você começar a ficar consciente da respiração, pouco a pouco irá mais fundo do que a fisiologia. Então, um dia, começará a sentir o seu centro, bem perto do umbigo.

Esse centro só pode ser sentido se você se mover com a respiração continuamente, porque quanto mais perto você chegar do centro, mais difícil será permanecer consciente. Você pode começar quando a respiração está entrando. Quando ela está simplesmente entrando pelo seu nariz, comece a ficar consciente dela. Quanto mais para dentro ela vai, mais difícil a consciência se torna. Vem um pensamento, ou algum som, ou alguma coisa acontece, e você se afasta.

Se você puder ir até o próprio centro, por um breve momento a respiração pára e há um intervalo. O ar entra, o ar sai: entre os dois movimentos há um sutil intervalo. Esse intervalo é o seu centro.

Só depois de praticar a consciência da respiração por um longo tempo – quando você for finalmente capaz de permanecer com a respiração, ficar consciente da respiração – você ficará consciente do intervalo, quando não há nenhum movimento de respiração; o ar não está nem entrando nem saindo. Nesse sutil intervalo entre as respirações, você está no seu centro. Assim, a consciência da respiração era usada por Buda como um meio de chegar cada vez mais perto do centro.

Quando você expirar, permaneça consciente da respiração. Novamente, há um intervalo. Há dois intervalos: um intervalo depois que o ar entrou e antes de ele sair novamente, e outro intervalo depois de o ar ter saído e antes de ele entrar novamente. Desse segundo intervalo, é mais difícil ter consciência.

Entre a respiração que entra e a respiração que sai está o seu centro. Mas há outro centro, o centro cósmico. Você pode chamá-lo de "Deus". No intervalo entre a expiração e a inspiração, está o centro cósmico. Esses dois centros não são duas coisas diferentes. Primeiramente você ficará consciente do seu centro interior, e depois ficará consciente do centro exterior. Finalmente, você virá a saber que esses dois centros são um só. Então, "fora" e "dentro" perderão o significado.

Buda diz: "Mova-se conscientemente com a respiração e você criará um centro de consciência dentro de você." Uma vez que esse centro seja criado, a consciência começa a se mover até suas próprias células, porque cada célula precisa de oxigênio, cada célula respira, por assim dizer.

Agora, os cientistas dizem que até a terra respira. Quando todo o universo está inspirando, ele se expande; quando todo o universo expira, ele se contrai. Nas antigas escrituras da mitologia hindu, nas *puranas*, diz-se que a criação é um único movimento de respiração de Brahma – a inspiração – e, a destruição, *pralaya*, o fim do mundo, será a expiração. Uma inspiração é uma criação.

De um modo muito miniatural, de um modo bem atômico, a mesma coisa está acontecendo a você. E, quando sua consciência se torna una com a respiração, a respiração leva sua consciência até suas próprias células. Então, todo o seu corpo se torna o universo. Realmente, então, você não tem mais nenhum corpo material, absolutamente. Você é apenas percepção.

TRATAK

Ao fazer *tratak*, você tem de ficar com o olhar fixo continuamente, sem piscar, de trinta a quarenta minutos. Toda a sua consciência deve ir para os seus olhos: você deve se tornar os olhos. Esqueça-se de tudo: esqueça-se do resto do seu corpo, simplesmente seja os olhos, e olhe continuamente sem piscar.

Quando o todo de sua consciência estiver centrado nos olhos, você chegará a um pico de tensão, a um clímax de tensão. Os olhos são a parte mais delicada da pessoa, eis por que eles podem ficar mais tensos do que qualquer outra parte. E com a tensão nos olhos, a mente toda fica tensa; os olhos são apenas portas para a mente. Quando você se torna os olhos e os olhos alcançam um pico de tensão, a mente também alcança um clímax de tensão. Quando você cai desse clímax, você cai sem esforço no abismo do relaxamento. O *tratak* cria um dos picos mais tensos possíveis na consciência. A partir desse pico, o oposto acontecerá espontaneamente, o relaxamento acontecerá espontaneamente.

Quando você estiver fazendo o *tratak*, o pensamento vai parar automaticamente. Pouco a pouco, sua consciência ficará mais centrada nos olhos. Você estará consciente: não haverá pensamento. Os olhos não podem pensar. Quando toda a consciência está centrada nos olhos, a mente não tem nenhuma energia disponível para pensar. Há a não-mente – só os olhos existem. Assim, não há nenhum pensamento.

Os momentos em que seus olhos querem piscar são os momentos para estar atento. A mente está tentando conseguir energia de volta para pensar: ela está tentando tirar a consciência dos olhos de volta para a mente. Eis por que é necessário o olhar constantemente fixo, a fixidez do olhar. Mesmo um único movimento dos olhos dá energia à mente; assim, não mova os olhos, absolutamente. Seu olhar deve permanecer totalmente fixo.

Quando você está olhando fixo, sem nenhum movimento dos olhos, a mente também permanece fixa – a mente se move com os olhos. Os olhos são portas: portas que pertencem à mente interior e também ao mundo exterior. Se os olhos ficam totalmente fixos, a mente pára – ela não pode se mover.

Esta técnica começa a partir dos olhos porque começar a partir da mente é difícil. É muito difícil controlar a mente, mas os olhos são coisas externas, você pode controlá-los. Assim, mantenha seu olhar absolutamente firme, olhando fixo sem piscar. Quando seus olhos estiverem imóveis, sua mente ficará imóvel.

REPETIÇÃO DE MANTRA

Você pode usar um mantra para imobilizar a mente, para fazer a mente ficar totalmente em silêncio. Você vai repetindo algum nome: Rama, Krishna ou Jesus. O mantra pode ajudar a deixá-lo não ocupado com outras palavras, mas uma vez que a mente tenha ficado silenciosa, então esse nome – Rama, Krishna ou Jesus – se transformará numa barreira. Ele se torna uma reposição, um substituto. Todas as outras palavras foram jogadas fora, mas então esta palavra continua de um modo louco. Você fica apegado a ela; você não consegue abandoná-la. Ela se tornou um hábito, uma profunda ocupação.

Assim, comece com o *japa*, repetição de mantra, mas depois vá para um estado em que o *japa* não seja mais necessário e possa cair. Use "rama" para dispersar todas as outras palavras da mente, mas, quando todas as outras palavras tiverem sido dispersadas, não retenha essa palavra. Ela também é uma palavra; assim, jogue-a fora.

Esse ato de jogar fora é bem difícil. A pessoa começa a se sentir culpada por descartar o mantra, porque ele ajudou muito. Mas agora essa ajuda se tornou uma barreira. Jogue fora! Os meios não devem se tornar o fim.

Quando eu medito, geralmente repito um mantra ou um namokar,* *mas a mente permanece sem descanso. Como a pessoa pode ocupar melhor a mente, enquanto está meditando?*

A necessidade de ocupar o tempo é a necessidade da mente não meditativa; assim, você deve primeiramente compreender por que tem essa necessidade. Por que você não pode ficar desocupado, qual é a necessidade de estar constantemente ocupado? Trata-se de uma fuga de si mesmo?

No momento em que você está desocupado, tem somente a si mesmo, você retorna a si mesmo. Eis por que você tem de estar ocupado. Essa necessidade de estar ocupado é simplesmente uma fuga, mas essa é uma necessidade para a mente não meditativa.

---

* *Namokar* - Literalmente significa curvar-se em reverência. Nome de um dos mantras mais importantes dos jainas, bastante longo, também chamado *Panch Namokar* por tratar-se de cinco curvaturas. (N.T.)

A mente não meditativa está constantemente ocupada com os outros. Quando os outros não estão presentes, então, o que fazer? Você não sabe como ficar ocupado consigo mesmo. Não está nem sequer consciente de que pode viver consigo mesmo. Você sempre viveu com os outros e os outros e os outros... E agora, na meditação, quando não está com os outros e está só – embora isso não seja realmente estar só –, você começa a se sentir solitário. Solidão é a ausência dos outros; estar só é a presença de si mesmo.

Você começa a se sentir solitário, e precisa ser preenchido com alguma coisa. Um *namokar* pode fazer isso; qualquer coisa pode fazer isso. Mas, a menos que você tenha uma mente meditativa, se você continuar com o *namokar* ou com qualquer outra repetição, isso será simplesmente uma muleta, e ela deve ser eliminada.

Se você está fazendo algo dessa espécie, é melhor usar um mantra de uma palavra só, como "rama" ou "aum", do que alguma coisa longa como um *namokar*. Com uma palavra só, você se sentirá menos ocupado do que com muitas palavras, porque com a mudança de palavras, a mente também muda. Com uma palavra só, você ficará enfadado, e o enfado é bom, porque então fica fácil abandonar a coisa toda em certo ponto. Assim, em vez de usar um *namokar*, é melhor usar uma palavra só, e se você puder usar uma palavra que nada signifique é ainda melhor, porque até mesmo o significado se torna uma distração.

Quando você precisa jogar algo fora, deve ficar consciente de que tem de jogá-lo fora. Você não deve ficar muito apegado àquilo. Assim, use uma só palavra, uma coisa, algo que seja sem significado – por exemplo: *hoo*.* Isso não tem nenhum significado. "Aum" é basicamente a mesma coisa, mas já começou a ter significado, porque já o associamos com algo divino.

O som deve ser insignificante: simplesmente uma palavra sem significado. Ele não deve transmitir nada, porque, no momento em que alguma coisa é transmitida, a mente é alimentada. A mente é alimenta-

---

* *Hoo* – mantra sufi, cuja passagem se faz pela garganta sem nenhum empecilho: H aspirado, U. (N.T.)

da não pelas palavras, mas pelos significados. Assim, use alguma palavra como *hoo*; trata-se de um som sem significado.

E, realmente, *hoo* é mais do que um som sem significado, porque, com o *hoo*, é criada uma tensão interna. Com o som *hoo*, algo é jogado fora. Assim, use uma palavra que esteja jogando algo fora, que esteja jogando *você mesmo* fora, não uma que esteja lhe dando algo.

Use *hoo*. Com o *hoo*, você sentirá que alguma coisa está sendo eliminada. Use a palavra quando a respiração estiver saindo e, então, faça da inspiração o intervalo. Equilibre: *hoo*... depois a inspiração como intervalo... depois o *hoo* novamente. A palavra deve ser sem significado: deve ser mais um som do que uma palavra. E a ênfase deve estar na saída do ar. A palavra, o som, tem de ser expulsa no fim, de modo que ela não seja apanhada pelo ar que entra.

Isso é muito sutil. Simplesmente jogue o som fora, como se estivesse expulsando uma excreção, como se estivesse expulsando algo de você; então, ele não pode se tornar um alimento. Lembre-se sempre, e lembre-se profundamente, que tudo o que entra com a inspiração se torna alimento – qualquer coisa, até mesmo um som, se torna um alimento – e tudo o que sai com a expiração é excreção. É uma expulsão. Assim, com a inspiração, permaneça sempre desabitado, vazio; então, você não estará dando à mente nenhum alimento.

A mente está recebendo alimentos sutis até mesmo de sons, de palavras e de significados – de tudo. Faça uma experiência: quando estiver se sentindo sexual, quando estiver numa fantasia sexual, use esse *hoo* com a respiração que sai. Dentro de instantes, você se sentirá além do sexo, porque alguma coisa está sendo eliminada. Se você estiver com raiva, então use esse som, e dentro de segundos não haverá mais nenhuma raiva.

Se você estiver se sentindo sexual e usar esse mesmo som com a respiração entrando, se sentirá ainda mais sexual. Se você estiver se sentindo com raiva e usar esse mesmo som *hoo* com a respiração entrando, se sentirá com mais raiva ainda. Então, você ficará ciente de como até um simples som afeta a mente, e de como a afeta diferentemente com a inspiração e com a expiração.

Quando você estiver com alguém belo, atraente, alguém que seja seu amado, sua amada, e quiser tocar aquele corpo, toque-o com a saída expiração, e você não sentirá nada. Mas toque-o com a inspiração, e você sentirá uma fascinação. Com a inspiração o toque se torna alimento, mas, com a expiração, ele não é um alimento, de forma alguma. Tome a mão de alguém na sua e sinta a mão somente com a inspiração. Deixe a expiração ficar vazia. Então, você saberá que o toque é alimento.

Eis por que uma criança que foi criada sem mãe, ou que não foi tocada e acariciada por sua mãe, é carente de alguma coisa. Ela nunca será capaz de amar alguém se ela não foi tocada e acariciada e abraçada por sua mãe, porque esse toque sutil é alimento para o filho. Ele cria muitas coisas no filho. Se ninguém o tocou amorosamente, ele não será capaz de amar ninguém, porque ele não sabe qual "alimento" está faltando, não sabe que algo vital está faltando.

Assim, eu não digo para não tocar numa mulher. Eu digo "toque, mas com a expiração". E, quando a inspiração vem, simplesmente fique consciente, fique no intervalo: não sinta o toque. Continue tocando, mas não sinta o toque.

Fique consciente da sensação quando o ar estiver saindo, e então você ficará consciente do segredo da respiração – de por que ela tem sido chamada de *prana*, a força vital. A respiração é a coisa mais vital. Se você comer sua comida com ênfase na expiração, então, não importa quão bom o alimento seja, ele não será um alimento para o seu corpo. Mesmo que você coma muito, não haverá nutrição se a ênfase estiver na expiração. Assim, coma com a inspiração e deixe haver um intervalo quando o ar estiver saindo. Então, com muito pouca quantidade de alimento, você pode ficar mais vivo.

Lembre-se desse som *hoo* com a expiração. Ele destrói a inquietude da mente. Mas isso também é uma muleta, e logo, logo, se estiver fazendo meditação regularmente, você sentirá que não há nenhuma necessidade dele. E não só não haverá nenhuma necessidade, mas ele se tornará uma perturbação, uma perturbação positiva.

Estar desocupado é uma das coisas mais belas do mundo, estar desocupado é o maior luxo. E, se puder se dar ao luxo de estar desocupado, você se tornará um imperador. É a partir dos momentos em que estamos ocupados que, às vezes, vem um momento em que ficamos desocupados – totalmente desocupados. Não é apenas desnecessário continuar ocupado o tempo todo – no fim isso se torna nocivo.

É loucura destruir um estado de desocupação, porque esse é o verdadeiro momento em que você entra na atemporalidade. Com a ocupação, você não consegue transcender o tempo; com a ocupação, você não consegue transcender o espaço. Mas se está desocupado, totalmente desocupado – nem mesmo ocupado consigo mesmo, nem mesmo meditando: você simplesmente existe –, esse é o momento de pico da existência espiritual, da bem-aventurança. Isso é *satchitananda.*

A primeira parte da palavra é "*sat*". Significa existência; você está simplesmente existindo. Então, você fica consciente dessa existência. Não só consciente, você se torna consciência – "*chit*" – e existência, as duas coisas. A existência se torna consciência... e a bem-aventurança, "*ananda*", é o resultado.

Não se trata apenas de uma sensação; você *se torna* bem-aventurança, existência e consciência simultaneamente. Nós usamos três palavras, porque não podemos expressar isso em uma palavra só. Você é todas as três simultaneamente.

Assim, aguarde com devoção os momentos de desocupação. Você pode usar muletas, tais como um mantra, mas não fique feliz com isso – e saiba que ao final elas devem ser jogadas fora.

UMA TÉCNICA DE VISUALIZAÇÃO

A mente, em si mesma, significa projeção; assim, a menos que você transcenda a mente, seja o que for que você venha a vivenciar, é projeção. A mente é o mecanismo de projeção. Se você vivenciar qualquer visão de luz, de bem-aventurança, até mesmo do divino, tudo são projeções. A menos que você chegue a uma cessação total da mente, não estará além das projeções – estará projetando. Quando a mente cessa, só então você está além do perigo. Quando não há nenhuma experiência, nenhuma visão, nada objetivo – a consciência permanecendo um puro espelho, sem nada refletido nele –, só então você está além do perigo das projeções.

As projeções são de dois tipos. Um tipo de projeção o conduzirá a cada vez mais projeção. É uma projeção positiva: você não pode ir além dela. O outro tipo de projeção é a negativa. É uma projeção, mas ela o ajuda a ir além das projeções.

Na meditação, você usa a faculdade da mente de projetar como um esforço negativo. As projeções negativas são boas: é como um espinho sendo extraído por outro espinho, ou um veneno sendo destruído por outro veneno. Mas você deve estar constantemente consciente de que o perigo permanece até tudo cessar, até mesmo essas projeções negativas, até mesmo essas visões. Se você está vivenciando alguma coisa, não direi que isso seja meditação: ainda é contemplação, ainda é um processo de pensamento. Por mais sutil que seja, ainda é pensamento. Quando só a consciência permanece, sem nenhum pensamento – apenas um céu sem nuvens, aberto –, quando você não pode dizer o que o "eu" está vivenciando, só isto pode ser dito: eu sou.

A famosa máxima de Descartes, "*Cogito ergo sum*" – Penso; logo, existo –, em meditação se torna "*Sum ergo sum*" – Sou, logo, existo. Esse "eu sou" precede todo o pensamento; você existe antes de pensar. Pensar surge mais tarde; seu ser precede o pensamento; assim, ser não pode ser inferido a partir do pensar. Você pode ser sem pensar, mas o pensar não pode existir sem você; assim, o pensar não pode ser a base sobre a qual a sua existência possa ser provada.

As experiências, as visões, qualquer coisa sentida objetivamente, tudo faz parte do pensar. Meditação significa total cessação da mente, do pensar, mas não da consciência. Se a consciência também cessa, você não está em meditação, mas em sono profundo; eis a diferença entre sono profundo e meditação.

Em sono profundo, as projeções também cessam. O pensar não existirá, mas, simultaneamente, a consciência também estará ausente. Na meditação, as projeções cessam, o pensar cessa, os pensamentos não existem mais – exatamente como no sono profundo –, mas há consciência. Você está consciente deste fenômeno: da total ausência de tudo ao seu redor, de quaisquer objetos ao seu redor. E, quando não há quaisquer objetos a serem conhecidos, sentidos e vivenciados, pela primeira vez você começa a sentir a si mesmo. Essa é uma experiência não objetiva. Não se trata de algo que você vivencia; trata-se de algo que você é.

Assim, mesmo se você sentir a divina existência, trata-se de uma projeção. Essas são projeções negativas. Elas ajudam – ajudam de certo modo a transcender –, mas você deve estar consciente de que ainda são projeções; caso contrário você não irá além delas. Eis por que eu digo que, se sentir que está encontrando a bem-aventurança, você ainda está na mente, porque a dualidade está presente: a dualidade do divino e do não-divino, a dualidade da bem-aventurança e da não-bem-aventurança. Quando você realmente alcança o supremo, você não pode sentir bem-aventurança, porque a não-bem-aventurança é impossível; você não pode sentir o divino como divino, porque o não-divino não existe mais.

Assim, lembre-se disto: mente é projeção, e seja o que for que você faça com a mente, será uma projeção. Você não pode fazer nada com a mente. A única coisa é como negar a mente, como abandoná-la totalmente, como ser sem mente de modo consciente. Isso é meditação. Só então você pode saber, pode vir a conhecer aquilo que é outra coisa que não a projeção.

Seja o que for que você saiba, é projetado por você. O objeto é simplesmente uma tela: você vai projetando suas idéias, sua mente sobre ele. Assim, qualquer método de meditação começa com a projeção – com a projeção negativa –, e termina com a não-projeção. Essa é a natureza de todas as técnicas de meditação, porque você tem de começar com a mente.

Mesmo que você esteja indo em direção a um estado de não-mente, você tem de começar com a mente. Se eu vou sair desta sala, tenho de começar estando na sala; o primeiro passo deve ser dado nesta sala. Isso cria confusão. Se eu estou simplesmente andando num círculo dentro da sala, então eu estou andando na sala. Se for sair da sala, então novamente eu tenho de andar na sala –, mas de um modo diferente. Meus olhos devem estar na porta, e eu devo andar em linha reta, não em círculo.

Projeção negativa significa andar em linha reta para fora da mente. Mas, primeiramente, você tem de dar alguns passos dentro da mente.

Por exemplo: quando eu digo "luz", você nunca viu a luz realmente. Você tem visto somente objetos iluminados. Você alguma vez viu a luz em si? Ninguém a viu; ninguém pode vê-la. Você vê uma casa iluminada, uma cadeira iluminada, um pessoa iluminada, mas você não pode ver a luz em si. Mesmo quando você vê o sol, você não está vendo a luz: você está vendo a luz refletida.

Não se pode ver a luz em si. Quando a luz atinge algo, ela retorna, é refletida. Somente então você vê o objeto iluminado. E como você pode ver o objeto iluminado, você diz que há luz. Quando não se pode ver o objeto iluminado, dizemos que está escuro.

Não se pode ver a luz pura; assim, em meditação eu a uso como um primeiro passo – como uma projeção negativa. Eu lhe digo para começar a sentir a luz sem qualquer objeto. Os objetos são abandonados, há apenas luz. Comece a sentir a luz sem quaisquer objetos... Uma coisa tem de ser abandonada, o objeto. E, sem o objeto, você não pode continuar a ver a luz durante um longo tempo. Mais cedo ou mais tarde, a luz sumirá, porque você tem de estar focado em algum objeto.

Então, eu lhe digo para sentir a bem-aventurança. Você nunca sentiu bem-aventurança sem algum objeto: o que quer que você conheça como felicidade, bem-aventurança, está relacionado com alguma coisa. Você nunca conheceu nenhum momento de bem-aventurança que não esteja relacionado com alguma coisa. Você pode amar alguém e, então, sentir-se bem-aventurado, mas esse alguém é o objeto. Você alguma vez sentiu um momento de bem-aventurança sem qualquer objeto? Nunca! Assim, quando eu digo "sentir bem-aventurança sem nenhum objeto", isso parece ser impossível. Se você tentar sentir-se bem-aventurado sem nenhum objeto, mais cedo ou mais tarde a bem-aventurança irá cessar, porque ela não pode existir por si mesma.

Então, eu digo para sentir a presença do divino. Eu nunca digo "sinta Deus", porque então Deus se tornará um objeto. Você alguma vez sentiu uma presença sem alguém estar presente ali? É sempre relacionado a alguém: se alguém está presente, então você começa a sentir a presença.

Eu tiro esse alguém totalmente. Simplesmente digo: sinta a presença divina. Isso é uma projeção negativa. Ela não pode continuar por muito tempo, porque não há nenhum terreno para apoiá-la: mais cedo ou mais tarde ela cairá. Primeiramente, eu abandono os objetos, e então, pouco a pouco, a própria projeção cai. Essa é a diferença entre as projeções negativa e positiva.

Na projeção positiva, o objeto é significativo e a sensação vem a seguir, enquanto na projeção negativa, a sensação é importante e o objeto é simplesmente esquecido, como se eu tivesse tirado todo o chão debaixo de seus pés. De dentro de você, debaixo de você, de todo lugar, o chão foi tirado, e você foi deixado só com a sua sensação. Agora, essa sensação não pode existir; ela cairá. Se os objetos não estão presentes, então as sensações que estão diretamente conectadas com os objetos não podem continuar por muito tempo. Por algum tempo, você pode projetá-las, mas depois elas cairão. E quando elas caem, você permanece ali, só – na sua total solidão. Esse pormenor é o ponto da meditação: a partir daí a meditação começa. Agora você está fora da sala.

Assim, a meditação tem um começo na mente, mas isso não é a meditação realmente. Comece na mente, de modo que você possa se mover em direção à meditação, e, quando a mente cessar e você estiver além dela, então a meditação real começa. Temos de começar com a mente, porque estamos na mente. Até para ir além dela a pessoa tem de usá-la. Assim, use a mente negativamente, nunca positivamente, e então você alcançará a meditação.

Se você usar a mente positivamente, só criará cada vez mais projeções. Assim, tudo o que é conhecido como "pensamento positivo" é absolutamente antimeditativo. O pensamento negativo é meditativo – a negação é o método para a meditação. Continue negando até o ponto em que nada reste a ser negado e apenas aquele que nega permaneça; então, você está na sua pureza, você sabe o que é. Tudo o que é conhecido antes disso é simplesmente imaginação mental, sonhos, projeções.

MORRA CONSCIENTEMENTE

Meditação significa rendição, entrega total. Tão logo alguém se entregue, essa pessoa descobre-se nas mãos da divindade. Se nos agarramos a nós mesmos, não podemos ser um com a totalidade. Quando as ondas desaparecem, elas se tornam o próprio oceano.

Vamos tentar alguns experimentos para compreender o que se quer dizer com meditação.

Sente-se de tal modo que ninguém o toque. Feche seus olhos lentamente, e mantenha o corpo solto. Relaxe completamente, de modo que não haja nenhum esforço, nenhuma tensão no corpo.

Agora, imagine que um rio está fluindo muito depressa, com tremenda força e ruído, entre duas montanhas. Observe-o e mergulhe nele... mas não nade. Deixe seu corpo flutuar sem nenhum movimento. Agora, você está se movendo com o rio – simplesmente flutuando. Não há nenhum lugar para chegar, nenhum destino; assim, não há por que nadar. Sinta-se como uma folha seca flutuando sem nenhum esforço no rio. Vivencie isso nitidamente, de modo que você possa saber o que se quer dizer com "rendição", com "entrega total".

Se você tiver compreendido como flutuar, agora descubra como morrer e como se dissolver completamente. Mantenha os olhos fechados, deixe o corpo ficar solto e relaxe completamente. Observe que uma pira está queimando. Há uma pilha de pedaços de madeira que foram incendiados, e as chamas da pira parecem estar chegando aos céus. E lembre-se de uma coisa mais: você não está simplesmente observando a pira se queimar, você está colocado nela. Todos os seus amigos e parentes estão parados ao redor.

É melhor vivenciar esse momento da morte conscientemente, já que um dia ou outro é certo que ele virá. Com as chamas crescendo cada vez mais alto, sinta que seu corpo está queimando. Em poucos minutos o fogo se apagará espontaneamente. As pessoas se dispersarão, e o cemitério ficará vazio e silencioso novamente. Sinta isso, e você verá que tudo ficou quieto, e nada além das cinzas permanece. Você se dissolveu completamente. Lembre-se dessa experiência de ser dissolvido, porque a meditação é também uma espécie de morte.

Mantenha os olhos fechados agora e relaxe completamente. Você não tem de fazer nada. Não há nenhuma necessidade de fazer nada: antes de você existir, as coisas estavam como estão, e elas permanecerão as mesmas, até depois da sua morte.

Agora, sinta que o que quer que esteja acontecendo, está acontecendo. Sinta o "assim é" disso. É assim, só pode ser desse modo; não há nenhum outro modo possível; então, por que resistir? Por "assim é" se quer dizer "nenhuma resistência". Não há nenhuma expectativa de que alguma coisa seja diferente do que é. A grama é verde, o céu é azul, as ondas do oceano bramem, os pássaros cantam, a gralha está grasnando... Não há nenhuma resistência da sua parte, porque a vida é assim. De repente, uma transformação acontece. O que era normalmente considerado ser uma perturbação agora parece ser agradável. Você não está contra nada; você está feliz com tudo do jeito que é.

Assim, a primeira coisa que você teve de fazer foi flutuar, em vez de nadar, no oceano da existência. Quando a pessoa está pronta para flutuar, o próprio rio a leva ao oceano. Se a pessoa realmente não resistir, a própria vida a levará até a divindade.

Em segundo lugar, você teve de se dissolver, em vez de se livrar da morte. O que queremos salvar certamente vai morrer, e o que vai existir eternamente existirá sem o nosso esforço. A pessoa que está pronta para morrer é capaz de abrir suas portas e saudar a divindade, mas, se você mantém suas portas fechadas – devido ao medo da morte –, você o faz pagando o preço de não alcançar a divindade. Meditação é morrer.

A última coisa que você teve de vivenciar foi o "assim é". Somente uma aceitação tanto das flores como dos espinhos podem lhe trazer paz. A paz, afinal, é o fruto da aceitação total. A paz só virá à pessoa que esteja pronta para aceitar até a ausência de paz.

Assim, feche os olhos, deixe o corpo solto e sinta como se não houvesse nenhuma vida no corpo. Sinta como se seu corpo estivesse relaxando. Continue sentindo isso, e dentro de algum tempo você saberá que não é o senhor do corpo. Cada célula, cada nervo do corpo se sentirá relaxado – como se o corpo não existisse. Deixe o corpo sozinho como se ele estivesse flutuando no rio. Deixe o rio da vida levá-lo aonde quer que ele queira levar, e flutue sobre ele, exatamente como uma folha seca.

Agora, sinta que a sua respiração está gradualmente ficando tranqüila, silenciosa. À medida que a sua respiração fica silenciosa, você sentirá que está sendo dissolvido. Você sentirá como se estivesse numa pira pegando fogo, e você foi totalmente queimado. Nem mesmo as cinzas ficaram.

Agora, sinta o som dos pássaros, os raios do sol, as ondas do oceano, e simplesmente seja um observador disso tudo – receptivo e, contudo, consciente, atento. O corpo está relaxado, a respiração está silenciosa, e você está no "assim é" – você é apenas um observador de tudo aquilo.

Gradualmente, você sentirá uma transformação interior, e então, de repente, alguma coisa ficará silenciosa interiormente. A mente ficou silenciosa e vazia. Sinta isso, seja um observador disso, e vivencie isso. O rio levou o seu corpo flutuante, a pira o queimou, e você foi um observador disso. Nesse estado de "nada ser", entra uma bem-aventurança, que chamamos de divindade.

Respire lentamente duas ou três vezes agora, e com cada respiração você sentirá o frescor, a paz e o prazer da bem-aventurança. Agora, abra seus olhos lentamente e volte da meditação.

Tente fazer esse experimento à noite antes de ir para a cama e vá dormir imediatamente depois. Gradualmente, seu sono irá se transformar em meditação.

TÉCNICAS LEGADAS POR OSHO

Algumas das meditações desenvolvidas por Osho evoluíram através dos anos, numa estrutura diferente do que a apresentada nesta série de conferências. Um livro especial foi criado, contendo o formato final dessas técnicas de meditação de Osho:

MEDITAÇÃO – A PRIMEIRA E A ÚLTIMA LIBERDADE

O livro está disponível na maioria dos idiomas. A maior parte das meditações ativas de Osho é, também, projetada para ser praticada com músicas especiais para cada meditação. As músicas foram criadas para guiar o meditador através das diferentes fases das meditações e estão disponíveis no mundo todo, em CD.

Para maiores informações sobre as MEDITAÇÕES DE OSHO: www.osho.com/meditation

SOBRE O AUTOR

Os ensinamentos transmitidos por Osho desafiam categorizações, abrangendo desde buscas individuais por significado até assuntos sociais e políticos mais urgentes da sociedade atual. Seus livros não são escritos, mas transcrições de gravações em áudio e vídeo de suas conversas e palestras feitas de improviso a platéias formadas por pessoas de várias partes do mundo, cobrindo um período de 35 anos.

Osho foi descrito pelo Sunday Times, de Londres, como um dos "mil criadores do século XX", e pelo autor americano Tom Robbins como "o homem mais perigoso desde Jesus Cristo".

Sobre o seu próprio trabalho, Osho disse que está ajudando a criar as condições para o nascimento de um novo tipo de ser humano. Freqüentemente ele caracterizou esse novo ser humano como "Zorba, o Buda" – capaz tanto de desfrutar os prazeres da terra, como Zorba, o Grego, como de desfrutar a silenciosa serenidade, como Gautama Buda.

Como um fio de ligação percorrendo todos os aspectos do trabalho de Osho, há uma visão que engloba tanto a sabedoria perene do Oriente como o potencial mais elevado da ciência e da tecnologia ocidentais.

Osho também é conhecido pela sua revolucionária contribuição à ciência da transformação interior, com uma abordagem de meditação que leva em conta o ritmo acelerado da vida contemporânea. Suas singulares meditações ativas são estruturadas de modo a primeiro aliviar as tensões acumuladas no corpo e na mente, para que então fique mais fácil experimentar um estado meditativo relaxado e livre de pensamentos.

Dois trabalhos autobiográficos do autor estão disponíveis: *Autobiografia de um Místico Espiritualmente Incorreto*, publicado por esta mesma Editora, e *Glimpses of a Golden Childhood* (Vislumbres de uma Infância Dourada).

SOBRE O RESORT OSHO® DE MEDITAÇÃO

O Resort Osho® de Meditação é um excelente lugar para desfrutar as férias e também um lugar onde as pessoas podem ter uma experiência direta de uma nova maneira de viver, com mais atenção, relaxamento e diversão. Localizado em Puna, Índia, a aproximadamente 160 quilômetros a sudeste de Mumbai, o resort oferece uma variedade de programas aos milhares de pessoas que o visitam a cada ano, procedentes de mais de cem países.

Originalmente desenvolvida como um retiro de verão para marajás e colonialistas britânicos de alto poder aquisitivo, Puna é agora uma cidade próspera, moderna, que abriga inúmeras universidades e indústrias de alta tecnologia. O Resort de Meditação se estende por mais de quarenta acres, em um arborizado bairro residencial conhecido como Koregaon Park. Embora dentro do campus as acomodações para visitantes sejam limitadas, há um grande número de hotéis e apartamentos próximos, disponíveis para permanência de alguns dias a vários meses.

Todos os programas do Resort de Meditação se baseiam na visão de Osho de um tipo qualitativamente novo de ser humano, capaz tanto de participar de modo criativo na vida diária como de relaxar no silêncio e na meditação. A maioria dos programas acontece em acomodações modernas com ar-condicionado, e inclui uma variedade de sessões individuais, cursos e workshops que abrangem artes criativas, tratamentos holísticos de saúde, processos de transformação pessoal e terapia, ciências esotéricas, a abordagem do zen nos esportes e na recreação, temas de relacionamento e de transições importantes na vida de homens e mulheres. As sessões individuais e os workshops são oferecidos durante todo o ano, juntamente com uma extensa programação diária de meditação.

Restaurantes e cafés ao ar livre dentro do resort servem tanto comidas indianas tradicionais como uma variedade de pratos internacionais, todos feitos com vegetais produzidos organicamente na própria fazenda do resort. O campus tem seu próprio suprimento de água filtrada de boa qualidade. www.osho.com/resort

Para maiores informações: www.osho.com

Nesse *site* abrangente, disponível em vários idiomas, você pode fazer um *tour* virtual pelas instalações do Resort Osho® de Meditação, obter informações sobre livros e fitas, centros de informação no mundo todo, um calendário com os cursos oferecidos e seleções dos discursos de Osho.

Osho International
Nova York
E-mail: oshointernational@oshointernational.com
http://www.osho.com/oshointernational